中国融资租赁业年鉴

2013年卷

YEARBOOK
OF CHINA'S FINANCIAL
LEASING 2013

中国社会科学出版社

图书在版编目(CIP)数据

中国融资租赁业年鉴(2013年卷)/杨海田等主编.—北京:中国社会科学出版社,2013.5
ISBN 978-7-5161-2573-1

Ⅰ.①中… Ⅱ.①杨… Ⅲ.①融资租赁—中国—2013—年鉴 Ⅳ.①F832.49-54

中国版本图书馆CIP数据核字(2013)第084787号

出 版 人 赵剑英
责任编辑 侯苗苗 喻 苗
责任校对 周 军
责任印制 王炳图

出 版 中国社会科学出版社
社 址 北京鼓楼西大街甲158号(邮编100720)
网 址 http://www.csspw.cn
中文域名:中国社科网 010-64070619
发 行 部 010-84083685
门 市 部 010-84029450
经 销 新华书店及其他书店

印刷装订 环球印刷(北京)有限公司
版 次 2013年5月第1版
印 次 2013年5月第1次印刷

开 本 710×1000 1/16
印 张 21.25
插 页 2
字 数 348千字
定 价 78.00元

《中国融资租赁业年鉴2013》

编委会

卷首语

2012 年，中国融资租赁业再次呈现快速发展的势头，行业规模继续扩大，发展环境进一步改善，与此同时，也出现了一些值得关注的新问题。

中国租赁联盟自 2007 年组建编委会开始编纂中国租赁蓝皮书以来，到《2012 年中国融资租赁业发展报告》发布，已完成中国租赁蓝皮书共六部。蓝皮书重点是对中国年度融资租赁业的总体发展情况进行综合分析，以供有关管理部门和国内外关心、研究、推动中国租赁业发展的各方面人士参考。

为记录和见证中国融资租赁业的发展历程，在商务部流通业发展司的关心指导下，从 2001 年起，中国租赁联盟决定在中国租赁蓝皮书的基础上，每年再编写一部《中国融资租赁业年鉴》，从更广泛的角度为业内同仁和关注、研究中国融资租赁业发展的各界提供参考。

《中国融资租赁业年鉴（2012 年卷）》出版后，受到广泛欢迎，也收到一些宝贵的改进意见和建议。根据这些意见和建议，我们对《中国融资租赁年鉴（2013 年卷）》作了相应改进，现正式出版，希望继续得到广大读者的批评和指导。

编辑部

2013 年 3 月北京

目　录

综　述

分　述

论　述

重点文献

典型企业

论著名录

历史年表

企业名录

—·综　述·—

2012年，中国融资租赁业再次呈现出快速发展的态势。

世界金融危机尚未过去的2011年，在中国实行货币紧缩政策的大背景下，中国融资租赁业进入了盘整期，包括金融租赁、内资租赁和外资租赁在内的整个行业，发展速度明显减缓。在这种形势下，业内一些专家开始对盘整期的形成和今后发展进行分析预测，许多租赁企业开始对自己的经营理念和业务结构进行调整，国家一些监管部门对推进行业发展的政策和措施也在研究和审定，这些都不同程度上收得了效果。进入2012年，中国融资租赁业增长速度比上年明显加快，与此同时，也出现了一些值得关注的新问题。

发展概况

一　企业数量

据不完全统计，截至2012年年底，全国在册运营的各类融资租赁公司（不含单一项目融资租赁公司）共560家，比年初的296家增加264家，增长89.2%。其中，金融租赁20家，没有增加；内资租赁80家，增加14家；外商租赁增加较多，达到约460家，比上年增加250家。

2012年底全国融资租赁企业概况

	2012年底企业数（家）	2011年底企业数（家）	2012年比上年增加（家）	企业数量增长（%）	企业数量所占比重（%）
金融租赁	20	20	0	0	3.6
内资租赁	80	66	14	15.0	14.3
外资租赁	460	210	250	119.0	82.1
总计	560	296	264	89.2	100.0

资料来源：中国租赁联盟。

二　行业实力

2012年，许多金融租赁企业和内资租赁企业如工银租赁、民生租赁、交银租赁、长江租赁、国泰租赁，纷纷扩充资本金，加上外资租赁企业的迅速增加和内资租赁企业的扩容，到年底，整个行业注册资金约为1898亿人民币，比上年的1358亿增长了39.8%。其中，金融租赁企业622亿人民币，比上年增长17.8%；内资租赁企业373亿人民币，比上年增加16.6%；外资租赁企业折合人民币903亿元，比上年增长77.1%。就整个行业而言，年底资本充足率为 12.2%。

2012 年底全国融资租赁企业注册资金

	2012 年底注册资金（亿元人民币）	2011 年底注册资金（亿元人民币）	2012 年比上年增加（亿元人民币）	注册资金增长率（%）
金融租赁	622	528	94	17.8
内资租赁	373	320	53	16.6
外资租赁	903	510	393	77.1
总计	1898	1358	540	39.8

资料来源：中国租赁联盟。

注：

1. 表内包括金融租赁企业共 20 家，内资租赁企业共 80 家，外资租赁企业共 429 家，由于资料不全，约 30 家外资企业未列入表内；

2. 外资租赁企业注册资金美元按 1∶6.3 折人民币。

从地区情况看，天津 117 家融资租赁企业，注册资金为 554 亿人民币，约占全国注册资金的 29%，位居首位。

中国融资租赁企业地区排行榜

（以企业注册资金总数为序）

（截至 2012.12.31）

分布地区	金融租赁（亿元）	内资租赁（亿元）	外资租赁（亿元）	合计（亿元）	占全国比重（%）
天津市	166	124	264	554	0.29
上海市	127	53	261	441	0.23
北京市	60	70	130	260	0.14
广东省	80	0	63	143	0.08
重庆市	60	19	2	80	0.04
浙江省	25	12	40	77	0.04
江苏省	20	2	44	66	0.03
山东省	0	40	16	56	0.03
安徽省	30	6	3	39	0.02
河北省	5	7	25	37	0.02

续表

分布地区	金融租赁（亿元）	内资租赁（亿元）	外资租赁（亿元）	合计（亿元）	占全国比重（%）
福建省	0	9	23	33	0.02
湖北省	8	2	13	22	0.01
新疆维吾尔自治区	15	5	1	21	0.01
甘肃省	11	0	0	11	0.01
广西壮族自治区	10	0	0	10	0.01
四川省	0	4	5	8	0.00
山西省	5	2	0	7	0.00
陕西省	0	4	2	6	0.00
云南省	0	0	6	6	0.00
湖南省	0	0	4	4	0.00
江西省	0	4	0	4	0.00
辽宁省	0	2	2	4	0.00
青海省	0	3	0	3	0.00
河南省	0	2	1	2	0.00
吉林省	0	2	0	2	0.00
总计	622	373	903	1898	100

资料来源：中国租赁联盟。

注：

1. 以上金融租赁企业共有20家，内资租赁企业共有80家，外资租赁企业共有429家；

2. 内蒙、黑龙江、海南、贵州、宁夏、西藏6省区尚无组建融资租赁公司的信息；

3. 由于资料不全，约30家外资企业未列入表内；

4. 外资租赁企业注册资金美元按1:6.3折人民币。

注册资金是行业实力的具体体现，也是企业业务拓展和风险防范的基础。2012年，外商租赁企业的数量大幅增加，大型重点租赁企业注册资金的持续不断扩充，是行业实力和行业信心的一个重要表现。

三 业务总量

截至 2012 年年底，全国融资租赁合同余额约为 15500 亿元人民币，比上年底 9300 亿元增加约 6200 亿元，增长幅度为 66.7%。其中，金融租赁合同余额约 6600 亿元，增长 69.2%，比上年 11.4% 的增幅提升了 57.8 个百分点；内资租赁合同余额约 5400 亿元，增长 68.8%，比上年 45.5% 的增幅提升了 23.3 个百分点；外商租赁合同余额约 3500 亿元，增长 59.1%，比上年 69.2% 的增幅下降了 10.1 个百分点。

2012 年全国融资租赁业务发展概况

	2012 年年底业务总量（亿元人民币）	2011 年年底业务总量（亿元人民币）	2012 年比上年增加（亿元）人民币	2012 年比上年增长（%）	业务总量所占比重（%）
金融租赁	6600	3900	2700	69.2	42.6
内资租赁	5400	3200	2200	68.8	34.8
外资租赁	3500	2200	1300	59.1	22.6
总计	15500	9300	6200	66.7	100.0

资料来源：中国租赁联盟。

在融资租赁业发展较快的天津、上海、北京等地，增长速度也比上年明显加快。如天津市，2012 年年底融资租赁合同余额约为 3700 亿元人民币，比上年末 2300 亿元增加约 1400 亿元，增长 60.9%，比上年 35.3% 的增幅增加了个 25.6 个百分点。

2012 年年底天津市融资租赁业务发展概况

	2012 年年底业务总量（亿元）	2011 年年底业务总量（亿元）	2012 年比上年增加（亿元）	2012 年比上年增长（%）	2012 年业务量所占全国比重（%）
金融租赁	1900	1400	500	35.7	12.3
内资租赁	1150	700	450	64.3	7.4
外资租赁	650	200	450	225.0	4.2
总计	3700	2300	1400	60.9	23.9

资料来源：天津市租赁行业协会。

据中国租赁联盟统计，在2006—2010年的“十一五”期间，中国融资租赁业一直呈几何级数式增长，业务总量由2006年约80亿元增至2010年约7000亿元，增长了86倍。

2006—2010年中国融资租赁业务总量

年份	全国业务总量（亿元）	其中金融租赁（亿元）	其中内资租赁（亿元）	其中外资租赁（亿元）
2006	80	10	60	10
2007	240	90	100	50
2008	1550	420	630	500
2009	3700	1700	1300	700
2010	7000	3500	2200	1300

资料来源：中国租赁联盟。

2011年，由于国内外经济发展环境的变化，加上国家有关部门对金融租赁企业的业务发展采取规模控制的政策，增长速度有所放缓。到年底，全国融资租赁合同余额约9300亿元人民币，比年初7000亿元增加约2300亿元，增长幅度降为32.9%，中国融资租赁业开始进入“盘整期”。

2011年全国融资租赁业务发展概况

	2011年业务总量（亿元）	2010年业务总量（亿元）	业务总量增长（%）	2011年业务总量占全国比重（%）
金融租赁	3900	3500	11.4	41.9
内资租赁	3200	2200	45.5	34.4
外资租赁	2200	1300	69.2	23.7
总计	9300	7000	32.9	100

资料来源：中国租赁联盟。

从以上对比可以看出，2012年，虽然中国融资租赁业仍处在盘整期，但增长幅度要高于2011年，这对整个行业来讲是个积极信号。

发展特点

2012 年，中国融资租赁业的发展呈现出以下一些特点：

一　外资租赁企业大幅增加

2012 年，由于商务部继续实行外资融资租赁企业交由地方商务管理部门审批的政策，外商投资的融资租赁公司继续大幅增加。到年底，外商租赁企业约达到 460 家，比上年的 210 家增加 250 家，增长达一倍以上，成为年内行业发展的一个重要特征。

据统计，外资租赁企业注册资金约为 140 亿美元，按 1∶6.3 的平均汇率折合成人民币，总计约 882 亿人民币，约占整个行业注册资金 1815 亿元的 48.6%，已接近金融租赁和内资租赁注册资金的总和。

二　国际合作继续发展

中国成为世界第二大经济体后，又先后超过美国、日本、德国等经济发达国家，成为工程机械产销大国、奢侈品消费大国和民用航空大国，这为融资租赁企业提供了新的发展机遇，许多租赁企业抓住时机，积极开展国际合作，拓展国内外租赁市场。

2012 年，工程机械制造企业如中联重科、三一重工、徐工集团、玉柴重工，柳工集团、山推重工，在国际市场的拓展上，都不同程度取得进展。中联重科积极参与俄罗斯联邦道路修建及远东地区天然气管道等相关大型工程项目建设，与俄罗斯客户成功签署了一批设备的融资租赁合同，涉及集团 5 大事业部产品（混凝土机械、工程起重机械、土方机械、建筑起重机械、路面机械），创造了中联重科产品进入俄罗斯市场以来单一客户最大采购量的纪录。

2012 年 11 月 5 日，第九届亚欧首脑峰会在老挝首都万象举行，期间，在时任中国总理温家宝和老挝总理通辛共同见证下，工银租赁公司总裁丛林与老挝航空公司总裁赛逢在两架 A320 飞机租赁协议上签字。此两架飞机预计于今年 12 月和 2013 年 3 月交付老挝航空。年内，中国航空租赁、民生租赁、长江租赁等，也在国际航空租赁市场的开拓上取得进展。

2012 年，天津滨海新区将建设中国融资租赁业聚集地的发展目标调整为建设中国和世界的融资租赁业聚集地。4 月 1 日，中国国际商会与天津滨海新区政府签署合作备忘录，同时宣布中国国际商会租赁委员会在滨海新区挂牌办公。

三 租赁企业继续拓展资金渠道

2012 年，各类融资租赁企业继续探索多渠道融资，解决业务发展与资金短缺的问题。

追加资本金，是拓展资金来源的最直接方式。2012 年，约有 20 家租赁企业，特别是业务发展较快、规模较大、资产质量较好的企业先后追加资本金。这些企业在机遇与挑战共存的情况下，通过及时追加资本金的方式，保持了继续快速发展的良好势头。

进入银行间同业拆借市场，是金融租赁企业解决资金头寸，应对不时之需的一个重要途径。自 2010 年国银租赁获准率先进入银行间同业拆借市场后，中国人民银行先后下发民生租赁、招银租赁等金融租赁公司进入全国银行间同业拆借市场的批复。截至 2012 年，大多数金融租赁公司都已进入银行间同业拆借市场。

发行企业债券，是租赁企业直接融资的重要手段。从 2010 年开始，工银租赁、交银租赁、华融租赁、江苏金融租赁等即进入企业债券市场直接筹资，2011 年，卡特彼勒子公司卡特彼勒融资服务公司也在香港首次发行 10 亿元人民币中期票据，此举为外商投资融资租赁公司利用香港的人民币市场进行融资开了先河。这些企业发债成功，为行业的发展积累了宝贵经验。2012 年，包括内资租赁和外资租赁的许多企业，都取得了在国内外债券市场上融资的成功。继华融租赁、交银租赁、江苏金融租赁发行金融债券后，工银租赁于 2012 年 11 月通过中信证券发行 16.3 亿人民币的资产证券化产品。2012 年 8 月，中国银行间市场交易商协会公布了《银行间债券市场非金融企业资产支持票据指引》，指出非金融企业在中国银行间市场交易商协会注册后，可在银行间债券市场发行资产支持票据。此举引起包括内资和外资租赁企业的关注，它们积极争取在该机构发行资产支持票据，以期拓展融资渠道。

上市筹资，是各类融资租赁公司增强实力，提高直接融资能力的战略性举措。2011 年 5 月，天津渤海租赁提出 A 股上市的申请获得证监会等部门批准，10 月 26 日正式以“渤海租赁”的名义上市，成为业内第一家 A 股上市公司。进入 2012 年以来，已有民生租赁、鑫桥租赁等超过 10 家融资租赁公司在积极筹备上市。通过保理手段盘活自身资产，是租赁企业调整资产结构、解决资金急需的一个重要方式。2012 年，多家融资租赁企业通过与银行或专业资产保理公司合作，取得了重要进展。6 月 27 日，商务部发布《关于商业保理试点有关工作的通知》，批准在天津滨海新区、上海浦东新区开展商业保理试点。截至 2012 年年底，全国已有各类保理公司 60 多家。

四　保险、信托资金投向融资租赁

保监会 2010 年 7 月 30 日颁布的《保险资金运用管理暂行办法》中，关于可以投资无担保企业（公司）债券和非金融企业债务融资工具的规定，为融资租赁公司吸引保险长期资金开了绿灯。许多融资租赁公司开始与有关保险公司进行联系。保险企业也通过组建租赁企业的方式直接进入融资租赁市场。

2012 年 9 月，平安保险集团出资设立的平安国际融资租赁有限公司正式成立，成为国内保险行业设立的首家融资租赁公司。此外，民生保险等多家保险公司也在积极策划组建融资租赁企业，为保险资金直接进入融资租赁领域开辟通道。

2012 年，一些融资租赁企业除了通过信托计划向社会直接筹集资金外，还通过信托或委托形式，共同拓展信托资金进入融资租赁业的通道。

五　单一项目租赁业务引发关注

自从2010年1月银监会发布《关于金融租赁公司在境内保税地区开展融资租赁业务有关问题的通知》以来，到2011年底，只有天津东疆保税港区、上海综合保税区、北京天竺保税区先后开展了单一项目融资租赁业务。

2012年，单一项目租赁业务越来越引发关注。宁波保税港区也加入这一行列，到2012年年底，已建立5家单一项目公司。而在东疆保税港区，注册的单一项目租赁公司总计达319家，约占全国的80.7%。其中单机公司232家，单船公司76家，已累计完成租赁飞机129架、离岸船舶36艘，飞机发动机9台。

全国单一项目融资租赁公司的分布

（截至2012.12.31）

	单一项目公司数（家）	项目公司所占比重（%）
天津东疆保税港区	319	80.7
上海综合保税区	66	16.7
北京天竺保税港区	5	1.3
宁波保税港区	5	1.3
总计	395	100

资料来源：中国租赁联盟。

六　国家有关部门更加关注融资租赁业的发展

近年来，由于通胀的压力，中央财政和货币政策开始由“积极和适度宽松”转变为“积极和稳健”。在银根收紧的情形之下，如何解决实体经济发展中的资金稳定供应问题，成为各级政府和企业必须面对和解决的一大难题。在这个背景下，融资租赁这一集融资与融物，贸易与技术于一体的新型非银行金融业务开始得到中央和有关政府部门的重视。

继2011年中央一号文件提出运用融资租赁机制发展水利设施以来，国家许多重要经济文件中，几乎都提到发展融资租赁解决多渠道融资的问题。

商务部在 2011 年发布《在“十二五”期间促进融资租赁业发展的指导意见》后，会同国家税务总局积极推动内资企业开展融资租赁业务试点，年内已有 14 家内资企业获得开展融资租赁业务试点的资质。第十批融资租赁试点的审批正在抓紧审批中。

7 月 26 日，财政部发布《关于在天津东疆保税港区试行融资租赁货物出口退税政策的通知》，决定自 2012 年 7 月 1 日起，对在天津东疆保税港区注册的融资租赁企业，或金融租赁公司在天津东疆保税港区设立的项目子公司等融资租赁出租方，以融资租赁方式租赁给境外承租人，且租赁期限在 5 年或以上并向天津境内口岸海关报关出口的货物的，试行增值税、消费税出口退税。其中，融资租赁出口货物的范围包括飞机、飞机发动机、铁道机车、铁道客车车厢、船舶及其他货物。

9 月 29 日，交通运输部印发了《关于融资租赁船舶运力认定政策的公告》，以上海市为试点，对于如何界定自有运力的比例给出明确规定。

七　更多地区采取措施发展融资租赁业

2012 年，越来越多的城市和地区采取措施推动融资租赁业的发展。

天津市曾于 2010 年 10 月颁布《关于促进我市租赁业发展的意见》，对推动该市租赁业的发展起到了至关重要的作用。2010 年年底，天津全市融资租赁企业只有 21 家，企业注册资金合人民币 242 亿，融资租赁合同余额约 1700 亿元。到 2012 年年底，总部在津的各类融资租赁企业达到了 116 家，注册资金约 600 亿人民币，融资租赁合同余额达到 3700 亿元，约占全国四分之一。由于 39 号文件适用期为两年，到 2012 年 12 月 31 日即应废止，为此，该市对促进政策进行必要的修订后继续颁发执行，执行期延长 5 年。

宁波市政府于 2 月 28 日发布《宁波市人民政府关于全市金融支持实体经济发展的若干意见》，提出稳步开展厂商租赁、直租、售后回租等融资租赁业务，探索单船单机融资租赁业务。

山东省于 3 月 21 日在全省范围内开展合同能源管理和设备融资租赁试点工作，要求各市按照择优的原则，选择有意向的合同能源管理或者设备融资租赁企业进行试点。2012 年以来，已经有 10 家以上企业向山东省商务厅递交了设立及增资申请。其中，由香港巨丰控股有限公投资的山东巨丰融资租赁，总投资1000万美元；山东恒丰橡塑有限公司联合在英属维京群岛注册的永富发展有限公司，在东营合资设立了山东恒丰融资租赁，注册资本4000万美元。此外，广泰空港国际融资租赁、信和融资租赁、云峰融资租赁等公司也已设立完成，山东东海石油装备租赁则进行了增资。

近年来，武汉市作为武汉经济圈的核心城市发展迅速。该市意识到支持和发展融资租赁对于自身高速发展和经济圈的建设是个重要举措，2011年6月22日，武汉发布《关于印发促进资本特区融资租赁业发展实施办法的通知》，从鼓励在资本特区投资、营造行业发展环境、支持融资性租赁公司多渠道融资、税收政策、计提风险准备金等多个方面，对促进该市资本特区融资租赁业的发展做出了较具体的规定，到2012年年底，武汉市已有各类融资租赁公司6家，其中包括光银金融租赁公司和光谷内资融资租赁公司各1家。

北京市中关村科技园区管理委员会等八个部门，根据国务院批复的《中关村国家自主创新示范区发展规划纲要（2011—2020年）》等有关文件精神，于2012年6月19日下发《关于中关村国家自主创新示范区促进融资租赁发展的意见》，对在该区发展融资租赁业出台了若干条可操作性措施。

安徽省芜湖市是皖江城市带的重要城市，发展速度居全省各市之首，该市原来没有一家融资租赁公司。经过努力，2012年7月银监会正式批复该市筹建皖江金融租赁有限公司。公司由天津渤海租赁与芜湖市建设投资公司、美的集团共同出资30亿元组建，这是安徽省首家金融租赁公司，同时也是全国首家设在地级市的金融租赁公司。

成都市于7月9日召开了全市融资租赁机构座谈会，成都市多家融资租赁机构参会并发表了意见建议。成都市为支持开展融资租赁规定，对成都市中小企业向融资租赁公司租赁生产设备的，按中国人民银行同期基准利率的15%给予最高100万元的设备租赁费用补助。

上海浦东新区金融局与财政局11月6日下发了《浦东新区促进金融业发展财政扶持办法》，明确了实施细则与相关操作口径，对融资租赁企业等，制订了财政补贴等扶持办法。

面临的问题

2012 年，中国融资租赁业也面临着一些必须引起高度重视的问题：

一 对融资租赁的认知不平衡

截至 2012 年底，全国约有 560 家在册运营，其中包括 80 家内资租赁，约 460 家外资租赁和 20 家金融租赁企业，这些公司 85% 以上都集中在北京、上海、天津、深圳、杭州、厦门等 20 个城市中，而全国其他 200 多家地级以上城市，也包括一些省会级城市，在中国融资租赁业迅速发展的进程中，至今一家融资租赁公司都没有。

中国融资租赁企业地区分布排行榜

（以在册运营总数为序）

（截至 2012. 12. 31）

分布地区	金融租赁（家）	内资租赁（家）	外资租赁（家）	合计（家）	占全国比重（%）
上海市	4	9	110	123	0. 23
天津市	3	8	105	116	0. 22
北京市	2	20	61	83	0. 16
广东省	1	0	41	42	0. 08
江苏省	1	2	28	31	0. 06
浙江省	1	9	20	30	0. 06
福建省	0	5	21	26	0. 05
山东省	0	7	13	20	0. 04
湖北省	1	1	7	9	0. 02

续表

分布地区	金融租赁（家）	内资租赁（家）	外资租赁（家）	合计（家）	占全国比重（%）
四川省	0	2	4	6	0.01
新疆维吾尔自治区	1	3	1	5	0.01
重庆市	1	2	2	5	0.01
河北省	1	2	2	5	0.01
安徽省	1	1	2	4	0.01
湖南省	0	0	4	4	0.01
云南省	0	0	4	4	0.01
辽宁省	0	1	2	3	0.01
陕西省	0	2	1	3	0.01
山西省	1	1	0	2	0.00
江西省	0	2	0	2	0.00
河南省	0	1	1	2	0.00
广西壮族自治区	1	0	0	1	0.00
吉林省	0	1	0	1	0.00
甘肃省	1	0	0	1	0.00
青海省	0	1	0	1	0.00
总计	20	80	429	529	100

资料来源：中国租赁联盟。

注：

1. 以上金融租赁企业共有20家，内资租赁企业共有80家，外资租赁企业共有429家；

2. 由于资料不全，约30家外资企业未列入表内。

从融资租赁企业的地区分布看，上海拥有123家，约占全国的23%，居第一位。而内蒙古、黑龙江、海南、贵州、宁夏、西藏6省区尚无已组建融资租赁公司的信息。

从融资租赁企业的实力看，规模较大的重点企业也大都分布在京津沪渝和深圳等几个大城市。在以注册资金为序的中国融资租赁十强企业排行榜中，有5家在天津，3家在上海，其余各家分布在深圳、重庆、北京、济南和芜湖5个城市。

中国融资租赁十强企业的地区分布

（截至2012.12.31）

序数	名称	注册资金	注册地	注册时间	监管部门
1	国银金融租赁有限公司	80.0	深圳	1984	银监会
1	工银金融租赁有限公司	80.0	天津	2007	银监会
2	远东国际租赁有限公司	63.0	上海	1981	商务部
3	天津渤海租赁有限公司	62.5	天津	2008	商务部
4	昆仑金融租赁公司	60.0	重庆	2010	银监会
5	民生金融租赁有限公司	50.95	天津	2007	银监会
6	建银金融租赁有限公司	45.0	北京	2007	银监会
7	交银金融租赁有限公司	40.0	上海	2007	银监会
7	招银金融租赁有限公司	40.0	上海	2007	银监会
8	长江租赁有限公司	38.3	天津	2004	商务部
9	兴银金融租赁有限公司	35.0	天津	2010	银监会
10	国泰租赁有限公司	30.0	济南	2007	商务部
10	皖江金融租赁	30.0	芜湖	2011	银监会

资料来源：中国租赁联盟。

注：

1. 排行榜上的企业系指截至2012年12月31日前登记在册并运营中的企业；
2. 注册资金单位为亿元人民币；
3. 注册资金美元按1:6.3折人民币；
4. 注册时间指企业正式获得批准设立的时间；
5. 注册地指企业本部注册地址；
6. 国银租赁和工银租赁、交银租赁和招银租赁、国泰租赁和皖江租赁注册资金相同，排名不分先后。

在一些商品经济十分发达的城市和地区，如温州市，至今没有一家融资租赁公司，许多中小企业发生资金供应困难时，宁可以50%甚至100%利率的高利贷去饮鸩止渴，也没有想到试一试融资租赁。

以上现象形成的主要原因在于，融资租赁业从总体说来，社会认知度仍不高，一些管理部门仍将融资租赁和典当、拍卖相提并论，包括一些国家管理部门，至今仍认为融资租赁充其量也只是银行业的一个补充。

业内专家几乎一致认为，当一个城市或地区对融资租赁是什么都不得而知的情况下，就根本谈不到它的形成和发展，一些地区融资租赁业的发展之所以不快，甚至还没有提到议程，社会认知度不高是首要原因。

二 行业发展不平衡

从整个行业状况看，企业间的发展也极不平衡。据统计，在 2012 年以注册资金为序的中国融资租赁十强企业中，12 家企业注册资金共为 583 亿人民币，约占全国注册资金 1850 亿的 31.5%，年底业务总量共约为 5200 亿元人民币，占到全国业务总量的 35%，而其余的 548 家企业，业务总量共为 9800 亿元，共占全国业务总量的 65%。

从金融、内资、外资三个板块看，发展也很不平衡。在全国约 560 家租赁企业中，金融租赁企业只有 20 家，但注册资金达到 622 亿人民币，约占全部企业注册资金的 32.8%，业务总量为 6600 亿元人民币，约占全国业务总量 15500 亿的 42.6%；内资租赁企业有 80 家，注册资金达到 373 亿人民币，约占全国的 19.7%，业务总量 5400 亿元人民币，约占全国业务总量 15500 亿的 34.8%。与此相对的是，外资租赁企业达到 460 家，虽然注册资金折合人民币达到 903 亿元人民币，约占全国的 47.6%，但业务总量只有 3500 亿元，占全国总量的 22.6%。

三 投资环境需要进一步完善

截至目前，中国仍没有一部统一的行业法规。早在 2003 年《中国融资租赁法》就列入了第十届全国人大立法规划，全国人大财经委负责组织起草，2004 年 3 月正式开始工作。国家发改委、商务部、人民银行、银监会、国家税务总局、国家工商总局、财政部、交通部等部委参加了这一工作。2005 年 4 月下旬，起草组将《融资租赁法（草案）》（征求意见稿）在全国 30 个省区市人大财经委以及国务院各有关部门广泛征求意见，期间，还召开国际研讨会，组团赴德国、西班牙等地进行考察。业内许多协会组织及企业人士也参与了立法调研工作。2007 年 8 月 13 日，全国人大财经委以文件的形式，向全国人大常委会报送了《关于提请全国人大常委会尽快安排审议融资租赁法（草案）的报告》，业内对《融资租赁法》普遍寄予厚望，希望能及早出台，但事与愿违，报送的《融资租赁法（草案）》未被列入全国人大的立法审议日程。

2011 年年底，天津市在最高法院的支持下，出台了融资租赁资产登记的相关规定和司法认可，来对抗擅自出卖和购买融资租赁资产的“善意第三者”，有效地保障了出租人的合法权益。但在其他地区，同一设备重复融资、承租人擅自处理租赁物的现象时有发生，严重损害了出租人的合法权益。同时，市场准入、市场退出、租赁物收回等问题仍没有得到解决。多年来的发展实践证明，融资租赁业的发展还是需要一个有效的司法保障。

2012 年，虽然银监会和商务部致力于对金融和外资两个已有的管理办法进行修正，天津、上海、北京、武汉、武汉、宁波等一些地区也制定了一些地方性法规，这些法规内容主要以促进发展为主，行业规范为辅，远构不成法规体系。

四　风险意识仍较薄弱

中国融资租赁再度复兴后，一直在快速增长，从 2006 年至今已经历了 7 个年头。按照一般规律，一些违规或经营不善的企业，其潜在风险将会陆续暴露出来，整个行业经历着一次历史性考验。但国家有关监管部门的监管体制仍不健全。有的监管部门采取放任的方式，认为企业出现风险属企业行为，按规定退出市场即可。有的监管部门则采取严厉的惩处措施，平时对企业没有什么指导和检查，一旦出现风险则立即责令企业关闭整顿或清算破产。

许多租赁企业，特别是新组建的企业没有建立起有效的风险防范机制，有的企业规模较小，但业务推动很快，资本充足率甚至不足 1%。有的综合性租赁企业在所开展的业务中，售后回租所占比重过大。由于这一业务金额大、租期长，承担的风险相对较大。

2012 年，虽然整个行业整体运行良好，没有发生重大违规行为，也没有重要企业因为经营不善而退出市场，但少数企业的经营风险已经显现。

历史的教训和现实的问题告诫人们，以上这些问题如得不到尽早解决，一些租赁企业乃至整个中国融资租赁业，有可能像20世纪90年代那样再度陷入危机。

五　行业人才紧缺

近年来，中国融资租赁业在发展迅速发展的过程中，人才紧缺问题开始显现，目前已成为制约行业发展的一个十分突出问题。据中国租赁联盟初步估算，现全国融资租赁人才缺口至少在2500人以上，其中，中高级管理人员约500人。今后三年内，随着中国融资租赁产业的继续发展，每年需要新增专业人才约1000名。在天津市，总部在津的融资租赁公司已超过100家，人才缺口至少在500人左右，其中，中高级管理人员约200人。

由于融资租赁企业实质上是涵盖金融、经济、贸易、财会、法律、工程和管理等综合性的非银行金融机构，是典型的人才密集型行业，从业人员应进行正规的学习和培训才能上岗。问题在于，目前全国各个高校都没有正式设立融资租赁专业，各地组织的一些短期培训也只能是权宜之计。2011年南开大学动员40名硕士转做融资租赁的研究，在还不到一年的时间，大部分学生已被企业挑走。业内一致认为，加快人才培育，从基础上提高从业人员的综合素质和专业水平，既是行业形成的当务之急，也是行业健康发展的根本保证。

六　行业统计工作滞后

目前，我国融资租赁业已达到相当规模，在经济社会发展中的作用日益明显，银监会和商务部已对所审批和监管的企业经营状况进行统计分析，但就整个行业而言，国家和地方统计部门尚没建立起完备的融资租赁行业统计制度。

中国租赁联盟作为一个行业的研究和联谊机构，从2007年起主动组成“中国租赁蓝皮”编委会，每年组织编写一部《中国融资租赁业发展报告》。虽然“中国蓝皮书”经历了时间的考验，受到业内欢迎，但因为是“蓝皮书”而不是“白皮书”尚不具备众所期望的官方权威。业内普遍期望，国家和地方统计部门应尽早建立起完备的租赁行业统计制度。

七 “营改增”税收政策尚不明确、不统一

2012 年 1 月 1 日，上海市融资租赁业率先开始营业税改为增值税的改革试点，9 月 1 日，北京市试点启动，10 月 1 日，江苏省和安徽省加入试点行列，11 月 1 日，福建省、广东省、厦门市和深圳市试点如期实行。12 月 1 日，天津、浙江、湖北正式启动融资租赁业营业税改征增值税试点，至此，全国十个地区的融资租赁业已全部进入“营改增”试点行列。

随着税制改革范围的扩大，不同地区呈现出不同的政策解释，实际税负的计算、即征即退的时间、租赁物发票的开具等方面也有不同的操作方式，加上有些地区对融资租赁业的行业定位尚不明确，按照当前“有形动产融资租赁”的政策，测算的实际税负有所增加，在一定程度上影响了租赁企业的业务拓展。

“营改增”税收政策改革试点，关系到融资租赁行业的现实和长远发展，业内普遍期望各地政策尽早明确统一。

—·分　述·—

金融租赁

2012年，由银监会审批和监管的金融租赁公司仍为20家，其中，由银行独资或以银行为主投资的共8家，有银行背景的有8家，没有银行背景的4家。2011年获批的皖江金融租赁、北部湾金融租赁和浦发金融租赁年内先后开业。

截至2012年12月底，20家金融租赁企业融资租赁合同余额约为6600亿元，比上年增长69.2%，占全国融资租赁业务总量15500亿元的42.6%，比上年的41.9%增加了0.7个百分点。

2012年，在中国金融、内资、外资三大融资租赁板块中，金融租赁板块业绩突出，但也出现了一些值得注意的问题。

据统计，截至2012年年末，银监会审批和监管下的20家金融租赁公司总资产规模达7986.29亿元，同比增长51.6%。其中，融资租赁资产规模达6979.71亿元，经营租赁资产规模为582.64亿元，比上年分别增长52.75%、38.19%。从总资产规模看，国银租赁、工银租赁、民生租赁、交银租赁分别以1408.87亿元、1190.49亿元、960.98亿元、707.95亿元的资产居行业前四名，在净利润方面，国银租赁、民生租赁、工银租赁、华融租赁分别以12.24亿元、12.21亿元、11.66亿元、10.06亿元居于行业前列。

值得关注的是，由于2012年由于国内外经济形势的复杂性，行业内部分公司的不良资产率出现了不同程度的上升趋势。其中民生租赁、信达租赁、华融租赁的不良资产率分别较上年末增加了42个基点、36个基点和22个基点。山西金租、华融租赁、江苏金租、长城国兴金租的不良资产率分别以1.29%、0.96%、0.90%、0.88%居于金融租赁行业前列。

2012年金融租赁发展概况

	2012年	2011年	比上年增长（%）
企业数（家）	20	20	0
注册资金（亿元）	588	528	11.4
合同余额（亿元）	6600	3900	69.2

资料来源：中国租赁联盟。

2012年，在以注册资金为序的金融租赁企业排行榜中，国银金融租赁和工银金融租赁分别以80亿元的规模并列首位。

金融租赁十强企业排行榜

（以注册资金为序）

（2012.12.31）

序号	名称	注册时间	注册地	注册资金（亿元）
1	国银金融租赁有限公司	1984	深圳	80.0
1	工银金融租赁有限公司	2007	天津	80.0
2	昆仑金融租赁有限公司	2010	重庆	60.0
3	民生金融租赁有限公司	2007	天津	50.95
4	建信金融租赁有限公司	2007	北京	45.0
5	交银金融租赁有限公司	2007	上海	40.0
5	招银金融租赁有限公司	2007	上海	40.0
6	兴业金融租赁有限公司	2010	天津	35.0
7	皖江金融租赁有限公司	2011	芜湖	30.0
8	浦银金融租赁有限公司	2011	上海	27.0
9	华融金融租赁有限公司	1984	杭州	25.0
10	江苏金融租赁有限公司	1985	南京	20.0
10	农银金融租赁有限公司	2010	上海	20.0

资料来源：中国租赁联盟。

注：

1. 名录上的企业系指截至2012年12月31日登记在册并运营中的企业；
2. 注册时间指企业获得批准设立或正式开业的时间；
3. 注册地指企业本部注册地址。

金融租赁的崛起和持续发展，在国内外引起广泛关注，在中国融资租赁业走向复兴的关键时刻，各家金融租赁公司特别是新组建的金融租赁公司，为整个行业的再生和发展注入了生机活力。进入2012年以来，虽然国家货币政策的调整和监管部门的规模控制，仍使金融租赁的发展速度受到制约，但业务总量仍达到6600亿人民币，占全国业务总量的42.6%，比上年的41.9%增加了0.7个百分点。部分公司不良资产率出现的上升趋势，总体来看仍在可控范围之内。

内资租赁

内资企业融资租赁业务试点始于2004年年底。2012年8月6日，商务部和国家税务总局联合下文，第9批14家开展融资租赁业务试点的内资企业获批，至此，由商务部和国家税务总局审批与监管的内资融资租赁试点企业已达9批80家。

2012年，和金融租赁企业相比，内资租赁企业的业务规模没有受到直接制约，到年底，内资租赁企业融资租赁合同余额约为5400亿元，约占2012年全国融资租赁业务总量15500亿元的34.8%，比2010年的约3200亿元增长2200亿元，增长幅度为68.8%。

2012年内资融资租赁发展概况

	2012	2011	比上年增长（%）
企业数（家）	80	66	21.2
注册资金（亿元）	345	320	7.8
合同余额（亿元）	5400	3200	68.8

资料来源：中国租赁联盟。

2012年，由商务部审批监管的80家内资融资租赁公司，在以注册资金为序排列的十强排行榜中，天津渤海租赁以注册资金为62.5亿元的优势，仍居全国内资租赁公司第1位。

内资租赁十强企业排行榜

（以注册资金为序）

（截至2012.12.31）

序号	企业	注册时间	注册地	注册资金
1	天津渤海租赁有限公司	2008	天津	62.5
2	长江租赁有限公司	2004	天津	38.3

续表

序号	企业	注册时间	注册地	注册资金
3	国泰租赁有限公司	2007	济南	30.0
4	中航国际租赁有限公司	2004	上海	20.0
5	大新华船舶租赁有限公司	2009	上海	17.0
6	中联重科融资租赁（北京）有限公司	2006	北京	15.02
7	重庆市交通设备租赁有限公司	2009	重庆	10.0
7	中投租赁有限责任公司	1989	北京	10.0
7	天津天保租赁有限公司	2011	天津	10.0
8	山重融资租赁有限公司	2009	北京	9.2
9	重庆银海租赁有限公司	2006	重庆	8.5
10	尚邦租赁有限公司	2008	天津	7.0

资料来源：中国租赁联盟。

注：

1. 名录上的企业系指截至2012年12月底登记在册的企业；
2. 注册时间指企业正式获得批准设立的时间；
3. 注册地指企业本部注册地址；
4. 注册资金单位为亿元人民币。

2012年，在整个租赁业发展中，许多内资租赁试点企业在拓展资金渠道、业务创新、市场开拓和内部管理等方面仍取得明显业绩，保持了一定的发展速度，在中国融资租赁行业中继续发挥着重要的示范作用。问题在于，在80家内资租赁企业中的发展很不平衡，有部分已经运行多年的企业尚未发挥出业务试点的应有作用。

外资租赁

2012年，由于外商投资租赁企业审批权的继续下放，外资租赁公司迅速增加，全年新组建的外资租赁公司约250家，连同原有210家企业，全国约有460家外资租赁企业在册。这些公司注册资金约合882亿人民币。

截至2012年年底，实际运营中的外资租赁企业租赁合同余额约合3500亿元人民币，比2011年的2200亿元增长59.1%，增速低于金融租赁企业和内资租赁企业。

2012年，外资租赁企业业务总量占到当年全国融资租赁业务总量15500亿元的22.6%，比2011年23.7%下降了1.1个百分点。

2012年外资租赁发展概况

	2012	2011	比上年增长（%）
企业数（家）	460	210	119.0
注册资金（亿元人民币）	588	280	44.4
合同余额（亿元人民币）	3500	2200	59.1

资料来源：中国租赁联盟。

在460家外资租赁企业中，远东国际租赁注册资金为10.12亿美元，在以注册资金为序的外资融资租赁企业十强排行榜中居首位。

外资租赁十强企业排行榜

（以注册资金为序）

（截至2012.12.31）

位次	公司	注册时间	注册地	注册资金
1	远东国际租赁有限公司	1991	上海	101200
2	港联融资租赁有限公司	2010	邢台	32100

续表

位次	公司	注册时间	注册地	注册资金
3	基石融资租赁（天津）有限公司	2012	天津	29999
4	金宝鼎国际融资租赁有限公司	2012	天津	29900
5	中联重科融资租赁（中国）有限公司	2009	天津	28000
6	恒信金融租赁有限公司	2004	上海	20250
7	东方信远融资租赁有限公司	2010	天津	20000
8	日立建机租赁（中国）有限公司	2007	上海	16100
9	广东明阳融资租赁有限公司	2012	广州	15873
10	大唐融资租赁有限公司	2012	天津	15777

资料来源：中国租赁联盟。

注：

1. 名录上的企业系指截至2012年12月31日前登记在册并运营中的企业；
2. 注册资金单位为万美元；
3. 注册时间指企业正式获得批准设立的时间；
4. 注册地指企业本部注册地址。

由于外资租赁企业分布广泛，经营灵活，有力地支持了所在地区的企业，包括在华外资投资企业发展，已成为中国引进外资和设备的一个重要渠道。随着中国法律环境的逐步完善，外资租赁审批权的继续下放，外资租赁企业将以其广阔的渠道和深厚的经验显示出巨大的发展潜力。值得注意的是，面对外资租赁企业的迅速增多，行业的促进和监管都须加强。

行业促进

2012年，国家有关部门和一些地区的政府部门继续采取措施，促进融资租赁业的发展。

商务部、国家税务总局 商务部在2011年发布《在"十二五"期间促进融资租赁业发展的指导意见》后，会同国家税务总局积极推动内资企业开展融资租赁业务试点，8月6日，14家内资企业获得开展融资租赁业务试点的资质。9月5日，商务部再次发出关于第十批融资租赁试点的通知，截至年底，各地已有30多家企业上报待批。

财政部 7月26日，财政部发布《关于在天津东疆保税港区试行融资租赁货物出口退税政策的通知》（以下简称《通知》），决定自2012年7月1日起，在天津东疆保税港区对融资租赁出口货物、海洋工程结构物试行增值税、消费税出口退税政策。

《通知》规定，未来对在天津东疆保税港区注册的融资租赁企业，或金融租赁公司在天津东疆保税港区设立的项目子公司等融资租赁出租方，以融资租赁方式租赁给境外承租人，且租赁期限在5年或以上并向天津境内口岸海关报关出口的货物的，试行增值税、消费税出口退税。其中，融资租赁出口货物的范围包括飞机、飞机发动机、铁道机车、铁道客车车厢、船舶及其他货物。

此外，对融资租赁海洋工程结构物此次也一并同时试行退税政策。《通知》规定，对融资租赁出租方向国内生产企业购买，并以融资租赁方式租赁给境内列名海上石油天然气开采企业且租赁期限在5年（含）以上的海洋工程结构物亦视同出口，同样给予增值税、消费税出口退税优惠。

交通部 9月29日，交通运输部印发了《关于融资租赁船舶运力认定政策的公告》，自发布之日起，先以上海市为试点，对在上海市注册的航运企业试行一年。今后视试点地区的实施效果，不断完善并扩大试点范围，逐步在全国推行。公告对于如何界定自有运力的比例给出明确规定。公告所指融资租赁船舶是指航运企业将已取得国际、国内水路运输经营资格的船舶出售后以融资租赁的方式回租，或经核准以融资租赁方式新增运力的船舶。融资租赁出租人应依法取得国家有关部门批准的融资租赁经营资格。

航运企业申请将融资租赁船舶作为自有运力，已付租金应不低于融资租赁应付款项的51%，并经融资租赁双方共同书面确认。

航运企业将已取得国际、国内水路运输经营资格的船舶出售给融资租赁企业，应在交通运输部公布的船舶交易服务机构办理船舶交易手续。

对于从事国际水路运输的航运企业和船舶，由省级交通运输主管部门将初步审查意见和全部申请材料报至我部，由我部作出融资船舶为企业自有运力的认定决定；对于从事国内水路运输的航运企业和船舶，由设区的市级交通运输主管部门审核后，符合本公告条件的，直接向申请人出具融资租赁船舶为企业自有运力的书面确认文件。

宁波市 2月28日，宁波市人民政府下发《关于全市金融支持实体经济发展的若干意见》(以下简称《意见》)，《意见》指出，要认真贯彻中央经济工作会议、全国金融工作会议精神，坚持科学发展，以支持实体经济发展作为金融工作的主线，以改革创新为动力，解放思想，拓宽视野，银政企和衷共济，努力保持信贷合理增长，大力开拓多元化融资新渠道，积极利用市内外各类资金，切实为实体经济发展提供有力保障，不断创新金融产品和优化服务，着力维护优良的金融生态，确保宁波经济社会持续健康发展。以推动企业直接融资比重、推动企业上市等方式，大力拓宽支持实体经济发展的多元化融资渠道。积极创新支持实体经济发展的金融产品与服务。

《意见》共13条，分别从保障信贷总量等方面提出了具体要求。保持信贷投放的领先增长地位，着力提高信贷支持实体经济的有效性。2012年，力争全市金融机构本外币新增贷款增量不低于上一年，增速不低于浙江省平均水平。

山东省 3月21日，山东省开展了合同能源管理和设备融资租赁试点工作。各市按照择优的原则，选择有意向的2家合同能源管理或者设备融资租赁试点企业。合同能源管理试点可采用节能效益分享型、节能量保证型、节能设备租赁型和能源费用托管型。设备融资租赁方式亦可适用于其他技术改造项目。

工作要求：山东省各市主管部门可组织企业自主择优选择有资质的节能或融资租赁服务机构进行洽谈、合作，签约组织项目实施。需要省办协调有关节能和融资租赁服务机构的，各市应按照省办确定的条件选择项目，填写“中小企业节能或融资租赁项目申报表”，并附项目实施内容和方式，山东省办可推荐具有资质的服务机构与试点企业对接、洽谈，在自愿基础上签约。

试点项目经省办组织验收，达到合同约定效果的企业，可经省办审核，认定为“节能降耗示范企业”。示范企业完成的合同能源管理项目，采取设备融资租赁方式的，视同贷款项目；在申报年度重点投资项目专项补助时，可对符合申报条件的项目按贷款贴息方式给以补助。

天津市 天津市曾于 2010 年 10 月颁布《关于促进我市租赁业发展的意见》，对推动该市租赁业的发展起到了至关重要的作用。由于 39 号文件适用期为两年，到 2012 年 12 月 31 日即应废止，为此，该市对促进政策进行必要的修订后继续颁发执行，执行期延长 5 年。

武汉市 6 月 22 日，武汉市发布《关于印发促进资本特区融资租赁业发展实施办法的通知》，从鼓励在资本特区投资、营造行业发展环境、支持融资性租赁公司多渠道融资、税收政策、计提风险准备金等多个方面，对促进该市资本特区融资租赁业的发展做出了较具体的规定，到 2012 年底，武汉市已有各类融资租赁公司 6 家，其中包括光银金融租赁公司和光谷内资融资租赁公司各 1 家。

北京市 6 月 19 日，北京中关村科技园区管理委员会等八个部门，根据国务院批复的《中关村国家自主创新示范区发展规划纲要（2011—2020 年）》等有关文件精神，下发《关于中关村国家自主创新示范区促进融资租赁发展的意见》，对在该区发展融资租赁业出台了若干条可操作性措施。

成都市 7 月 9 日，成都市召开了全市融资租赁机构座谈会，多家融资租赁机构参会并发表了意见建议。成都市为支持开展融资租赁规定，对成都市中小企业向融资租赁公司租赁生产设备的，按中国人民银行同期基准利率的 15% 给予最高 100 万元的设备租赁费用补助。

上海市 11 月 6 日，上海浦东新区金融局与财政局下发了《浦东新区促进金融业发展财政扶持办法》的实施细则与相关操作口径。

此次出台的系列细则与操作口径对金融机构、股权投资企业和股权投资管理企业、融资租赁企业、金融专业服务机构及企业改制上市保荐券商、上市中小企业等对象制订了量化的标准，在对各类对象的奖励和补贴的金额标准方面，此次出台的扶持办法、系列细则与之前的标准并未有非常明显的提高，而是调整了机构类型及所适用的补贴标准。

重要会展

2012 年的重点会展有：

第三届中国金融租赁高峰论坛　5 月 31 日，由中国银行业协会、天津市人民政府和中国外商投资企业协会主办，中国银行业协会金融租赁专业委员会、中国外商投资企业协会租赁业工作委员会、工银金融租赁有限公司联合承办的“第三届中国金融租赁高峰论坛”在天津召开。中华人民共和国最高人民法院副院长奚晓明、中国银监会副主席蔡鄂生、天津市人民政府副市长崔津渡、中国银行业协会专职副会长杨再平、中国银行业协会金融租赁专业委员会主任、中国工商银行副行长李晓鹏等相关部门负责人参与了此次论坛的讨论。

蔡锷生在致辞中表示，当前国际金融危机的深层次影响还在持续显现，世界经济复苏仍有较大不确定因素，中国经济金融发展环境依然十分复杂严峻，在这种情况下，中国融资租赁业应进一步发挥行业特色，在实现自身健康可持续发展同时，更好的服务实体经济。

奚晓明在此次论坛上，从法律角度阐述金融业应充分注意防范风险。他总结了 20 世纪 90 年代至今的一些证券公司破产案件，并指出：一些新兴的现阶段规模比较小的金融类别和机构，尚未没有建立完善业务模式和风险控制。他提醒，融资租赁业在自身发展要注意潜在的风险，将风险防范加强，避免出现系统性风险。

国资委副主任张晓强指出，大力发展租赁业能有效拉动民间资本，推动实体经济发展。张晓强说，民间资本对通过中国经济发展作用在不断增强，而租赁作为资产所有权与使用权可以分离现代金融创新，能够比较有效的促进民间资本进入实体经济领域，更好服务于中小企业，促进就业。

该论坛已举办两年，前两届分别以金融租赁的“新起点、新机遇、新发展”和“全球化视角下的金融租赁”的主题展开讨论。

天津滨海新区融资租赁发展论坛　6月11日，由天津滨海新区政府和国际商会租赁委员会共同主办、天津市租赁行业协会承办的2012天津滨海新区融资租赁发展论坛在梅江会展中心举行。

天津市副市长崔津渡、商务部流通发展副司长张蜀东，中国贸促会贸易推广中心主任杨晓东，中国租赁联盟召集人、天津市租赁协会会长杨海田，天津中信保总经理白立兴，天津商业大学校长刘书翰等，从不同的角度探讨了滨海新区的融资租赁业务情况。

崔津渡代表市政府对论坛的举办表示热烈祝贺。在简要回顾租赁业发展情况后，他说，下一步我们要围绕融资增资问题、租赁企业资产转让问题和用汇问题等开展研究。融资租赁业在发展中已经形成了很多比较大的行业，如何实现行业的专业化发展，政府如何提供专业化服务，都是我们面临的新课题。希望通过此次论坛，集思广益，将与会嘉宾的好思想、好方法汇集起来，作为我们下一步研究解决问题的课题。希望继续得到国家有关部门的支持指导，研究解决融资租赁业面临的问题，促进行业可持续发展。

论坛上，中国租赁联盟企业设立与发展服务中心和天津商业大学中国融资租赁研究与教育中心分别揭牌成立，天津租赁协会和中信保签署了战略合作协议。

中国融资租赁业发展论坛　6月18—20日，2012中国融资租赁业发展论坛（北京）在北京万豪酒店召开。中外与会者约200人。来自中国道路运输协会、国信汽车租赁、法兴华宝汽车租赁、安飞士、国家税总、毕马威、天津市租赁业协会、北京市租赁业协会、中联重科融资租赁、IBM全球融资租赁、IAA－Advisory、法兴租赁、The Alta Group和中国人民银行的资深代表都堪称是选题的最佳演讲人。

全国典当与融资租赁行业工作会议　8月22—23日，商务部在杭州市召开全国典当与融资租赁行业工作会议。商务部副部长姜增伟表示，改革开放以来，中国的典当与融资租赁业取得较快发展，行业规模持续增长，服务领域持续拓展，经营模式不断创新，在促进经济发展、满足企业融资需求、便利居民生活等方面发挥了重要作用，有效促进解决实体经济和中小企业融资难问题，成为中国多元化融资市场体系的重要组成部分。他强调，在肯定成绩和充分认识典当与融资租赁业功能作用的同时，要看到行业整体发展水平还不高，存在不少阻碍行业发展的问题。要按照科学规划、合理布局、在规范中发展的总体要求，在严格准入、强化监管的同时，从规范引导、政策扶持、法律法规建设、服务促进等方面进一步加强行业管理与服务，积极为企业发展创造有利条件，充分发挥典当与融资租赁的作用。一是加强行业规划，引导行业健康有序发展。要正确引导，促进典当与融资租赁业与经济社会协调发展，优化行业发展布局和结构，提高发展质量；二是加强和改进行业监管，切实防范系统性风险。要健全监管制度，加强对行业的日常监管，增强现场监管力度，切实提高监管能力和监管水平；三是引导企业专业化发展，增强为实体经济和中小微企业服务能力。要引导企业突出服务特色，坚持主业、做强主业，走专业化、特色化、差异化发展的道路；四是要指导企业完善内部管理，增强经营发展能力和风险管控能力。

井冈山融资租赁高端研讨会　8 月 24 日，为期两天的“中国 · 井冈山融资租赁高端研讨会”在井冈山顺利闭幕。来自北京、上海、天津、广东等地区的国内融资租赁行业部分龙头企业的负责人，围绕“新形势下融资租赁公司业务创新与风险防范”的主题，就国内融资租赁企业如何进行业务创新，优化政策环境，如何应对世界范围的经济衰退，开辟新的业务领域和业务模式，谋求融资租赁业的发展，管控经营风险等内容进行深入探讨。

2012 年中国融资租赁业发展高峰论坛　9 月 22—23 日，中国融资租赁业发展高峰论坛于在北京举行，论坛由北京市租赁行业协会主办，市商务委等单位予以支持。论坛围绕融资租赁业的法律法规保障、行业政策、税收政策以及企业经营管理等议题进行了交流和探讨。商务部流通业发展司副巡视员张蜀东、市商务委副巡视员赵立宗到会并分别讲话。张蜀东在讲话中指出，全国融资租赁工作会议刚刚举行，北京是贯彻落实全国融资租赁工作会议精神最快的省市，本次论坛正当其时。

首届天津滨海新区商业保理高峰论坛　9 月 26 日，论坛如期举行。本次论坛以保理创新合作、创新发展、创新服务、实务研讨为主题，组织研究了保理行业相关政策、法规和国内国际的保理业务的发展，探讨解决行业内成员在保理业务中存在的问题和纠纷，整理各层次保理经理人资源智慧，总结了经营管理经验与教训。中国贸仲天津国际经济金融仲裁中心、天津租赁行业协会、天津股权投资基金协会应邀参加的本次论坛，与会嘉宾来自商业保理、融资租赁、股权投资基金、银行、保险、证券等金融机构及科技、制造、贸易等实体经济企业负责人150余人。

论坛上成立了中国保理经理人联谊会，方便从事保理行业的投资者和经营管理者交流联谊、共同发展、联合人脉、共创平台。

湖北2012年融资租赁论坛　10月15日，由湖北省商务厅主办、武汉光谷融资租赁有限公司承办的湖北2012融资租赁论坛在汉召开，论坛旨在鼓励更多鄂企利用融资租赁业务优势，助推湖北经济社会发展。商务部流通业发展司副巡视员张蜀东、中国租赁联盟召集人、天津市租赁行业协会会长、上海市租赁行业协会会长高传义应邀到会做主旨发言。

湖北省政府和有关部门称，该省将高度重视融资租赁业务的迅速，湖北省注册的外资融资租赁公司有4家，内资和金融租赁公司各1家，注册资本总额超过20亿元，业务范围涉及制造、采矿、高新技术、医疗卫生和交通运输等多个行业，为湖北经济社会发展配备了新引擎。

中国航空金融发展（东疆）国际论坛　10月25日，由天津东疆保税港区管委会和中国航空运输协会通用航空委员会共同主办的“中国航空金融发展（东疆）国际论坛”在津开幕。论坛的主题是“中国飞机租赁产业的创新实践与未来展望”，主要围绕国家飞机租赁产业创新区政策效果和实践经验，中国飞机租赁创新模式和未来挑战，飞机融资、资产交易、证券化，政府部门联动和税收外汇配套政策支持等问题展开讨论。

2012中国融资租赁年会　12月5日，由中国外商投资企业协会、中国银行业协会主办，中国外商投资企业协会租赁业工作委员会、中国银行业协会金融租赁专业委员会承办的“2012中国融资租赁年会”在北京万豪酒店召开。

全国人大财经委员会副主任委员吴晓灵在讲话中提出，内资和外资融资租赁企业应和金融租赁企业一样，定位为金融机构，实施非审慎监管。

商务部外资司副司长黄峰在会上表示，商务部于2012年1月份执行的最新的《外商投资产业指导目录》，已将融资租赁从原来的限制类调整到了允许类。而在此之前，商务部已将外商投资限额以下的融资租赁公司的设立和变更授权地方商务部门审批。据初步统计，在政策和审批程序调整之后，2012年外商投资的融资租赁公司新设企业处比2011年同期增加了一倍。

商务部副部长王超在贺信中表示，近一年来，我国融资租赁业发展迅猛，在公共医疗、文化教育、节能减排、交通运输、机械加工、工程建设等国计民生领域为众多企事业单位提供了大量融资服务。今年，新增业务额首次超过1万亿元人民币，为我国的经济建设和社会发展作出了重要的贡献。

国际市场开拓

2012 年，国内许多租赁公司积极开展国际合作，致力于国际融资租赁市场的开拓。

工银租赁 3 月 28 日，工银金融租赁有限公司在京与爱尔兰投资发展局签署合作谅解备忘录。爱尔兰总理恩达·肯尼、中国工商银行行长杨凯生出席签约仪式。根据工银金融租赁有限公司与爱尔兰投资发展局签署的合作谅解备忘录，工银租赁与爱尔兰投资发展局将全面共享欧洲宏观经济政策、爱尔兰税务政策等信息；合作举办经济、金融和商务文化等领域的培训；创新探索合作模式，推动双方合作深入发展，为在爱尔兰开展业务中的中资企业、在中国开展业务的爱尔兰企业起到桥梁的作用。恩达·肯尼表示，中国是爱尔兰重要的经贸合作伙伴，爱尔兰是中国企业走出去、特别是进入欧洲市场的理想平台。工银租赁在爱尔兰业务的迅速发展，是中国企业“走出去”、中爱经贸合作成功的典范。

民生租赁 2 月 2 日，民生金融租赁股份有限公司与欧洲直升机公司在北京签订战略合作协议。根据战略合作协议，民生金融租赁将在未来 3 年内购买 10—20 架欧洲生产的直升机。欧洲直升机公司是全球最大、产品最全的直升机制造商。民生金融租赁公司透露，欧洲直升机公司去年在中国销售各类直升机 30 架，占国内直升机市场份额的 50%。

预计到 2015 年，民生将拥有各类直升机 50 余架，成为国内主要的直升机金融服务商。去年 7 月，民生金融租赁曾与中航直升机有限责任公司、中国飞龙通用航空公司签订战略合作协议，采购 2 架国产直升机。去年 8 月，民生金融租赁又与贝尔直升机公司签署了合作备忘录，拟向其采购至少 20 架直升机。

中联重科 8 月 21 日，中联重科与印度 ELECTROMECH 公司合资建厂协议在长沙正式签署。据悉，该工厂为中联重科第一个海外直接投资建厂的项目，其主营业务为塔式起重机。这是中联重科继 2008 年并购意大利 CIFA 后的第二个海外基地，也是其塔式起重机业务在海外的第一个基地。中联重科正在以市场为导向，以“本土化”为特征，在全球范围内进行资源整合及优化配置，构建完整产业链。

中联重科董事长詹纯新、高级总裁殷正富、副总裁何文进、国际合作部部长陈佩佩、中联重科建筑起重机械公司总经理黄群、印度 ELECTROMECH 公司执行董事 Mehendale 先生及其夫人等出席签约仪式。何文进先生和 Mehendale 先生分别作为双方代表签署了合资建厂协议书。

中联重科此次签约的印度合作方 ELECTROMECH 公司是印度最大的工程起重机制造商，其在印度的市场能力、制造能力突出，而中联重科建筑起重机公司已是全球最大的塔式起重机制造商。中联重科与 ELECTROMECH 公司的合作，使双方的本土优势和技术及管理优势进行有效整合，并致力于将该厂打造成印度工程机械领域的佼佼者。

中银航空租赁 11 月 21 日，中银航空租赁私人有限公司（BOC Aviation Pte. Ltd.，简称“中银航空租赁”）与阿提哈德航空公司（Etihad Airways）签署两架全新空中客车 A321—200 型飞机租赁协议。这两架配置了 IAE V2533 – A5 SelectOne 型发动机的飞机将于 2014 年第二季度交付，从而配合了阿提哈德航空把空中客车 A320 型飞机订单转为空中客车 A321 型飞机的计划。

阿提哈德航空总裁兼首席执行官 James Hogan 先生表示，作为阿联酋国家旗舰航空公司的阿提哈德航空今年已看到各条航线有不断增强的需求且乘客数量与去年相比呈两位数增长。

—·论　述·—

加强行业管理 促进典当和融资租赁业持续健康发展

——在全国典当与融资租赁行业工作会议上的讲话

姜增伟

同志们：

这次全国典当与融资租赁行业工作会议的主要任务是，总结回顾典当与融资租赁行业发展所取得的成绩，交流各地工作经验，分析行业存在的问题和面临形势，明确加强行业管理的目标、任务和要求，部署下一阶段工作。昨天的分组讨论和刚才部分省市的典型发言很好，我很受启发。典当和融资租赁业作为给居民和企业提供融资服务的特殊流通业，是商品流通与金融服务的有机结合，具有一定的敏感性和特殊性，在当前解决实体经济和中小企业融资难、促进经济平稳增长中具有特殊地位和重要作用。我们在支持其快速发展、充分发挥功能作用的同时，要注重加强管理和规范，为企业发展创造良好的环境。下面，我讲几点意见。

一 典当与融资租赁业取得较快发展

改革开放以来，随着我国经济持续快速发展和市场经济体制不断完善，企业融资需求急剧增长，多元化融资市场体系逐步形成，各类非银行的融资服务机构获得巨大发展空间。国内典当企业和融资租赁企业紧紧抓住了机遇，在各级政府和主管部门积极引导和政策扶持下，取得了快速发展，行业整体发展比较健康和稳定，在促进经济发展、满足企业融资需求、便利居民生活等方面发挥了重要作用。

（一）行业规模快速增长

典当业作为现代金融业的鼻祖，在我国已有 1600 多年的历史，几经沉浮兴衰，在 1987 年重新恢复以后，发展迅速。截至 2012 年 6 月底，全国共有典当企业 6078 家，从业人员 4.8 万人，上半年实现典当总额 1481 亿元，实现利润总额 18.3 亿元，上缴税金 7 亿元，同比分别增长 32.8%、21.3% 和 25.9%。截至 2011 年底，全国典当余额 576.3 亿元，相当于同期小额贷款公司贷款余额的 14.7%，成为我国银行体系外不可替代的融资渠道，有力地支持了中小民营企业及个体私营经济的发展，典当业正日益成为我国融资渠道中的一支重要力量。融资租赁作为改革开放后借鉴国外经验发展起来的一个新兴行业，从本世纪初开始高速发展。据有关协会统计，截至 2012 年 6 月底，全国共有各类融资租赁企业近 400 家，合同余额约 12800 亿元，比上年底增加约 3500 亿元，增长 37.6%，比 2006 年增长 100 多倍，相当于同期全国金融机构贷款余额 59.64 万亿元的 2.15%，已经成为我国企业进行设备投资、技术改造的重要融资渠道。

（二）服务领域持续拓展

典当行已经从传统意义上的“当铺”，发展成为现代化的专业融资服务企业。传统的典当行主要为个人，特别是生活贫困者服务，典当物品以家庭贵重物品为主，因此历史上形成了“趁火打劫”的形象。现在的典当行的服务对象主要是私营企业和个体工商户，典当品种以房地产、金银饰品、机动车和有价证券为主，2011 年房地产抵押典当业务笔数占比达到了 53.5%。融资租赁虽然发展时间短，但业务拓展非常快，服务领域已从交通运输、工业制造、工程建筑等传统领域，向农业、水利、医疗、能源、文化教育、公用事业等新兴领域拓展；租赁物范围已不再局限于交通工具、工程机械等传统类别，开始扩展到成套设备、节能环保设备、信息和通信设备、工业厂房等，覆盖范围更加广泛；部分融资租赁企业开始“走出去”发展，通过收购境外融资租赁公司、为境外承包工程提供设备租赁等方式，拓展市场空间。

（三）企业经营不断规范与创新

近年来，各地坚持发展与规范并重，通过加强监管、统一服务规范、开展星级企业评选等多种方式，引导典当行规范发展，系统性风险得到有效防范。同时，为满足客户需求和日益激烈竞争的需要，典当行不断改进和创新经营方式，服务水平不断提升。一些典当行已经可以做到动产抵押当场发放当金，汽车1小时发放当金，房地产12小时发放当金；有的典当行免费开展对顾客金银饰品进行清洗、整形、抛光的服务；个别典当行已经开始实行“24小时全天候服务”，真正做到了随时救急解难。通过创新发展，已经初步形成了一批具有特色服务、专业分工、连锁经营、管理创新的品牌典当行和龙头企业，带动了整个行业经营水平和社会形象的提升。融资租赁业作为集金融、贸易、服务于一体的跨领域、跨部门的交叉行业，创新发展与行业融合的趋势日益突出，新的交易方式、交易结构不断出现。目前，行业在直接租赁的基础上，发展出回租赁、转租赁、联合租赁等多种租赁模式，融资租赁企业与金融机构、设备制造商等开展了多种形式的深入合作，发展模式日益与国际接轨，这不仅拓宽了融资租赁企业的资金来源，增强了可持续发展能力，而且降低了经营成本和风险，增强了自身的竞争能力。

（四）对经济社会发展的作用日益显现

随着行业规模的持续快速增长，典当和融资租赁业在解决中小企业融资难、服务实体经济发展等方面的功能作用日益增强。据商务部统计，2011年全国共开展典当业务245万笔，平均每笔业务金额10万元，客户90%以上是中小企业，为中小微企业提供融资服务200多万次。典当以其小额、短期、便捷、灵活的特点，充分发挥短期融资、救急解难的作用，成为中小企业便捷的融资渠道。同时，典当行90%以上是民营企业，为吸收民间资本回归实体经济、抑制民间非法金融发挥了积极作用。融资租赁通过“以租代买”、“先租后买”的方式，降低了中小企业设备投资的门槛，成为中小企业购置交通工具、工程机械的重要渠道。浙江等省市80%的融资租赁企业服务对象为中小企业。在航空、工程机械等个别领域，融资租赁已成为主要融资渠道。据统计，我国通过融资租赁方式对外销售的工程机械已占总销量的40%。融资租赁对于促进设备流通、加快企业技术升级与改造、促进实体经济发展等起到了重要的支撑作用。

总的来看，典当业处在完善发展阶段，融资租赁业处在起步发展阶段，两个行业发展的总体水平都比较低，都存在企业规模小、抗风险能力差，专业人才缺乏，行业管理的法律法规不完善、层级较低、规范和约束力不强等共性问题。此外，两个行业还分别存在一些各自的突出问题。

在典当业方面，部分典当行不规范经营的问题已经影响了行业持续稳定发展，引起了国务院领导以及社会各界的广泛关注。问题主要表现在：一是股东混业经营现象值得关注。许多典当行股东旗下既有典当行，又有投资公司、担保公司、小额贷款公司等实体，业务相互渗透。部分典当行员工以典当行名义招揽客户，实际上以股东个人或其他实体通过合同约定方式变为民间借贷。这是造成当前典当行违规和经营风险的主要原因，为行业发展埋下隐患。二是企业经营行为有待规范。部分典当行存在单笔业务超比例、质抵押手续不完善、执行典当企业会计准则不严格、抽逃注册资本金、违规从股东借款、超范围经营、超规定标准收取息费等不规范行为，增大了行业经营的风险。三是风险管理水平有待提高。一些典当行内部控制和公司治理结构不健全，大多仅凭自身的内部审查机制和业务经验来判断客户的资信情况。这些问题，已经成为典当行进一步发展的风险隐患，需引起高度关注，采取切实有力措施加以解决。

融资租赁业方面的问题主要是发展时间短，整个行业还处在发展的初级阶段，社会认知度不够、发展不足，不少地区和领域还是空白，需要尽快完善法制、政策和舆论环境，促进行业加快发展。但是，已经暴露出的一些苗头性问题也应该引起警惕。个别企业片面强调融资租赁的融资功能，而忽略了租赁这一本质，偏离主业，存在变相发放贷款的违规风险。个别企业盲目追求快速扩张，忽略了风险控制，增加了发生坏账损失和法律纠纷的风险。这些问题都值得各级主管部门予以重视和高度关注，注意正确引导，发展与规范并重，避免一哄而上。

二　当前做好典当与融资租赁工作的主要任务

当前，我国正处在加快转变经济发展方式的攻坚时期，扶持中小企业和实体经济发展是当前及今后一段时期的政策重点。各级商务主管部门应当深刻认识典当与融资租赁业在支持实体经济和中小企业发展方面的功能作用，增强进一步做好典当与融资租赁行业管理工作的紧迫感和责任感。要充分认识到这两个行业作为类金融的流通行业，实行准入或类似准入的管理制度，具有一定的敏感性、特殊性，行业管理上有别于一般流通行业，业务复杂，管理难度大，必须更加重视行业监管和工作引导，把不发生系统性风险和影响社会稳定的事件作为底线。

做好典当与融资租赁行业管理工作的总体要求是：坚持“在规范中发展”的总体原则，坚持科学规划、合理布局、稳步发展；要进一步加强行业管理与服务，在严格准入、强化监管的同时，从规划引导、政策扶持、法律法规建设、服务促进等方面全面履行商务主管部门的行业管理职能，积极为企业发展创造有利条件，充分发挥典当与融资租赁的功能作用。下一步，各级商务主管部门要重点抓好以下几项工作：

（一）加强行业规划，引导典当与融资租赁业健康有序发展

行业发展必须规划先行。去年年底，商务部出台了《商务部关于“十二五”期间促进典当业发展的指导意见》和《商务部关于“十二五”期间促进融资租赁业发展的指导意见》，作为落实国内贸易“十二五”规划的33个子规划的重要组成部分，是对典当和融资租赁业发展的指导性文件。各地商务主管部门要按照两个指导意见的要求，结合本地实际，研究制定促进本地区典当和融资租赁业发展的规划，针对行业发展的薄弱环节，加强统筹规划、正确引导，促进其与经济社会协调发展。省一级规划应当全部出台，有条件的地级市也应当出台相应的指导性文件。考虑到目前典当业与融资租赁业在发展上处于不同阶段，在行业规划和引导方面要有不同侧重。

典当业方面。典当的发展必须与经济社会发展的需要相协调，不能一味追求数量，要在科学规划的基础上，促进行业稳步、均衡、有序发展，提高发展质量。目前，全国典当行数量已经超过6000家，数量已经不小，总体布局不平衡的局面已经形成。从发展上看，对典当行的需求与经济社会发展水平密切相关，大城市、东部发达地区典当行数量多一些有其合理性。需求大的地区典当行总量上还有进一步发展的空间，可以继续发展，不具备条件的地方可以发展慢一点。不要盲目追求数量，应该把重点放在提高发展质量、优化结构上。商务部正在研究制订全国典当行业发展的具体规划，各地也要按照布局合理、竞争有序的原则，综合分析本地经济形势、典当业发展现状及社会融资需求等因素，科学系统地编制本地区典当业发展规划，合理确定规划总量和地区布局，避免盲目设立典当行，避免无序、恶性竞争。

融资租赁业方面。融资租赁业发展刚刚起步，全国经批准设立的各类融资租赁企业还不超过 400 家，不少地区包括大中城市融资租赁企业还非常少，有的地方甚至是空白，有近 10 个省市没有一家内资融资租赁企业，融资租赁业总体上发展还不够充分，还有巨大的发展空间。据统计，发达国家租赁市场渗透率（通过租赁实现的设备投资占设备总投资的比例）一般在 15%—20% 左右，而我国只有 3%，应该说，融资租赁业前景看好，方兴未艾，要大力促进其发展。为此，天津、北京、上海等融资租赁业发展较快的地区要认真总结经验，充分利用政策优势，积极探索、先行先试，形成融资租赁业发展集聚示范区；沿海和其他经济发展较快的地区，要结合本地实际，认真开展调研，学习借鉴融资租赁业发展较快地区经验，加快本地区融资租赁业发展。要大力支持工业制造、大型工程及基础设施建设等具有产业背景的大型企业开展融资租赁业务，鼓励服务运营商、各类投资机构等非厂商机构投资设立融资租赁公司，促进投资主体多元化。同时，大家要清醒地认识到，融资租赁业是集金融、贸易、服务于一体的跨领域、跨部门的交叉行业，对投资者、监管者、从业者的要求非常高，必须严把入口关，严格准入，不能一哄而上。不具备条件的地区可以从引导企业采用融资租赁方式采购设备开始起步，不要急于大批设立融资租赁企业。

（二）提高发展质量，增强企业经营和风险管控能力

各地商务主管部门要积极引导企业坚持主业、做强主业，走专业化、特色化、差异化发展的道路，采取多种方式，引导企业提高发展质量。

一是要引导企业突出服务特色。典当融资的优势在于方便、快捷、灵活，主要解决客户临时性、短期性融资需求，其对当物的鉴定、评估、保管功能独具特色，不可替代。要引导典当行突出“短、小、快、灵”优势，坚持“随时、随地、随客”的经营理念，进一步提高操作流程的高效性、便利性，培育一批信用良好、品牌知名度高、创新能力强、管理理念先进、服务意识强的龙头企业。要引导融资租赁企业集中发展优势业务领域，突出租赁物管理、运营、二手设备处理等方面的优势，充分发挥融资与融物相结合的综合服务功能，以服务中小微企业技术改造、设备投资等为重点，实现差异化、特色化发展。

二是要引导企业拓展新兴业务领域。要在风险可控、能力允许的前提下，引导和鼓励典当行和融资租赁企业拓展新兴业务领域。积极引导典当行针对客户不同需求，创新典当业务经营方式，不断丰富当物品种，拓展绝当物品销售方式和渠道。引导融资租赁企业支持农村和农业发展，开展农村基础设施和新农村建设重点工程设备等标的物的融资租赁业务。鼓励融资租赁企业拓展节能环保、新一代信息技术、高端装备制造、新能源、新材料、生物医药等战略性新兴产业市场。支持和鼓励有条件的融资租赁企业开拓国际市场，发展跨境租赁。

三是要引导企业创新发展。创新是企业持续发展的动力。各级商务主管部门要引导典当行和融资租赁企业结合市场需求不断创新服务模式，创新经营管理方法，学习借鉴其他现代服务行业的先进服务理念和经营方式，提升服务水平。但是，创新必须以市场为导向，以提高服务能力和效率为根本目的，要防止以规避监管为目的和脱离经济发展需要的“创新”，把握好创新的边界，监管能力建设要跟得上，避免产生新的风险。

四是要指导企业完善内部管理。提高企业自身的风险防范意识和风险管控能力，是加强行业风险防范体系建设的重要基础。在当前国际国内经济形势较为严峻的情况下，更要注意加强经营管理，防范风险，提高盈利能力。各级商务主管部门要指导典当行和融资租赁企业谨慎经营、细化管理，加强公司治理、业务规则、人才培育、内部控制、安全防范和风险管理等方面的制度建设，建立健全客户风险评估机制，强化资产管理，增强风险防范意识和能力。要引导企业开展诚信经营，加强从业人员诚实信用、守法遵规的职业道德教育。

（三）加强和改进行业监管，切实防范系统性风险

与其他流通行业相比，典当和融资租赁行业风险较高，必须把加强监管作为行业管理工作的重中之重，严禁非法集资和违规变相信贷活动，守住不发生系统性、区域性风险的底线。特别是典当行业，从事直接发放资金的业务，而且典当行多为中小企业，风险意识差、风险管理能力弱，加强监管的要求更加迫切。2012 年全国金融工作会议温家宝总理讲话中，把“加强对典当行的全面监测和有效监管”作为切实防范系统性金融风险的重要任务之一。王岐山等国务院领导在关于“影子银行”等问题的批示中，也多次要求加强对典当行业的监管，防范系统性风险。近期部分地区出现的个别典当行非法集资、违规放贷的案件也给我们敲响了警钟。

近年来，各级商务主管部门在加强监管方面积极开展工作，取得了一定成绩，行业监管力度得到加强，但是总体上重视程度还不够，“重审批、轻监管”的意识还比较普遍，行业监管水平远远达不到要求。为此，各级商务主管部门必须提高防范典当行系统性风险的认识，逐步转变“重审批、轻监管”的思路，将主要精力转到加强监管上来，对于典当行不能一批了之、自由放任。

一是健全监管制度。要借鉴金融监管部门的经验，创新监管体制，建立分层次的依法监管体系，按照监管职责落实分管领导和岗位人员，建立地方商务主管部门与商务部的即时信息沟通机制。要充分利用全国典当行业监管信息系统提供的风险预警指引进行分析、监测，及时掌握典当行各项业务合规情况，及时发现苗头性和倾向性的问题。要研究市场准入、日常监管、企业年审、市场退出等多方面相结合的典当行业监管制度，针对地区及企业特点，实行分类监管。二是做好日常监管。要严格按照商务部确定的行业发展规划开展典当企业的准入管理。加强对典当企业资金来源和运用的管理，确保不发生非法集资和高利放贷等违法违规行为。加强对《典当经营许可证》的管理，严禁私自分配、挪用经营许可证等行为。加强对当票和续当凭证使用的管理，对每户典当企业的购领、使用、核销情况建立台账，实施编号管理。严格典当企业股权变更的管理，防止个别典当企业借机变相集资吸储或倒卖经营资格。做好年审工作，对于年审结果中评为不同档次的企业分别采取通报表扬、通报批评、限期整改等措施。三是着重加强现场监管。要完善现场检查工作机制，加大对重点地区典当行经营情况的现场核查力度，充分利用会计师事务所等专业机构，及时开展有针对性的现场检查，把现场检查和非现场检查监管有效结合起来。四是发挥行业协会作用。行业协会是政府与企业之间的桥梁与纽带。各地陆续成立了20多个地方性的典当行业协会，在行业自律、人员培训、政策宣贯、交流宣传等方面发挥了积极作用。各地要进一步加强对行业协会的指导，要通过政府购买服务等方式支持行业协会开展工作，充分发挥协会在加强行业自律、规范企业行为、维护交易秩序等方面作用，支持和指导协会制订并组织实施行业职业道德准则，推进行业诚信建设。

与典当行相比，融资租赁企业数量较少，企业规模大，风险管理能力相对较强，而且融资租赁业务不向客户直接发放资金，而是提供实物设备，资金流向可控，相对来讲，发生金融风险的可能要小一点。但是，作为具有融资功能的特殊行业，对融资租赁业实行类准入的管理方式，商务主管部门负有管理责任，也必须要加强行业监管。针对融资租赁业管理制度和监管手段缺乏的现状，商务部研究制定了相关管理办法和监管规定，建立了融资租赁企业管理信息系统，加强了融资租赁监管制度和监管手段的建设。各地要按照有关办法和规定的要求，切实落实监管责任，充分利用管理信息系统加强监管以及信息报送、分析和预警，切实提高对融资租赁业的监管水平。

（四）加强政策协调，完善企业发展的外部环境

典当与融资租赁业是跨领域、跨部门的特殊行业，其发展离不开财政、税务、金融、海关、司法、公安等部门的政策支持。近年来，北京、天津、上海、成都、武汉等城市专门出台了面向融资租赁业的扶持政策，从租金补贴、奖励、人才引进、税收减免等方面促进融资租赁业发展。各地商务部门要学习借鉴有关省市的做法和经验，加强与有关部门的沟通协调，研究出台配套政策措施，支持本地区融资租赁业发展。相比融资租赁业，典当行也面临政策扶持力度不够的问题。目前，典当行与小额贷款公司、融资性担保公司等金融机构虽然提供同样的融资服务，但不能享受税收奖励、财政补贴等专门面向金融机构的支持政策，制约了行业的发展。各地商务部门要加强沟通协调，从服务中小微企业的角度，积极争取典当行发展的扶持政策。

（五）加强人才队伍建设，提高监管人员和从业人员能力

典当与融资租赁涉及贸易、金融、财会、法律、工程和管理等多项专业知识，是典型的知识密集型行业，对人才的要求非常高。要从政府主管部门监管人员、企业经营管理人才两个方面加强人才队伍建设。各地商务主管部门要定期对辖区内的商务主管部门监管人员进行监管知识和技能培训，及时开展监管经验交流，提高监管人员的政策水平和监管能力，特别是针对行业发展中出现的新情况、新问题，要及时开展专题培训和研讨，有针对性地解决监管中存在的问题。要组织开展多层次的培训工作，探索校内外结合，产、学、研相结合的人才教育模式，推动高校设立典当与融资租赁专业或开设相关课程，加快解决行业发展中专业人才紧缺的问题。对于一些专业性较强的岗位，例如鉴定、估价、风险评估等岗位，要研究建立从业人员资格认定、持证上岗等管理制度。

三 做好当前工作的几点要求

同志们，我国典当和融资租赁业的行业管理基础还比较薄弱，要做的工作很多，任重道远。希望各地商务主管部门高度重视，充分认识典当与融资租赁行业管理工作的复杂性，提高责任感和紧迫感，采取切实措施，扎实抓好行业管理工作。

（一）加强组织领导和机制保障

各地商务主管部门要提高认识，按照全面履行职能的要求，把典当和融资租赁行业管理列入重点工作内容，作为搞活流通扩大消费的重点任务，加大工作力度。要充分考虑特殊行业管理工作的特点和需要，安排责任心和工作能力强的人员专门负责，并且保持人员相对稳定。在行业准入上要严格按照准入条件审批，提高工作透明度，建立监督机制，加强廉政建设。

（二）加强部门沟通和协调配合

典当企业是一类特殊工商企业，目前仍纳入特行管理。商务部已经与公安部、人民银行、银监会建立了典当部际联席会议制度，加强部门间沟通协调。各地商务主管部门也必须要加强与有关部门的协调配合，开展交流合作，努力形成分工协作、齐抓共管的局面。同时，要会同公安、银监、工商等部门对无经营资质违规进行典当活动的行为进行整治，净化市场环境。融资租赁行业管理工作也必须要加强与财政、税务、司法、金融、海关等部门的沟通协调，建立多部门齐抓共管的工作机制。

（三）完善法律法规体系

加强法律法规体系建设是各级商务主管部门依法履行行业监管职责的重要前提。针对行业法律法规不健全、层级低的问题，商务部正在积极推动解决。目前，商务部正在配合国务院法制办完善《典当行管理条例》，力争条例早日出台，提升典当行业管理的法律层级和法律效力。本次会议提交讨论的典当、融资租赁方面的规范性文件，我们也将争取早日修改完善，尽快出台。各地要因地制宜，按照商务部有关规章要求，制定本地区实施细则，强化行业管理的制度保障。

（四）努力抓好行业管理的基础工作

与其他行业相比，典当与融资租赁业的行业规范、行业标准是比较欠缺的。无规矩，不成方圆。对于这两个特殊行业，如果没有完善的标准化体系来规范企业的经营行为，难以做好防范工作。因此，要从严格监管、加强规范的角度出发，加强典当与融资租赁业方面国家标准与行业标准的制修订工作，完善特殊行业的标准化体系。同时，要在现有工作基础上，按照商务部关于做好商贸流通行业统计工作的总体要求，结合典当和融资租赁行业工作实际和需要，进一步加强统计工作，建立市场预警机制，定期发布行业发展报告，加强信息引导。要加强宣传，提高社会认识度，通过召开现场会、经验交流会等形式，促进各地交流合作，为典当和融资租赁业发展创造良好的舆论条件。

同志们，国务院关于深化流通体制改革加快流通产业发展的意见已经出台。希望各级商务主管部门同志按照做好流通工作的总体要求和部署，充分发挥典当和融资租赁业功能作用，抓住机遇、积极进取、开拓创新，推动我国典当和融资租赁业持续健康发展，在“十二五”期间迈上新台阶，更好地为我国经济社会发展作出更大的贡献！

在第三届中国金融租赁高峰论坛上的讲话

蔡鄂生

各位领导，各位来宾：

上午好！非常高兴参加“第三届中国金融租赁高峰论坛”。这个论坛是融资租赁行业每年一次的盛会。在此，我代表中国银监会向此次论坛的联合主办方——天津市人民政府、中国外商投资企业协会，以及关心和支持中国租赁业发展的各部委领导和各位来宾表示感谢！

受国际金融危机影响，近年来世界融资租赁市场呈现下行趋势，美国、德国、日本等主要发达国家的融资租赁业务都出现了不同程度的萎缩。部分欧美金融机构出现流动性紧张的问题，难以对附属的融资租赁公司进行资金支持，部分融资租赁公司出现了重组并购的趋势。但这并不意味着融资租赁减弱了发展的基础和优势，关键是我们应该怎么去认识现在的形势，然后能够从中找出未来发展我们应该面对的问题。在当前比较复杂的国内外经济金融环境下，今天我们的论坛主题定为融资租赁助力实体经济发展，非常有意义。我借此机会，谈几点看法：

一　金融租赁行业在复杂多变的宏观环境下，实现了较好的发展

近年来，在金融租赁从业者和社会各界的努力下，金融租赁行业的发展总体上保持平稳健康。一方面，金融租赁公司经营实力和管理水平明显增强，另一方面，金融租赁公司在国民经济体系中发挥着越来越重要的作用。概括来讲，体现在两个方面：

第一，行业整体实力不断增强，各家金融租赁公司初步形成了自身的专业化经营特色。

目前，我国共有金融租赁公司、外商投资融资租赁公司和内资试点融资租赁公司三大类260余家。金融租赁公司虽然数量只有19家，占比小，起步晚，但发展速度较快，资产质量较好，引领行业平稳健康发展。并且在公司治理架构、风险控制体系、市场营销渠道、人才培养机制，以及专业技术水平和产品创新能力等诸多方面获得较大提升，推出了一系列较为成熟的租赁产品，加强了内部控制和管理，行业实力得到显著提升，开始进入正常运行轨道。同时，各家金融租赁公司从成立伊始就在研究专业化特色的问题，并在经营过程中不断探索符合自身特点的市场定位和业务模式，着力培育专业技能和核心竞争力，经过几年的努力，取得了初步成果。目前，各家金融租赁公司开始逐步形成特色品牌，这也成为支撑金融租赁行业健康发展的坚实基础。

第二，围绕融资租赁功能定位，积极开展产品创新服务实体经济。

一是积极开展产品创新，金融服务水平有所提高。随着经营实力的不断增强，金融租赁公司逐步改变了以往产品结构单一，发展模式粗放的经营状况，加大了产品创新力度。多数租赁公司能够深入发掘融资的本质与特色，结合融资与融物功能，开展了飞机、船舶经营性租赁业务，成为国内企业进入世界高端租赁市场的典范；创新发展厂商租赁、联合租赁、保税区租赁等业务模式，将设备生产、销售和融资有机结合起来，不断满足多样化的市场需求。

二是租赁公司对促进实体经济发展发挥了积极作用。金融租赁公司通过开展融资租赁业务，有力支持了制作业产品销售与企业设备投资，在装备制造、工程机械领域累计投入超过800亿元，有效缓解了经济周期波动过程中的供需矛盾，并在绿色能源、节能减排、公共交通、农业机械等领域加大投入力度，支持了重点产业的发展，为促进国民经济平稳可持续增长发挥了积极作用。同时，金融租赁积极探索中小企业融资租赁业务模式，对中小企业租赁业务累计投入近1000亿元，有力地支持了中小企业发展，为解决中小企业融资难题进行了有益尝试。银行系金融租赁公司围绕银行整体经营策略，拓展了金融服务的深度和广度，进一步促进了商业银行综合服务能力和水平的提高。

二　清醒认识金融租赁行业持续发展面临的挑战

在肯定成绩的同时，我们也要清醒地看到当前行业发展面临一些矛盾和问题。金融租赁公司发展的体制机制有待进一步完善，发展模式和赢利模式有待进一步探索，培育核心竞争力的任务还很艰巨。

金融租赁公司发展时间不长，但发展势头较好。今后能否稳住这个势头，特别是能否在变化之中发展得更好，更有特色，这非常关键。这需要我们深入调查研究，不断完善市场发展规律，逐步解决政策法规层面的问题，促使融资租赁市场较快趋于成熟，使行业在未来的变化中能够站得更稳。

一是融资租赁的运行规律有待进一步清晰。目前金融租赁公司资产规模上升较快，部分融资租赁业务确实发挥了融资融物于一体的特色优势，但融资租赁的本质是什么，融资租赁与信贷等传统金融产品相比有何差异，如何通过我们的努力使金融租赁公司的发展体现出更多特色，从而更好促进融资租赁行业的发展，是摆在我们面前需要深入思考解决的课题。同时我们的金融租赁公司不同程度地存在依靠短期负债支撑不断增长的中长期租赁业务的现象，流动性风险日益突出，不利于长远发展。因此，要研究探索稳定的中长期资金来源及其可行措施，稳步推进租赁公司债券发行工作，积极争取租赁资产证券化，有效平衡资产负债关系，真正实现租赁行业的功能价值。

二是制造业与二手设备市场不够成熟。从产业结构来看，制造业在我国整体国民经济体现中发挥着重要作用，而且目前仍然是国内部分省份的支柱产业之一。同时，我国二手设备市场尚不发达，不但在国内市场发展不成熟，而且在走向国际市场的过程中也存在着一些问题，一定程度上加大了融资租赁业务开展的难度。从融资租赁行业发展的历史来看，我国改革开放以来进口的一些设备，包括部分欧美的二手设备带动了我国制造业的发展，同时也催生了国内最早一批融资租赁企业。因此，融资租赁行业的发展，离不开实体经济作为坚实的支撑，如何在相互促进中实现经济的整体发展，也有待我们进一步地深入思考。

三是政策和法规层面上的问题，尤其是税收政策对租赁业务存在着很大的影响。如果融资租赁税收能够有一个比较合理的设计，会更加有利于这个行业的发展。今年财税体制改革是一个很关键的领域。在此背景下，研究找到财税制度改革与融资租赁行业发展的结合点，对行业发展非常重要。

此外，金融租赁公司相对商业银行等金融机构而言，它的核心竞争力和市场地位在哪里？这涉及一个发展模式、赢利模式和可持续化发展的问题，需要我们加以认真思考和研究。同时，市场对融资租赁行业的认识也很重要，一些客户对融资租赁不太理解，认为融资的定价是以利差来衡量，只有在缺钱的时候才需要融资租赁。所以我们的发展一定要有可持续性，客户对融资租赁的选择不应仅仅是解决眼前的问题，而是根据长远发展的需要而选择融资租赁这种方式。如果这样的客户多了，行业特性在市场中真正扎下根来，金融租赁行业的发展就不一样了。

三 以提升对实体经济的服务能力来培育行业发展的核心竞争力

当前我国经济运行总体平稳，但国内外环境更加错综复杂，出现了一些新的变化。世界经济复苏的曲折性、艰巨性进一步凸显。国内经济运行中仍然存在一些突出矛盾和问题，特别是经济下行压力加大。因此，构建与实体经济相适应、更加注重满足实体经济的需求，具有强大聚集功能和较高资源配置效率的现代金融体系，是及时应对国际竞争的需要，也是直接关系到国家经济安全与持续发展的重要方面。就融资租赁特点而言，我们这个行业的发展实际上是有潜力的，但把潜力转换为实力，需要业界的积极探索，也需要在座的各位领导、来宾的共同努力与支持。在当前的复杂的经营条件下，我们一定要坚定信心，增强忧患意识和风险意识，做好应对各种困难和挑战的准备，脚踏实地地做好各项工作。

第一，围绕融资租赁业务本质特点，转变金融租赁公司发展方式，推动金融租赁行业平稳、健康发展。

从整个行业层面来看，要开展一些工作把总体的优势和好的资源应用以来，不断完善行业发展的体制机制，培育具有融资租赁特色的市场氛围。对于每家金融租赁公司而言，应该从管理、经营和专业化水平上下工夫，体现在差异化发展和特色化发展，最主要的还是根据各家金融租赁公司的自身特点找到与之相适应的发展方向，克服以规模、速度取胜的粗放式发展偏好，制定科学的前瞻性发展策略，形成自己的精品业务和品牌优势，而不是简单地和别人做的不一样。要以服务产业领域、实体经济的需要为基础，加强市场培育工作，提升客户对融资租赁的认知程度，使融资租赁的行业特色在客户心目中真正扎下根来，提高融资租赁市场发展的可持续性，从而促进市场较快成熟。

第二，增强金融租赁公司的赢利能力，建立多元化、可持续的赢利模式，培养金融租赁公司的核心竞争力。

培养有竞争力的赢利模式是金融租赁公司生存和发展的根本。只有始终重视自身制度优势的发挥，重视自身核心竞争力的建设，重视自身品牌的培育，加速从同质同类的竞争向差异化、个性化，特色发展，才能以“特”取胜。才能在竞争激烈的市场中立足。如果我们的立脚点、决策、经营都指望在宏观经济政策的松紧，从政策的制定和银行夹缝中求生存的话，只能够赚取一时的利益。金融租赁公司应未雨绸缪，防患于未然，通过管理水平的不断提升，增强赢利水平的可持续性。要通过增加专业附加值、提高议价能力、加强成本管理，培育金融租赁公司的核心竞争力，缩小国内外融资租赁公司在赢利模式、赢利能力上的差距。只有夯实基础，建立稳定发展、可持续的赢利模式，金融租赁公司未来发展才会更加富有竞争力、更有前瞻性。

第三，以服务实体经济促进转型进步，实现互利共赢。

面对复杂的市场环境，把握好金融服务业与实体经济的关系。对于金融租赁公司的发展，关键是要以围绕服务于实体经济为根本出发点，坚持金融服务实体经济的本质要求，牢牢把握科学发展这个主题和加快转变经济发展方式这条主线，把金融租赁公司功能发挥和发展模式转变的问题落到实处，这需要我们转变思维，开拓创新，努力实践，在市场变化中增强主动应对能力，全面提升金融租赁公司特色化服务水平。深入挖掘融资租赁本质特征，在风险可控的基础上加大创新力度，优化业务结构，改善赢利模式，扩大行业领域范围，增强对战略性新兴产业、绿色低碳产业和社会民生领域的服务力度。

同时，要稳步走好租赁业务国际化的这条道路，发挥好对优化我国贸易结构，有效促进国际贸易健康发展的积极作用。金融租赁公司根据国际宏观政策，设计租赁产品，积极开展进出口租赁业务，在帮助国内企业开拓国际市场的同时，对促进国家调整进出口结构，平衡国际贸易顺差等方面做出积极贡献，提升我们金融租赁公司的国际化竞争能力。

各位来宾，今天我们齐聚于此，总结和回顾我国租赁业发展历程和发展经验，研究和思考未来发展方向和发展途径，对保持我国融资租赁行业健康持续发展具有重要意义。希望在各有关部门和地方政府的支持与推动下，通过行业监管者和从业人员的共同努力，不断改善融资租赁的政策环境，培育良好的市场氛围，进一步提高金融服务社会经济的能力与水平，迎向更大的发展空间以及更艰巨的挑战，走出一条有中国特色的租赁业发展道路来。

最后，祝本届论坛圆满成功！谢谢大家！

在第九届中国国际金融论坛上的讲话

杨再平

各位早上好！很高兴能够出席这个论坛。这次论坛的主题是：租赁业的发展，尤其是租赁和银行的合作。我首先把今天要讲的观点准确地表述一下。银租合作做大融资租赁、做活实体经济做到三赢，这就是我今天要讲的观点。围绕这个观点要讲几点。

第一个观点：说融资租赁是业务也好，说是行业也好，在我们国家最近以来是个快速发展的行业。但它实际上是一个传统行业，从整个国际来说是快速发展的行业。但从国际来看相对于实体经济需求而言它的发展还是不足，有很大的空间。所以做大这个行业还有一定的空间。

首先来看一下发展。分成几个板块，有 280 多家公司做融资租赁，包括银行系和非银行系。刚才主持人说他们是 400 多家。其中银行系是准确的，因为银行业有一个专业委员会，每年 3、4 月份，或者 5 月份在天津有一个年会，银行系是 19 家，资产 1 万亿左右。其中银行系截至 9 月份融资租赁资产有 7 千多亿，占 2/3 强一点。

再看增长，2007 年以来，就是这个资产的数量比 2007 年增长了 30 多倍。我拿到的数字只有银行系的比较快，就银行系来说同比增长 58%，利润是 70 多亿，增长 56%。从这个数字可以看到确实同比 50% 几的增长比 2007 年增长了 30 多倍，大家可以想象一下这个行业的发展速度，确实是一个快速增长的业务。但与国际比较我们来看一下，知道 20 世纪 80 年代以来国际上租赁业务发展持续地快速增长。1989 年到 2007 年平均年复合增长 7% 点多，当然 2007 年达到一个高峰，7 千多亿美元。2008 年降到 6 千多亿。2009 年降到 5 千多亿。在这当中欧洲，或者是北美两个地方就占到了 69% 点多，所以主要还是欧洲、北美。

我们再看一下公司的数量，美国有 3000 多家融资租赁公司，日本有

1000 多家融资租赁公司。还有一个指标：市场渗透率。融资租赁额度比固定资产投资的比例，叫市场渗透率。市场渗透率来看一下大致美国、日本、英国、加拿大、意大利这些国家都在 20% 左右。最高的挪威达到 29% 左右。这是市场渗透率。回过头来再看，我们虽然快速增长，但我们的市场渗透率去年只有 4.5%，当然这个统计不是太完全，因为分成了几个板块。

截至目前我们的市场渗透率大概是 5.5%，跟国际将近 20% 左右来比较，我们的市场渗透率，我们公司的数量，以及在市场中心所占的份额来看应该说还是不够。我这里要说一下，这样的位置，这样的比重，作为第二大经济体，作为一个高速增长的国家，而且我们是高储蓄，储蓄率在世界上跟新加坡差不多。居民储蓄率 40% 多，储蓄余额 37 万亿，而且是高投资的国家。跟这些指标相比可以看到租赁业在我们国家发展非常快。就这么几年 30 多倍，但做大这个行业还有很大的空间。这是我要讲的方面。就是跟国际比较，跟我们自己比较，我们做大融资租赁还有比较大的空间。就市场渗透率的指标来看一下，如果达到 15%，或者再翻一倍是什么概念？大家可以想象一下。这是我想讲的第一个观点。

第二个观点：不仅有空间，做大融资租赁，做大是为了做活实体经济。所以从做活实体经济的需要来看，做大这个行业很有必要。通常讲金融改变生活，金融能够富民强国，金融能够加速一个地区的经济发展。它最本质的东西在什么呢？我认为金融就在于跨时空交易。过去说集中力量办大事来体现优越性，实际上金融能够集中力量来加速发展。但是可持续的。所以通过这种跨时空的交易能够使得资源充分地流动起来。我过去在学校做过十几年的老师，所以我一讲的话跟很多经济学原理联系起来。

资源能够使经济充分地流动起来，使资源在机会成本比较高的配置转移到机会成本比较低的地方。资源能够充分地流动起来，使得所有资源配置的机会成本最小。这就使得资源配置能够达到动态地最优。通过跨时空的交易，这种流动甚至能够使得不同时点能够流动，不同的空间能够相互流动。这样来使得资源配置的机会成本最小，这就是搞活实体经济，金融搞活实体经济的本质在于通过跨时空的交易使得资源配置的机会成本动态地趋于最小。这就是我们讲的资源配置优化。

融资租赁就是一个很重要的体现。一方面制造商或者是供货商他有这个需要，需要找市场，需要去实现它的价值，或者是实现市场，寻找市场机会。另一方面从需求方来说他有自己的项目，但可能资金不足，不能一次性地购买，现在的资金不够，但他本来设备的现金流能够足以还本付息。所以融资租赁能够把这两个需求来连接起来。融资租赁在很大程度上它把这这个市场做成，所以是一个造势的功能，没有它，这两个可能就做不成。如果没有它做不成，通过跨时空的交易，通过物权的控制、对设备的控制。这里强调的是融资租赁它能够把供货方和制造商，需要设备的这一方的市场能够做成，所以使得大小型设备能够充分地实现它的价值，充分地流动起来。这是融资租赁能够搞活实体经济的一个点。处于一个高速增长的国家，或者是发展中大国这方面的需求很大。搞活实体经济，融资租赁的作用非常地大。

第三个观点：现在来看做大融资租赁还有很多的制约因素。包括法律上的因素，比如物权的控制界定不清。我们一直在跟高法进行沟通，他们也很积极我们每年在天津开这个会的时候他们都派人参加，今年的会议派了一个副院长去参加。高度重视，已经在做了。第二个是一种管理。分成两个大的板块，有时候三个。就是银行系，然后外商、内商。但管理分成两个，银监会和商务部。这种环境下确实使它很难形成一个统一的规则，有很多的制约。

另外是资金来源，包括银行系也有很多的制约。这个问题也还没有解决。当然包括我们自己的人才，我们自己市场的规则，包括我们自己产品同质化的问题，等等。所以我们看到要做大确实有很多的制约。

第四个观点：不妨从加大银租合作来做。对融资租赁来说它的意义主要是在这样几个方面：第一，资本优势。第二，渠道优势。第三，文化优势。为什么在我们国家做大融资租赁一定要强调银行，是银行主导的金融体系，还有一个是资本市场引导的金融体系。我们国家它不简单地是一个银行主导的金融体系，可以说是一个极端银行主导的金融体系。银行资产超过90%，整个社会融资结构当中每个季度的人民银行要公布社会融资的结构，通过银行融资85%左右。但实际上还有公司债券，或者是国债这一块实际上相当多是银行持有。把这个考虑在内，银行仍然占主导。在这样的体系当中其他的金融品种，或者金融业务要包括，包括资本市场要离开银行的话很难。我们做银行租赁，做融资租赁的话很难回避。不跟银行合作的话要做大恐怕很难。

有500多家的融资租赁公司，其中19家银行系的就占了2/3。之外的两个板块恐怕也要跟银行加强合作。这是从租赁公司来说。从银行来说融资租赁也有很多的好处。第一，混业经营，加速混业经营的步伐。第二，通过租赁方面的产品、信贷能够缓释风险，因为有抵押、质押。第三，跟租赁的合作可能会产生系列的银行信贷，或者银行金融产品的创新。对银行来说是这样。所以银行与融资租赁的这种合作对租赁公司，或者是对银行来说都是有意义，有好处的。我们之外的两个板块我觉得也需要加强，但现在有些办法，不过银行系有银监会的办法，都在鼓励合作。

实际上合作的领域很宽泛，一般是租赁本身的存款就成为了银行的负债，保证金，等等。租赁公司本身有很多租金。还有租赁公司的资产可以转让，可以证券化，这都是可以做的。反过来它也可以成为银行要买这样的转让，要买这样证券化的产品，当然他也就可以形成了。

再一个银行可以跟租赁公司受信，还有一些其他的方面。通过这种合作还有资产管理，比如通过融资租赁来盘活它的存量，甚至是资本运作。最后这种合作还包括通过银租合作可以产生一系列银行的中间业务。因为银行它自己的自信优势可以推进客户，提供咨询，甚至包括信托资金的托管，等等。信托资金发展也是很快，还有委托。这种合作可以大量增加银行的中间业务。

总之银租合作非常有意义，对各方都有好处。同时银租合作的领域和范围也比较宽泛。归结到刚开始表述的点：银租合作做大融资行业，做大融资租赁，做活实体经济是对银行、对租赁、对实体都有好处，可谓三方面都能够有利可图。

觉得我们一直合作得很好，其他的板块也希望能够共同探讨、做大融资租赁。当然我们根本是搞活实体经济，搞活实体经济的前提下银行和租赁行业能够得到共生共谋。

谢谢！

在第九届中国国际金融论坛上的讲话

刘卫东

金融界的各位同仁、企业界的各位嘉宾：

下午好！今天我演讲的主题是银行系服务公司租赁体系的构建。为什么说银行系的租赁公司？主要是因为银行业进入租赁业是起步最晚的。中国加入 WTO 有一个承诺，允许外资银行进入中国设立租赁公司。2007 年时候已经意识到允许外资银行进来，那自身银行还没有进入这个行业，所以银监会那时候给国务院写一个报告，第一批 15 家银行。招行银行是其中的一家。服务体系构建经过了 4 年，但是一个初探期。银行业在租赁行业的发展来讲还是一个起步阶段。

中国外部的生态环境还不够完善、健全。主要是四大支柱：法律、税收、会计、监管还存在一系列的问题。所以需要些尝试性的探讨，可以说路比较擅长。我今天主要是从 6 个方面来讲一下。

第一个方面是租赁业融资体系的相关要素，就是核心的功能。首先是融资功能。融资租赁的交易实质决定了企业融资通过任务来实现，通常说的是融资的功能。

第二个想谈的是投资功能。租赁公司来讲它作为一个设备的投资者，在国家固定资产投资里面，尤其是设备投资领域发挥其独特的作用，就是我们通常所说的融资租赁渗透率上是一个投资功能。

第三个想谈的是促销的功能。刚才上海电气租赁的郑总也谈过，他们主要是为母公司厂商来提供一个销售，提高竞争力。

大家可能会常常忽略一点，有两个关系：一个是买卖关系，第二个是融资租赁的关系。买卖关系来讲说明有贸易功能。贸易环节能做什么事，这对租赁公司来讲比较陌生。实际上围绕交易来开展一个综合化的服务体系，包括债权、物权的管理体系。这里为什么要强调银行系，以厂商租赁来讲各有优势。在资产管理来看是一个薄弱的环节。

我简单讲一下与实体经济的发展关系。租赁是以设备为载体，它是生产型的资产。必然连接设备市场和资本市场，联系着虚拟经济和实体经济的重要桥梁。从交易结构实质来看实际上决定了它与实体经济密不可分。从简单来讲资金评估方、设备需求是一个融资的需求。从设备供应商角度来讲满足了销售市场的需求。

现在财务管理的理念就是固定资产使用创造价值。融资租赁来讲对租赁采购一方面主要是通过金融采购来降低税务的价值，我们可以把这种好处传递到需求方，从供应商来讲实际上它是一个销售的利润。

租赁资产管理的专业化服务，这是特别想推动的一件事。主要是满足更新换代，还有平台的建设。我们跟租赁公司有一个合作。包括我们跟全国二手设备租赁协会的合作来探讨银行系在资产管理平台上的建设也做了有益的探索。这里面的融资服务体系来讲以实物资产为核心。这是我们公司的一些思考，服务体系建设的设想架构。把服务体系分为债权和物权的管理体系。

债权我们分了几个方面，一个是多渠道资金的筹措、创新。刚才说到资产证券化，资产证券化比较漫长，与相关的公司把资产的流动性通过这样一个准证券化来进行流通。未来更长远的会在欧洲发展，这也是一种渠道。从我们的时间来看资产配置最主要是在一些抗周期的行业，弱周期和强周期的行业来做一个结构性的对冲安排。

第四个就是建立相应的团队和技术。今年建立了不良资产的安排。应对经济下行我们预测会有些不良情况的出现。从资产管理体系来讲这是未来需要做的一件事情。租赁公司怎么样从里赚取利润，我们进行了探讨。我们做了些强化的管理。

实际上大型的设备在中国来讲，外部资产评估机构是欠缺的，在这方面主要是内部的管理。租赁物的二级市场建设方面也有些相关体会，并且在推进做这个事。

从战略定位来讲一下，这主要是方向性的探讨，未来银行租赁业公司应该朝这方面来走。以租赁物为核心的租赁产品研发是我们专门成立的业务研发部。合理的资产配置，从租赁公司来讲你不能太分散，不能做十几个行业、二十几个行业，需要做到三到五个行业的集中战略安排。

对于资产管理来看，资产管理一直在申请，我自己没有资产管理的能力，能不能跟厂商合作建立一个资产管理的平台。从目前的监管来讲没有松口。我想未来还是要推动这一块发展。外部的专业化机构，无论是第三方，还是厂商，要管理一个实体公司来运作。关于团队的培养花了不少工夫。

双重业务模式来讲，虽然说租赁相比银行的优势来看，它主要是产生的现金流来配置融资安排，我想银行要提供信用风险。租赁物的价值投资，我们说租赁有投资功能，既然有投资功能，那怎么样通过价值的买卖来作为收益来源，我们需要做些探讨。

第五个是引导的问题，有几个方面，从银监会来讲它只认可你的融资功能，不认可投资功能，这比较要命。所以希望监管把投融资的属性来界定出来。刚才说过专业化的机构、厂商来合资成立一个租赁管理的平台。

再就是更多地从监管部门来推动。看一下怎么样连接设备市场和民间资本。最主要是租赁物的统计没有一个机关，既然难以有一个统一的机关，我想统一公式是最容易做到的。对租赁业来有积极的影响，也有消极的影响。消极影响是阻碍了公司的正常发展。从海关来讲实际上一直没有很好地解决。通过融资租赁进入监管方面应该一视同仁，或者是有很好的解决渠道。

第六个是外汇，中国制造业走出去是国家战略，但实际上企业一般通常意义上来讲产业走出去先是金融走出去，尤其是租赁走出去。像韩国、日本、欧洲的企业到中国来投资，机器、设备、厂房。杂质国内是企业先走出去，金融滞后。主要原因还是外汇管制和监管的问题。

最后简单介绍一下招银金融，我们目前租赁资产总额已达 560 亿，主要是四大业务板块：大型设备租赁、飞机租赁、传播租赁和供应商租赁。

最后，欢迎大家有机会做进一步的交流和合作。谢谢大家！

把租赁资产做成信托计划

屈延凯

在我看来，租赁和信托是利用银行资本拉动民间资本最有效的两个平台，二者结合服务实体经济，多开展一点经营性租赁，把设备租赁资产做成信托计划，让投资人买走会是非常漂亮的事。

对融资租赁公司来说，这既是资金来源也是退出方法。从 2004 年到现在，包括中粮、五矿、方正、东亚、新华、北京信托等在内，信托和租赁结合的案例不止三十个。

信托公司承担的是信托责任，通俗的说是受人之托、代人理财。需要服务创新，产品多元化，引导客户观念。能不能拿出一部分规模做租赁公司有所有权保障的债权，卖给险资？

此前发行的租赁资产信托计划之所以收益率低，是因为信托没有利用租赁公司的财务杠杆，把租赁、信托和银行结合起来。比如信托发行一个亿的规模，一对一委托给租赁公司，租赁公司向银行再借两、三个亿，租赁公司是受托租赁，不计入自己的账不计入负债，赚取手续费，信托公司则赚发行费，风险收益取决于委托人，这其中有财务杠杆，如果年回报率高，发行的收益率也就可以高一点。

融资租赁公司和信托公司双方要沟通，二者合作是给投资人设计和提供一个投资组合的信托计划。诸如股权和债权投资的高收益，但没有折旧资源，租赁债权投资，有财务杠杆，赚着安全的收益还有折旧，目前这种复合交易应用的很少，多数还只是做一个简单传统的模式，没有从产业链、机构接力、产品组合、创新理念上串起来想，去设计赢利模式。不同的标的物要找不同的发行对象，信托要帮助租赁找投资对象设计组合，因为真正能坐稳、做强、做大的是多平台的合作。

在成熟国家，银行信贷占租赁公司的资金来源仅在 30%—40% 之间，运用发债、信托及各种基金筹资则占到 60%。其中发债这一项，租赁公司可根据自己的资产评级发高发低，像香港的离岸一年期的人民币债券低的有 0.9 的，高的有 10。租赁公司在形成一定规模之后，完全可以拉动民间资本实现滚动发展。

我国融资租赁业发展呈三大趋势

周巍

从 1981 年国内第一家融资租赁公司成立至今，我国融资租赁业的发展艰难而曲折。尽管在行业发展初期，融资租赁公司在引进国外先进技术设备、促进国内企业技术改造和技术进步、扩大对外改革开放方面发挥了一定的积极作用，但最终却陷入了困境和低谷，不少企业甚至遭遇关、停、倒闭，融资租赁业停滞不前。2007 年，中国银监会修订并颁布实施了《金融租赁公司管理办法》，允许银行进入融资租赁行业，成为改变我国融资租赁业版图和进程的里程碑。银行系金融租赁公司异军突起，利用自身的社会影响力和资金实力，发挥渠道和人才优势，从多方改善行业生存环境，资产规模快速扩张，截至 2011 年底，仅金融租赁公司的总资产规模就已超 5000 亿元。

在银行系金融租赁公司的带动和促进下，近三年来，我国融资租赁业的市场格局发生了巨大变化，主要体现在以下几个方面：

第一，融资租赁的社会认知度和影响力大幅提升。随着行业的高速发展，各类型融资租赁企业的经营实力和赢利水平大幅提升，融资租赁对国家经济的贡献日益显现。租赁公司逐渐得到社会各界的关注和认可，越来越多的企业、政府部门和相关机构听到了租赁业人士的声音，更多的社会资本愿意投入和参与到融资租赁行业。融资租赁的特点和作用渐入人心，行业影响力正在不断扩大。

第二，行业的外部发展环境得到明显改善。在全行业的不断努力和推动下，融资租赁行业所面临的税收、法律等政策“瓶颈”引起了相关政府部门的重视，部分严重制约行业发展的问题已取得实质性突破，融资租赁企业也逐渐在税收等政策上享受到公平待遇。整个行业的生存环境正向适合融资租赁企业发展的方向不断改善。

第三，融资租赁促进经济发展的积极作用日益显现。随着各类型融资租赁企业数量的增加和实力的日益增强，融资租赁的服务领域不断扩展，服务能力也显著提升，其在促进企业发展方面发挥着越来越积极的作用。融资租赁产品独具“融资＋融物”优势，以“资产信用”为基础，能有效地控制资金走向，直接服务于实体经济。基于这一特点，融资租赁在解决中小企业融资难题、推动企业技术改造和设备升级、促进企业产品销售等方面具有不可替代的独特作用。回顾过去的三十年，虽然有很多值得总结的成功经验，但业内更应冷静反思过往的教训。对于我国融资租赁业发展缓慢的原因，不可否认，市场不成熟，社会认知度低，配套的税收、法律、会计、监管政策体系不完善，专业人才严重匮乏等，客观上制约了行业的发展。而最根本的症结则在于，很多租赁公司偏离了正确的发展轨道，没有坚持发挥租赁优势去做真正的租赁业务，没有依托快速发展的中国实体经济去实现自身的发展。

租赁公司要健康发展，就必须坚持正确的发展道路和方向，坚持做专业的租赁业务，充分发挥融资融物的独特优势，紧紧把握市场需求，服务于国民经济发展大局。

今天，我国融资租赁业历尽曲折，终于迎来新的发展机遇。站在历史的新起点，展望未来三十年，相信我国融资租赁业的发展将呈现三大趋势。

首先，融资租赁在我国经济发展中的作用和地位将越来越重要，融资租赁业在中国经济中的分量将越来越大。随着中国经济的持续发展，依托越来越强大的中国实体经济，未来融资租赁业必将成为我国服务业中的主流业态。而随着经营水平和能力的不断提升，将有一批租赁公司能够脱颖而出而跻身中国乃至世界一流企业行列。

其次，专业化将成为我国融资租赁企业的发展方向。租赁公司不能满足于只做简单的资金服务商，而应根据各自优势和特点，选择具有优势的领域进行开发，形成专业的市场营销、资产运营、资产管理和资产处置能力。在不久的将来，中国融资租赁业的专业分工将越来越细，将会涌现一大批专业化程度高、专业能力强的租赁公司，在各自的领域内唱响主角。

再次，我国融资租赁企业的国际化程度将不断提高。伴随着中国经济融入全球一体化，我国融资租赁业也必将逐步走向世界。尤其是依托“中国制造”走向世界市场，我国租赁公司在国际租赁市场上必将大有作为。租赁公司应努力学习国际成功经验，积极参与全球市场竞争，把自身业务融入全球化发展之中，与国际接轨。在未来三十年，全球最大的租赁公司中必定会有中国面孔。

三十年的兴衰，三十年的追求。站在新的历史起点，只要我们精诚合作，锐意进取，就一定能抓住历史机遇，共同创造中国融资租赁业的辉煌未来。

融资租赁怎样沟通金融与实体

丛林

2007 年，由国务院确定试点并经银监会批准开业的银行系金融租赁公司相继成立，为中国融资租赁行业注入新的活力。面对复杂形势，租赁企业开拓创新，不断挖掘租赁特色。在推动金融与实体经济融合发展方面，融资租赁正发挥着越来越重要的作用。

2008 年以来的国际金融危机告诉我们：金融发展必须建立在实体经济之上，服务于实体经济；如果脱离实体经济，将造成虚拟金融资产迅速膨胀，产生金融泡沫，助推通货膨胀，并最终伤害到实体经济。金融最基本的功能是为实体经济提供资金融通服务，其价值创造必须源于实体经济的真实价值。

一　双重特性与四大功能

融资租赁具有融资与融物的双重特性。融资租赁创造了“资产信用”这一新的金融理念、新的融资方式，即看重租赁物本身具有的价值与信用，与银行信贷、公司债更加重视“企业信用”的融资方式有很大不同。同时，租赁公司以融物代替融资，能够保证资金直接进入实体经济而不被挪作他用。

租赁公司不吸收存款，不会产生派生的货币供给，不会引起通胀，这一点正是保持社会经济正常运行与健康发展所需要的。

融资租赁兼具多种功能，可以有效融通工业、贸易和金融。融资租赁不仅具备融资功能，还具有投资功能（选择项目和资产，并获得一定的投资收益）、促销功能（为生产企业提供产品销售的金融服务）和资产管理功能（提供租赁物的专业资产管理服务）。

运用这四种功能，融资租赁将工业、贸易、金融紧密地结合起来，沟通了这三个市场或者说三个不同商业领域，引导资本、资产的有序流动；既为企业以较少的投入而迅速获得设备的使用权提供了便利，又为银行及其他机构资金提供了一条安全的投融资渠道。

二 连接金融与实体经济

危机之后，投融资结构、资本资产运行效率是决定中国经济发展速度和质量的关键因素，这涉及金融支持问题。

过去，我们更多的是依赖银行信贷，强调发展资本市场的作用也只是更多地关注资本交易市场而不是资本形成市场。现在，融资租赁已经成长为一支不可小觑的生力军，作为一种资产金融，它应该而且能够成为社会资金配置的一个重要渠道。

其一，促进产融结合，拉动有效的投资需求。融资租赁使承租人在未完成资本积累时，只需要较少的资金投入就可以引进设备。而租赁公司直接购买租赁资产，将提高制造商的销售规模，扩大承租人的资产投资，增加社会投资。同时，可以利用租赁方式把东部沿海地区的二手设备转移到中西部去，解决局部投资资金不足和部分行业产能过剩并存的突出问题，促进西部大开发。

其二，完善金融结构。中国金融结构长期以来保持银行间接融资为主的格局，而股权类资金供应严重不足。目前，我国企业资产负债和地方政府资产负债都出现了一些恶化或紧张迹象，如融资结构不能较快得到改善的话，金融杠杆率过高势必成为潜在的、巨大的风险。融资租赁是以物、资产为载体的新兴资本流动的方式，具有平衡资本与投资供需矛盾、促进资本理性选择的特殊功能；从整体上提高经济的融资效率，为解决金融发展对实体经济“疏远化”问题提供了有效途径。

其三，帮助破解中小企业融资难问题。我国中小企业平均寿命一般3年左右，一项设备的回收期大约5年，甚至更长。在传统信贷模式下，期限大多是1年以内，容易发生资金短借长用、负债与资产结构不匹配等财务风险。租赁更侧重于对项目未来现金流的考察，对承租人历史上的资产负债情况不刻意要求，使新企业或中小客户可以享受到融资服务。同时，在一家企业退出市场时，将租赁物转租给其他企业，可以有效地防控融资风险。

其四，规避贸易壁垒，促进贸易平衡。中国的“走出去”战略应当由商品输出向生产输出和资本输出转变，需要更加有效地使用外汇储备，在全球范围内实现产业结构优化。融资租赁是推行这一战略转变的有力手段。融资租赁是非常国际化的业务，有助于在租赁项目投资和租赁资产证券化领域推进跨境交易并发挥蓄水池的作用，并突破贸易壁垒，调节我国贸易结构，促进贸易平衡。

其五，提高广大企业的经营发展水平。对承租企业而言，融资租赁可以使承租人享受到分期付款、税收优惠等好处；有利于强化产品促销，有利于应收款的收回；有利于节省项目建设周期；有利于企业进行技术改造。因此，企业运用好融资租赁，能够很大程度地提高经营发展的效率，提升发展速度。

融资租赁业近几年发展很快，其行业背景和经营特点也日益丰富。融资租赁行业应该积极协作，共同承担起推动中国经济结构转型和企业发展的责任，实现金融与实体经济的深层次融合发展。

融资租赁资产证券化的好时机

丁化美

中国融资租赁业经过几年的快速发展，已经积累了近万亿元的基础资产规模。而中国的资产证券化也在经过几年探索后，到了逐步放开的时候。因此，促进融资租赁资产证券化，时机逐步成熟。

相比传统的信贷资产而言，租赁资产证券化具有更大的优势：一是本身收益率比较高；二是有优质的、可控的大型固定资产作为基础。

一　好时机

我国的金融机构和实体企业都在追求不断扩大资产规模，以资产规模来衡量企业的实力，资产的流动性严重不足。要真正解决实体经济的融资问题，提升企业的竞争力，关键在于解决资产流动性的问题，也就是利用资产负债表的左侧进行融资。融资租赁正是解决实体企业融资问题、提高资产流动性的一条重要途径。同时还有助于改善租赁企业的资产负债结构，降低管理成本，分散转移市场和管理风险，调整融资租赁经营管理模式，公众通过投资融资租赁资产证券化产品分享金融创新红利。

根据预测，到 2012 年年底中国融资租赁合同余额可能会超过 1.3 万亿元，比 2011 年增长近 40%。但是，与欧美市场相比，我国的融资租赁市场还是不够大。成熟市场的融资租赁渗透率一般都在 10% 以上，欧洲部分国家可达 20% 左右，而美国多年长期维持在 30% 左右；中国的融资租赁渗透率近几年徘徊在 4% 左右。

制约融资租赁业发展的一大问题就是资金和资本不足，通过融资租赁资产证券化可以加快融资租赁资金的周转，解决租赁公司的资金和资本困境，进一步促进融资租赁业的发展，更好地为实体经济服务。

二 培养市场

从历史经验来看，融资租赁资产证券化产品的发行交易模式主要分为三大类：

一是在全国银行间债券市场发行和交易，但是融资租赁资产证券化产品数量较少、普遍规模小、投资人类型较少，因此流动性相对较差。

二是在证券交易所发行和交易，例如 2011 年 8 月成立的“远东二期专项资产管理计划”，但是也是由于其规模较小，且只能在大宗交易平台进行交易，因此流动性也较差。

三是资产证券化私募产品，在私募市场进行发行，场外柜台交易，由于缺乏集中的柜台交易市场，流动性也得不到保障。

中国的租赁资产证券化产品可以考虑在金融资产交易所发行和交易，建立融资租赁资产证券化产品全国统一的、规范的、专业化的发行和二级交易市场，一方面充分利用金融交易平台的优势，另一方面有利于监管机构对产品和交易平台进行监管，实现证券化产品实时统计和全面准确的信息披露，使融资租赁资产证券化的业务持续、健康、规范发展。同时，可以在金融交易所尝试风险可控的交易制度创新，提高资产证券化产品的流动性。

三 登记、结算问题

随着投资者对融资租赁资产证券化产品的逐步认可，产品的流动性会逐渐增强，必然需要专业性强的登记托管系统和结算系统作为支持，实时登记交易过户信息，实时进行每笔交易的资金结算，为产品持有者提供方便快捷的查询服务，保证参与主体资金与资产安全等。因此，完善融资租赁资产证券化登记和结算系统也是资产证券化实践需要探讨的一项重要内容。

人民银行征信中心已经建立了融资租赁登记公示系统，该登记系统的三大主要功能是登记、查询和登记文件验证。但是目前征信中心的静态登记系统仅，并不能满足交易过程中的实时动态登记，这是需要重点做的工作。因此，需要专业登记结算公司，与人民银行征信中心开展合作，共同促进融资租赁资产登记制度。

四 温州机会

国务院总理温家宝3月28日主持召开国务院常务会议，决定设立温州市金融综合改革试验区，在改革的十二项主要任务中，两次提到融资租赁："支持金融租赁公司等非银行金融机构开展业务"，"支持发展面向小微企业和'三农'的融资租赁企业"。

温州中小企业众多，其中不乏发展前景良好的优质企业，在温州开展融资租赁业务大有可为，借着温州金融改革创新的势头，在温州选择优质的融资租赁资产进行证券化试点也不失为一个好的机会。

融资租赁不能开成“金融百货”

刘小勇

“十一五”期间，中国融资租赁业一直呈几何级增长，业务总量5年增长了86倍。同时，自2006年以来，租赁形成固定资产投资额始终保持着10%以上的增长率，2010年达到了25%以上的高增长率。租赁渗透率也实现倍增式增长。

总体上，中国租赁业业务总量虽仍相对弱小，但发展势头十分强劲，融资租赁在社会经济发展中的作用已开始显现。租赁业已经成为我国金融产业的一个重要组成部分。

经过近几年的超常规发展，中国租赁业应该在发展方向、经营理念、行业自律和风险防范等方面深思，共同努力，不懈地创新探索，迎接更加辉煌的时代。

中国租赁业在快速发展中，呈现出如下三大特点。

首先，通过产融结合，租赁业对实体产业发展起到明显的支持促进作用。

比如，在航空租赁方面，长江租赁、工银租赁、民生租赁等多家租赁公司，近年来在天津积极开展飞机租赁业务，向天津空客A320总装线订购了大量飞机，使天津航空产业链日趋完备，推动航空产业逐渐成为天津的一大新兴主导产业。

在大型机电设备租赁方面，许多著名的机电设备制造企业如中联重科、三一重工、徐工集团、玉柴重工等都组建了自己的租赁公司，运用租赁方式助推行业的发展。2010年，中国工程机械制造业无论是产量还是销量，都双双位居世界首位，租赁助力功不可没。

其次，租赁业市场化运作，风险可控，行业健康。

风险控制是金融产业发展的核心问题，融资租赁业近年来的高速发展离不开行业所坚持的市场化运作道路，整个行业基本实现了风险可控，平稳健康发展。依据监管要求并借鉴银行的内部控制和风险管理体系，各租赁业公司建立起了有租赁行业自身特色的公司管理架构，努力实现安全性、流动性和赢利性统一的风险管理目标。与此同时，建立健全风险隔离机制，杜绝了租赁业务与银行业务间风险的相互传导，为整个租赁业健康发展打下了坚实的基础。

据银监会副主席蔡鄂生2011年5月25日在天津出席“第二届金融租赁高峰论坛”时透露，截至2011年3月末，17家金融租赁公司不良资产率为0.49%，拨备覆盖率322%。商务部监管下的内资租赁公司，在近年来高速发展的同时，同样也始终保持着整体健康的发展态势。

最后，租赁行业业务模式、融资模式不断创新。

创新是金融产业发展的核心动力。融资租赁业在创新方面不断探索，通过融资模式与业务模式的创新，极大提升了自身的融资能力。

租赁业已成功打通了资本市场的主渠道，得到资本市场的认可。渤海租赁完成A股借壳上市，远东宏信也完成了H股IPO。

同时租赁与银行、信托、基金等金融工具广泛相结合，形成了联合金融创新，相关的信托产品、租赁产业基金相继出现，合作创新也日渐广泛和成熟。比如，在天津，以飞机、船舶租赁为纽带，航空业实现了信贷、信托、基金等各类资金的大量导入。

在租赁业务模式国际化接轨上，上海、天津等地先后展开尝试。其中，天津东疆保税港区已实现较大突破和发展。截至2011年8月中旬，港区已注册各类租赁企业135家，其中单机公司55家，单船公司32家，完成飞机租赁40架、离岸租赁船舶22艘，租赁金额达32亿美元。通过租赁SPV模式的创新，中国租赁业业务模式得以规范，与国际成熟的租赁市场逐步接轨。

中国租赁业目前正经历一个快速发展、产业自身不断升级的上升时期，为了保持这种强劲的发展势头，我们也需要在今后的发展中注意以下几点问题：

租赁业要发展，就必须坚持专业化经营的理念。事实上租赁本身就是金融专业化的产物。纵观国内外成功的租赁公司，没有超过两三类资产的。例如GECAS和ILFC，都是把自身专业的一两个产品做好做精。我们认为租赁的核心就是专业化经营，不能开成金融百货商店。我们要做真租赁，而不是做假银行，这也是风险控制的核心。租赁企业多元化、多产品线经营应当引起监管层和行业经营者的思考。这对于中国租赁业未来的健康发展至关重要。

租赁业要腾飞，就必须符合国家的产业政策引导。要花大力气投入国家鼓励、政策上倾斜的如科技创新、节能低碳等绿色产业，做“绿色租赁”、“绿色金融”，支持国家新兴产业和节能减排任务的实现。积极涉足太阳能、风电和新能源汽车等产业，推进新能源及节能设备融资租赁业务。在这些产业中，由于国家有着一系列的政策优惠和税收安排，通过积极助推这些产业的发展，租赁业才能分享税收抵免等优惠政策，实现税收优惠平等。

总结过去的历史教训，租赁业过往的失败，有很大一部分原因是做的产业不对头。国家鼓励发展的产业都是有前途的朝阳产业，有市场生命力，我们要坚定不移发展这些产业的租赁业务，在助力国家产业政策的同时实现自身的发展。

租赁业要进步，就必须加强行业间协作与自律。行业协作、行业自律是一个行业成熟的重要条件和标志。在外部环境、政策不断完善的同时，我们要看到租赁业自身发展的不足。在行业协作与行业自律方面，我们还存在一些差距。租赁行业内部应当加强合作，如实现大型租赁项目的联合租赁，才能促进整个行业的健康发展。

租赁业要成长，就必须注意风险防范。中国租赁业自 2004 年、2005 年起，至今已经超常规发展八九年的时间，面对快速发展，可以说是有喜有忧。喜的是行业规模不断扩大，租赁业务不断拓展；忧的是行业规模的扩大也带来了风险集聚。同时，目前国家宏观调控，财政、信贷政策收紧，航运等相关产业风险也逐步开始显现。面对这两个窗口期，我们必须加强风险防范意识，做好风险管控，确保租赁业平稳发展。

融资租赁看好垃圾处理业前景

王伟

融资租赁贷款灵活，抵押物受限较少，非常适合在“水气声垃”等环保领域开展业务，与盛运股份的合作，正是看好融资租赁在垃圾处理行业的广阔前景。

一　“水气声垃”都适合做融资租赁

丰汇租赁目前在节能环保领域已经开展了较多的合作，比如和做垃圾焚烧发电的公司及做污水处理系统的公司都进行过设备的融资租赁，分别采用的是直接租赁和售后回租的模式进行操作，操作的业务规模约为3亿元。资金来源主要有自有资金、银行及信托等多种渠道。

根据“十二五”规划，环保产业未来将围绕“水气声垃”展开，即：工业废水、城市污水等水污染治理，除尘、脱硫、脱硝等大气污染治理，噪声处理，固体废弃物处理四个方面。这其中很多都适合做融资租赁，比如脱硫除尘、垃圾回收利用、电能节约及热能节约等领域。

这次和盛运股份的合作，也是基于此设想，未来垃圾焚烧发电政策明朗化之后，盛运股份干法脱硫除尘一体化技术在环保领域业务发展极为广阔，且其旗下新疆煤机未来将逐步释放业绩。脱硫除尘、垃圾焚烧、煤机设备等都非常适合做融资租赁，结合盛运股份在产品业务和市场运营的良好能力和基础，环保领域机械制造行业借力资本，将互相促进协同发展。

合作之后，我们得以深入渗透供应商，增强了设备的流动性，一方面降低我方风险，另一方面为供应商开拓了市场，整体上更具安全性。另外，环保工程的开展，大部分都是前期投入较大，回收期较长，这也是很多企业不愿意立马进行环保改造的原因所在，如果我们在前期给企业解决资金，企业通过未来回收或节省下来的现金流偿还租金，这是一个双赢的结果，也可以极大地促进环保的开展和实施。

但为了在前期降低风险，我们将单个项目投资规模控制在 5000 万元以内，主要为其解决起步阶段融资难的问题。

二　直接租赁更容易产生协同效应

公司采取的是直接融资租赁的方式更多一些，我们认为这样的方式能够更好地产生协同效应。直接租赁涉及的交易方为三方，即：供应商、承租人和租赁公司，供应商为了促进销售，会给设备进行更大程度的保障，在付款时间和方式上也会提供更大便利，在一个行业的发展初期，有较大的市场空间可以发挥的时候，做直接租赁更为适宜，这样不仅仅完成了融资的功能，更完成了融物使命。

采取售后回租方式的项目中，企业选择租期期满后回购还是不回购需要分行业确定，流动性差的非标设备，一定需要企业期满之后进行回购，我们现在所做项目，采取的模式基本都是期满后企业进行回购，因为按照融资租赁的实质，承租人在整个租赁期间通过租金的形式已经负担了大部分租赁物价值，业务结构中设计的回购价款仅仅是形式意义上的，作为所有权转回的形式对价，承租人几乎没有例外地在租期期满后会选择回购租赁物。但随着在行业内的发展和专业性的提升，对于流动性好的标准设备，我们会往经营租赁的方向走，这样有利于提高利润率。

三　融资租赁利率稍高期限更长

以生产企业的机器设备为例，相同的项目，现有融资条件下，如果直接走贷款，可能会很难，因为银行基本不会认定机器设备的价值，但是我们主要看中企业未来的成长性和现金流量。相类似的项目，现行融资租赁的利率较抵押贷款要高出大概 10%—30% 左右，需要视项目而定。

通常银行对机器设备作为抵押物的贷款较为谨慎，在实际操作时一般按照流动资金贷款进行放款，一般为短期贷款，约为 1—2 年。

而融资租赁的贷款时间则比较灵活，受到的限制较少。业务操作中多以项目融资额、租赁物未来现金流情况及租赁物特性（例如租赁物使用寿命、技术更新周期等）来确定项目期限。就一般的中小型节能环保设备而言，一年到三年是比较常见的融资租赁期限。当然，根据项目和回款期的不同，可以在方案上设计得更长。

根据抵押物不一样，如果将机器设备直接作为抵押物，银行基本不会认可其价值，但是如果走直接租赁的形式，有长期合作的优质厂商提供了回购担保或其他保障措施，我们就可能给其提供购买设备绝大部分的资金，从这个角度上来看，相同项目融资租赁较抵押贷款之间的金额差异很大。

融资租赁五种模式助建农村流通体系

高克勤

在金融工具下乡面临一定困难背景下，融资租赁以灵活的运行机制和相对宽松的发展环境，成为适合“三农”金融服务的有效工具之一。农村流通体系建设是当前“三农”发展中面临的一项瓶颈，对融资租赁有着巨大的需求。

一　农村流通体系建设面临的金融阻碍

建设好农村流通体系，对促进“三农”事业发展，有着重大的意义。供销社系统曾为我国农村经济发展和物流体系建设发挥重要作用，这一系统萎缩后，农村流通体系的建设明显滞后于农村经济发展的整体水平，表现为农副产品难以有效流通到城市，工业产品和物资也难以便捷抵达农村，城乡一体化进程受到相应制约；同时，农业生产企业难以有效融入产业链，农村社会发展整体水平滞后，影响了农村居民充分享受现代文明。

农村流通领域建设的实践和探索中比较典型的包括：“千乡万村”工程帮助解决农村超市的物流中心问题；帮助农机供应商建立农机4S店有助于农机物流体系形成；天然气管道建设解决了部分农村地区的送气问题等。

目前，“三农”依然是我国经济中比较薄弱的一环，农村流通体系尤其如此。农村地区的总体消费力有限，物流季节波动性较强，物流单位价格较低，这些因素导致农村物流体系难以形成良好的赢利模式，难以适应现代金融业对于赢利能力、安全性等方面的要求，使得金融工具难以深入农村流通领域。

尽管目前正在形成多元化投资格局，但农村流通领域的主体仍是农产品经纪人、农产品运销户和农村流通合作组织。这些主体往往抗风险能力有限，不能完全满足银行信贷审查的要求，使得银行信贷或其他金融工具难以充分直接地在这一领域发挥作用。因此，尽管近年农村流通体系建设一直在推进中，但总的来看收效有限。目前，农村流通体系融资在大银行资产业务中的比重并不高，在其他金融机构中的比例就更低。

二 融资租赁五种模式助“流通”

融资租赁是一个既具有融资功能、更具有融物功能、与实体经济紧密结合的一个金融工具。很多大型厂商把这一工具作为企业营销的一条重要渠道。

正因为与实体经济紧密结合的特点，决定了融资租赁不仅可以通过一般的金融管理手段对客户进行管理，同时，也可以利用物权，控制信用风险、分享企业的商业利润。所以，在其他金融工具暂时不易进入农村流通领域的情况下，融资租赁企业能发挥重要的作用。

从现有实践和探索看，融资租赁参与农村流通体系的建设，可以形成如下几种业务模式：

一是行司联动模式。充分发挥银行系金融租赁公司与母行的天然联系，通过与各分行的合作，用融资租赁工具，弥补现有信贷等金融工具的不足，在分支行帮助下，为农村流通企业提供资金支持。

二是与财政联动模式。与政府合作，把财政支持农村流通企业的专项资金作为租金来源，或者用财政的补贴，作为贴息资金，可以形成较好的融资租赁模式，放大财政政策效果，形成财政金融联动支持农村流通体系发展的新格局。

三是供应商租赁模式。这也是融资租赁中一个比较成熟的模式。即农村流通体系建设中，大量流向农村的设备（典型的如农机等农业生产资料）、农村物流体系建设中所需要的各项固定资产，都可以通过这一模式，形成比较完整的租赁方式。

四是并购租赁模式。并购租赁是在农村流通体系建设中比较有效的工具。以“千乡万村”工程为例，通过并购农村小型商场，可以直接形成有效的农村销售体系。在这个过程中，融资租赁企业可以先收购大型农村流通企业的目标对象，再租赁给他们，从而提高企业的拓展能力，加快农村流通体系的建设。

五是现金流管理模式。农村流通体系的一个最重要的特点是，现金流很大，但利润率并不高。融资租赁企业可以利用这一特点，设计出比较合理的租赁模式，把流通企业的现金流，转化为还租的来源，解决他们的利润率低融资困难的问题。

三　把融资租赁融入相关行业政策

在融资租赁公司开拓农村流通领域的租赁业务中，还要依靠商务部、银监会等相关部门的良好政策支持，同时使融资租赁成为推进农村流通建设的一个重要的工具。

目前商务部在农村流通领域的行业管理中，制定了一系列的行业管理政策，初步形成了比较完整的行业管理体系和管理制度，但融资租赁业作为一项新的金融工具，它的特性在这些行业管理政策中还没有得到充分关注。

把政府支持“三农”的相关政策与租赁工具有机结合起来，把租赁工具融入这些制度中，可以有效地发挥租赁所带来的融资与融物的功能，用资本和资产来有效地配置农村流通体系的资源，在放大财政政策效应的同时，提高租赁产品的质量，从而更好地促进农村流通体系的建设。

例如，把租赁工具融入相关的行业指导政策中，在进一步完善“千乡万村”、家电下乡、农超对接等工程的行业管理政策中，把融资租赁纳入行业发展的规划中，鼓励参与上述工程的企业，利用融资租赁工具；积极引导，将相关的财政补贴政策与租赁工具有机结合起来，并推动形成农村流通领域租赁业务的组织者和系统化的租赁项目体系，使融资租赁业服务“三农”、服务农村流通体系建设能够一方面成为企业的社会责任，一方面成为一个充满商机的蓝海市场。

独立系租赁公司的创新空间

程东跃

创新是一个老生常谈的问题，但是始终困扰我们、有必须痛苦地面对的必由之路。就融资租赁而言，创新的内容极其广泛，我结合实例，和各位做一个简单的交流。

第一，租赁模式的创新。创新的实质就是收益与风险的结构设计过程，租赁模式的创新也是紧密结合这两个基本点，以此出发寻求实现租赁公司为企业提供租赁服务的效益最大化，在控制风险、依法合规的前提下，可以丰富融资租赁功能的内涵，提升对融资租赁的认识。融资租赁目前并没有统一定义，法律、税务、会计从自身管理角度出发，有其各自认定的标准。从另一个角度看，这正是独立租赁公司思考和实践的空间。

我们不要机械地、僵化地理解融资租赁，而是立足于融资租赁中出租人、承租人、供应商这三个主体为核心的交易结构安排重，来形成多重法律关系和经济关系。调整、丰富其中的任何一种关系，都可能带来租赁模式上的创新。

租赁公司各有其优势和短板，或资金的优势、或专业的优势、或地域的优势、或项目信息源的优势等等，目前各类租赁公司，尤其是独立融资租赁公司，很难集上述优势于一身。但是如果彼此优势互补，来丰富单一大型租赁项目的出租主体，就有可能达到以小见大的撬动效果。

从承租方看，对于集团化经营的企业，我们可以设计出金字塔式的融资租赁模式，即在金字塔就在塔尖上，如集团或集团内实力较强的核心控股子公司，设置一个相对较强的信用保障，然后在总体金额控制下，惠及其多个子公司，多个承租人、多份承租物统一纳入信用保障体系。根据客户需求采用不同租赁产品、不同企业、不同模式等，集中与分散投放结合。

在租赁物、租赁期限等环节上，应该更加切实地、动态地贴近承租企业的生产运营与现金储备状况，为企业度身定做动态的融资租赁综合服务方案。

第二，融资方式的创新。融资方式的创新，仅仅靠融资租赁行业自身的努力是不够的，还需要政府部门、金融监管部门、金融监管机构甚至国家有关部门的认识和支持力度的提升。融资方式和能力是考量融资租赁公司持续发展必须要具备的核心能力之一。

各租赁公司在不断地探讨新的融资模式，开始尝试项目直接融资、境内外发债、跨境人民币借款、租赁资产证券化、借壳上市、非金融资产支持的定向或非定向票据等渠道，尝试着拓宽融资途径。

第三，融资租赁的投资功能。融资租赁的一大功能是其内含的投资属性及其延伸功能，经营性租赁、风险租赁、杠杆租赁、结构化共享租赁乃至委托租赁等无不具有投资的内涵和属性。

比如，杠杆租赁是一种融资性节税租赁，但同时又是一种以节税为切入点进行的复杂的投融资结构安排。在杠杆租赁交易中，租赁公司通常只需提供少量资金，既可获得设备整体所有权，其大部分资金可以以项目未来的现金流、项目在建过程及投产后各类合同安排，以及出租设备为抵押和担保，从投资人那儿获得资金。出资人提供资金的同时，对租赁公司无追索权，其还款保证在于项目设备本身及租金的偿还。

浅析回租式融资租赁合同

包新月

随着金融业的不断发展，在我国融资租赁业已经形成了一定的规模，并已成为仅次于资本市场和银行信贷市场之后的第三大融资手段，是企业更新设备的主要融资手段之一。随着融资租赁业的发展，融资租赁合同也作为一种新型的特殊的合同类型，日益受到法学理论界和法学实务界的高度重视。其中回租式融资租赁合同因其特殊性一直困扰着司法实践，本文将就回租式融资租赁合同的法律特征予以浅议，以期增强人们对这一新类型合同的理解。

融资租赁合同是一种集销售和融资为一体的特殊合同，是指出租人根据承租人对出卖人、租赁物的选择，向出卖人购买租赁物，提供给承租人使用，承租人支付租金的合同。在融资租赁合同中，合同的主体为三方当事人，即出租人、承租人和出卖人。而回租式融资租赁合同是一种特殊形式的融资租赁合同，是指承租人将一项自制或外购的资产出售给出租人，同时与出租人订立一份融资租赁合同，又将该项资产从出租人处租回来使用的合同。在回租式融资租赁合同中，一般存在双方当事人，卖主同时是承租人，买主同时是出租人。卖方即承租人在保留对其原有资产的占有和使用的前提下，将固定资产转化为货币资本，而租金的支付则是分期的，从而获得一笔急需的流动资金，以改善其财务状况，缓解其资金压力，保证生产经营的正常进行；而买方即出租人则通过售后性回租行为，获得了一个有利可图的、可靠的投资机会。

回租式融资租赁合同具有以下特征：（1）主体身份的双重性。在回租式融资租赁合同中，资产的销售方同时又是承租人，一方面销售者通过资产的销售，取得销售收入，另一方面又作为承租方向对方租入资产用于生产经营，从而将固定资产转化为流动资金，以缓解其资金压力；资产购买者同时又是出租方，买方通过购买另一方的资产取得该资产的所有权，同时又作为出租方将该资产的使用权转让给另一方，从而取得该资产使用权的转让收入，以实现该资产的使用价值。

（2）租赁物的特定性。具体表现为承租人对租赁物要求的特定性，特定到了自己已经拥有所有权的资产；承租人指定的出卖人不是别人而是自己。

（3）资产价值转移与实物转移相分离。出卖人即承租人对资产所有权转让并不要求资产实物发生转移，相反购买方即出租方只是取得了该资产的所有权，但没有在实质上占有该资产，从而实现对该资产的经济效益最大化。

在司法实践中常常会出现名为回租式融资租赁合同，实为借款合同的现象，由于回租式融资租赁合同与借款合同有较多相似之处，加上实施操作不规范，司法人员也很容易将回租式融资租赁和借款合同相混同。如果在订立回租式融资租赁合同时，承租人并没有租赁合同所指的租赁物，则所订立的融资租赁合同不成立，且可能存在以合法形式掩盖非法目的的以回租方式实施融资租赁的合同行为，应依法对这种规避法律的行为不予支持。

融资租赁业必将成为我国服务业主流业态

王蓉

随着中国经济的持续发展，依托越来越强大中国实体经济，未来融资租赁业必将成为我国服务业中的主流业态。

对于实体企业而言，融资租赁是承租人在没有完成原始资本积累的情况下，可以实现资产的轻量化发展，降低他的资产负债率，促进经济发展。特别是近几年来，中国的租赁业不仅在传统领域融资贡献，还深入到能源、电力、交通运输、信息产业、农业机械设备制造等各个领域，只要有需要，就有租赁的声音，租赁对拉动产业融资、保持我国经济的作用不容忽视。租赁公司可以调解中国的出口，融资租赁可以减少贸易统计中的出口额，减少贸易摩擦和贸易保护主义的阻力，融资租赁可以推动通过国外采购拉动进口，推事降低企业的初始投资要求，促进产业结构的调整和技术升级。同时，外汇储备也可以改变思路，可以向租赁公司直接出借外储资金，也有助于我国走出去战略事实。

有助于完善经济结构，促进产业升级和地方经济的平衡发展。我们可以利用租赁市场与其他金融市场的有效对接，完善中国的金融结构，解决经济主体的负债率过高，地区资本积累及经济发展不平衡问题。既为经济金融发展对实体经济疏远化问题解决了提供，也为国家的宏观调控，促进产业技术升级和地区平衡发展提供了的手段。使更多中小企业获得融资服务。一件设备的回收期在五年左右，中小企业贷款的期限是短期一年之内，短期偿债能力更加弱。

租赁行业在发展当中也存在一些问题和隐忧，融资租赁业还是新兴业务，还处于发展的初期阶段，其外部环境、法律环境还不够完善和成熟，作为主体的租公司的专业技能，经营管理水平、风险控制能力也有待进一步提高。从金融租赁公司的经营情况看，租赁的业务模式比较单一，产品的结构设计也比较简单，与银行存在一定同质化竞争。所以从长远来说，租赁公司单靠融资业务是无法实现可持续发展的。租赁公司要健康发展，必须坚持正确的发展道路和方向，坚持做专业的租赁业务，立足于充分发挥租赁融资与融物相结合的优势，服务于国民经济发展大局。

诞生于西方发达国家的融资租赁资金已有 60 多年的历史，至今发展的势头依然强劲，今天中国的融资租赁业迎来了新的发展机遇，展望未来，我们相信，随着中国经济的持续发展，依托越来越强大的中国实体经济，未来融资租赁业必将成为我国服务业中的主流业态。而随着经营水平和管理能力的不断提升，随着租赁业的专业分工越来越细，中国将会涌现一大批专业化程度高、专业能力强的租赁公司，在各自的领域内发挥作用。同时伴随着追究经济逐步融入全球一体化，尤其依托中国制造走向世界市场，中国租赁业国际化程度也将不断提高，中国租赁公司在国际租赁市场上必将有所作为，中国租赁业也必将逐步走向世界。

—·重点文献·—

（以发布或执行时间为序）

国家税务总局:《关于营业税改征增值税试点有关税收征收管理问题的公告》

经国务院批准，自 2012 年 1 月 1 日起，在部分地区部分行业开展深化增值税制度改革试点，逐步将营业税改征增值税。为保障改革试点的顺利实施，现将税收征收管理有关问题公告如下：

一　关于试点地区发票使用问题

（一）自 2012 年 1 月 1 日起，试点地区增值税一般纳税人（以下简称一般纳税人）从事增值税应税行为（提供货物运输服务除外）统一使用增值税专用发票（以下简称专用发票）和增值税普通发票，一般纳税人提供货物运输服务统一使用货物运输业增值税专用发票（以下简称货运专用发票）和普通发票。

小规模纳税人提供货物运输服务，接受方索取货运专用发票的，可向主管税务机关申请代开货运专用发票。代开货运专用发票按照代开专用发票的有关规定执行。

（二）2012 年 1 月 1 日以后试点地区纳税人不得开具公路、内河货物运输业统一发票。

（三）试点地区提供港口码头服务的一般纳税人可以选择使用定额普通发票。

（四）试点纳税人 2011 年 12 月 31 日前提供改征增值税的营业税应税服务并开具发票后，如发生服务中止、折让、开票有误等，且不符合发票作废条件的，应开具红字普通发票，不得开具红字专用发票。对于需重新开具发票的，应开具普通发票，不得开具专用发票（包括货运专用发票）。

（五）试点地区从事国际货物运输代理业务的一般纳税人，应使用六联增值税专用发票或五联增值税普通发票，其中第四联用作购付汇联；从事国际货物运输代理业务的小规模纳税人开具的普通发票第四联用作购付汇联。

（六）为保障改革试点平稳过渡，上海市试点纳税人发生增值税应税行为，需要开具除专用发票（包括货运专用发票）和增值税普通发票以外发票的，在 2012 年 3 月 31 日前可继续使用上海市地税局监制的普通发票。

二　税控系统使用有关问题

自 2012 年 1 月 1 日起，试点地区新认定的一般纳税人（提供货物运输服务的纳税人除外）使用增值税防伪税控系统，提供货物运输服务的一般纳税人使用货物运输业增值税专用发票税控系统。试点地区使用的增值税防伪税控系统专用设备为金税盘和报税盘。纳税人应当使用金税盘开具发票，使用报税盘领购发票、抄报税。

三　货运专用发票开具有关问题

（一）一般纳税人提供应税货物运输服务使用货运专用发票，提供其他应税项目、免税项目或非增值税应税项目不得使用货运专用发票。

（二）货运专用发票中“承运人及纳税人识别号”栏内容为提供货物运输服务、开具货运专用发票的一般纳税人信息；“实际受票方及纳税人识别号”栏内容为实际负担运输费用、抵扣进项税额的一般纳税人信息；“费用项目及金额”栏内容为应税货物运输服务明细项目不含增值税额的销售额；“合计金额”栏内容为应税货物运输服务项目不含增值税额的销售额合计；“税率”栏内容为增值税税率；“税额”栏为按照应税货物运输服务项目不含增值税额的销售额和增值税税率计算的增值税额；“价税合计（大写）（小写）”栏内容为不含增值税额的销售额和增值税额的合计；“机器编号”栏内容为货物运输业增值税专用发票税控系统税控盘编号。

（三）税务机关在代开货运专用发票时，货物运输业增值税专用发票税控系统在货运专用发票左上角自动打印“代开”字样；货运专用发票“费用项目及金额”栏内容为应税货物运输服务明细项目含增值税额的销售额；“合计金额”栏和“价税合计（大写）（小写）”栏内容为应税货物运输服务项目含增值税额的销售额合计；“税率”栏和“税额”栏均自动打印“＊＊＊”；“备注”栏打印税收完税凭证号码。

（四）一般纳税人提供货物运输服务，开具货运专用发票后，发生应税服务中止、折让、开票有误以及发票抵扣联、发票联均无法认证等情形，且不符合发票作废条件的，需要开具红字货运专用发票的，实际受票方或承运人应向主管税务机关填报《开具红字货物运输业增值税专用发票申请单》（附件1），经主管税务机关审核后，出具《开具红字货物运输业增值税专用发票通知单》（附件2，以下简称《通知单》）。承运方凭《通知单》在货物运输业增值税专用发票税控系统中以销项负数开具红字货运专用发票。《通知单》暂不通过系统开具和管理，其他事项按照现行红字专用发票有关规定执行。

四 货运专用发票管理有关问题

（一）货运专用发票暂不纳入失控发票快速反应机制管理。

（二）货运专用发票的认证结果、稽核结果分类暂与公路、内河货物运输业统一发票一致，认证、稽核异常货运专用发票的处理暂按照现行公路、内河货物运输业统一发票的有关规定执行。

（三）对稽核异常货运专用发票的审核检查暂按照现行公路、内河货物运输业统一发票的有关规定执行。

五 本公告自2012年1月1日起实施

特此公告。

二〇一一年十二月二十六日

南昌高新区：促进投融资服务体系建设若干扶持政策（试行）

为促进南昌高新区投融资服务体系建设，根据《南昌高新区关于加强投融资服务体系建设的若干意见》，结合高新区实际，特制定以下扶持政策。

一　促进企业上市的扶持政策

（一）拟上市企业改制时，经具备资格的会计师事务所审计确认的账面净资产值不高于经资产评估机构评估的净资产值的，工商部门应允许拟上市企业按经审计确认的净资产值验资并折股整体变更设立股份有限公司。

（二）拟上市企业在改制上市过程中，因重组改制而增缴的营业税、增值税、企业所得税以及将盈余公积、未分配利润转增为自然人股本所缴纳的个人所得税等，征缴后高新区地方留成部分全额对企业或个人给予补贴。

（三）拟上市企业完成股份制改造和股份有限公司注册登记，同时在注册成立后60个工作日内将股份有限公司注册文件报送管委会的，给予该企业（公司）50万元的奖励。

（四）对获得江西省证监局辅导备案验收报告的拟上市企业给予50万元的奖励。

（五）拟上市企业首发申请材料或上市公司再融资（包括配股、增发和发行可转换债券、公司债券）申请材料被中国证监会正式受理后，凭受理文件，给予该企业（公司）100万元的奖励。

（六）拟上市企业实现挂牌上市，给予企业经营决策层100万元的资金奖励。

（七）对注册地迁入我区的上市公司（含异地“借壳”上市后迁入），给予100万元的奖励。

（八）拟上市企业改制上市及上市公司再融资过程中，办理土地使用权证、房产证、资质等级证、自有工业产权证过户，工商税务变更登记、房地产及水、电、通讯等设施过户、资产转让等有关行政事业性收费事项，实际控制人没有发生重大变化的，视为变更登记，只收工本费。因历史原因未办理产权证并无争议的，按历史遗留问题处理，依法补齐权证并列入企业资产，收费项目凡政策规定能够免收的一律免收，不能免收的一律按最低标准收取。

（九）拟上市企业申请政府预算内的各类技术改造、技术开发与创新、科技成果转化以及产业化等专项资金，凡符合条件的，要优先予以安排。

（十）扶持上市企业发展。企业上市后的3年内，按照该公司年度新增企业所得税高新区地方留成部分的20%给予补助。

（十一）引导募集资金投向。以中国证监会核准的招股说明书为依据，如果企业70%以上的上市募集资金计划在南昌高新区投资，且上市后严格执行原募集资金使用计划的，在其募集资金投资计划南昌高新区部分开始实施之日起3年内，参照该公司年度新增企业所得税高新区地方留成部分40%的额度给予资金补助，但不能同时享受前款“扶持上市企业发展”的补助。

（十二）强化项目落地支持。对拟上市企业和上市公司投资符合国家产业政策的项目以及募集资金投资项目，所需的建设用地，采取“一企一议”的方法在同等条件下予以优先安排。对拟上市企业、上市公司涉及的土地使用权证、房产证办理等事项，管委会各有关部门将本着积极支持的原则，依法依规为企业上市融资做好服务，实行“绿色通道”制度，特事特办、急事急办，简化手续，加快办理。对上市公司利用上市募集资金投资建设的项目，凡符合国家、省市产业发展导向的，一律列为本级重点项目，并优先上报纳入国家、省市级重点项目。

（十三）优化上市企业人才环境。对在境内外证券市场首次发行股票的公司一次性按募集资金总额的2‰奖励其高管人员，奖励最高不超过100万元；上市公司再融资按实际募集资金的0.5‰奖励其高管人员，募集资金投资我区按投资额的0.5‰再给予奖励，两项奖励累计不超过100万元。企业上市后，对保荐机构奖励30万元。实行上市公司员工子女与本区居民同等就学待遇，优先办理上市公司引进人才户籍迁入，吸引更多高端人才汇聚上市企业。

二　鼓励金融机构落户的扶持政策

（一）扶持对象及条件：金融机构总部是指注册地址、税务关系在高新区，注册资本或净资产2000万元以上，上年度营业收入1亿元以上，在高新区纳税地方留成部分原则上不低于300万元的银行、证券公司、基金管理公司、保险公司、信托投资公司、租赁公司等具有法人性质的金融机构。金融机构地区总部，是指银行、证券公司、基金管理公司、保险公司、信托投资公司、租赁公司的分公司（分行）以及直接隶属于法人机构单独设立的业务总部、营运总部、资金中心、研究中心等。

（二）为鼓励金融机构落户高新区，对在高新区新设立银行、证券公司、基金管理公司、保险公司、信托投资公司、租赁公司总部的，按注册资本的2%给予一次性奖励，原则上不超过200万元；新设立地区总部的，按注册资本的2%给予一次性奖励，原则上不超过100万元。

（三）在高新区的金融机构总部或地区总部，其本部因业务发展需要在区内新建自用办公用房，按每平方米200元的标准给予一次性补贴，最高不超过400万元，享受补贴的办公用房5年内不得对外出售。

（四）在高新区的金融机构总部或地区总部，其本部因业务发展需要在区内购置自用办公用房，按每平方米500元的标准给予一次性补贴，最高不超过400万元，享受补贴的办公用房5年内不得对外租售。

（五）在高新区的金融机构总部或地区总部，在区内新租赁自用办公房的，第一年高新区给予房租全额补贴，第二年房租补贴70%，第三年补贴50%，第四年补贴30%。金融机构所需面积由管委会和金融机构根据需要协商确定，房屋租金价格由管委会与出租方洽谈确定；新租赁自用办公用房的物业管理费，按管理费的50%给予补贴。年补贴总金额不超过该金融机构当年在高新区纳税地方留成部分。享受租房、物业管理费补贴的办公用房补贴期内不得对外租售。

（六）金融机构引进的高端金融人才，服务一年以上，经区人事劳动局认定后，给予一次性安家费 2 万元。原则上一家金融机构不超过 5 人。

（七）在高新区的金融机构总部副职待遇以上、地区总部正职待遇以上高管人员（含持暂住证、人才证人员）的子女，在义务教育阶段，按教育部门的要求提交有关材料后，由区社发局就近安排学校就读，免借读费。

（八）对入驻高新区独立核算的法人制金融企业，在高新区缴纳“三税”（即营业税、增值税和企业所得税）之和在 500 万元以上（含 500 万元）的，“三税”之和高新区地方留成部分的 50% 奖励企业，期限 3 年。

（九）对税务关系在高新区且在其金融机构连续工作期满一年及以上的高管人员（原则上不超过 5 人），给予个人所得税奖励，期限 3 年。奖励标准按其缴纳个人所得税高新区地方留成部分全额予以奖励。

三　鼓励创业风险投资发展的扶持政策

（一）对新办的股权投资机构、股权投资管理公司以及会计师事务所、律师事务所、审计师事务所、资产评估公司等金融中介服务机构缴纳的企业所得税、营业税，按其对高新区财政地方留成部分的 50% 予以奖励。

（二）对新办的上述机构副职以上的高级管理人员（最多不超过 5 人）的工资性收入，按其缴纳的个人所得税高新区地方留成部分的全额予以奖励，期限不超过 3 年。

（三）对新办的上述机构在高新区内新租赁自用办公房的，第一年高新区给予房租全额补贴，第二年房租补贴 70%，第三年补贴 50%，第四年补贴 30%。股权投资机构、股权投资管理公司等所需面积应由管委会和股权投资机构、股权投资管理公司根据需要协商确定；房屋租金价格由管委会与出租方洽谈确定；新租赁自用办公用房的物业管理费，按管理费的 50% 给予补贴。年补贴总金额不超过该金融机构当年在高新区纳税地方留成部分。享受租房、物业管理费补贴的办公用房补贴期内不得对外租售。

（四）股权投资机构、股权投资管理公司应符合以下条件：

1. 股权投资机构的注册资本应不低于 3000 万元，出资方式限于货币形式。股东或合伙人应当以自己的名义出资。其中单个自然人股东（合伙人）的出资额应不低于100万元；

2. 股权投资管理公司的注册资本应不低于100万元，经营期限不少于10年；

3. 有经验丰富的管理团队。管理团队至少具有3名从事科技型企业投资或相关业务三年以上的专业管理人员和核心业务人员；具有在高新技术企业投资或融资担保方面的管理能力和业绩；

（五）股权投资机构投资高新区内企业的，对其当年新增投资部分，给予实际投资额3%的风险补助，同一投资机构投资同一企业的，累计补助的金额不超过50万元。

四 促进中小企业信用担保机构发展的扶持政策

（一）扶持对象和条件：

1. 工商、税务注册在高新区且注册资金在1000万元（含）以上，按国家有关中小企业信用担保规定进行管理和财务核算的信用担保机构；

2. 担保业务收入占营业总收入的50%以上，担保费率在同期银行贷款基准利率的50%以内；

3. 担保机构当年未发生违法违纪现象。

（二）补助方式和标准

1. 上规模奖

注册资金在1000万—3000（含）万元的，注册资金到位后奖励10万元；

注册资金在3000万—5000（含）万元的，注册资金到位后先奖励15万元，待担保额达到注册资金后再奖励10万元；

注册资金在5000万元以上的，注册资金到位后先奖励25万元，待担保额达到注册资金后再奖励25万元。

2. 地方贡献奖

年实缴税金在20万元（含）以上的新办担保机构，自开业之日起，三年内实现的营业税、企业所得税等形成的高新区地方留成部分全额予以奖励。

对新办的担保机构经营管理层（原则上不超过5人），自开业之日起三年内缴纳的个人所得税，按高新区地方留成部分的全额予以奖励。

3. 风险补偿

风险补偿仅指被担保企业工商、税务关系注册在高新区内的中小企业。对单个中小企业年平均担保额在500万元以下的，补贴担保额的2%；在500万—1000万元的（不含1000万元），补贴担保额的1.5%；在1000万—2000万元的，补贴担保额的1%；2000万元以上的，补贴担保额按2000万元计算。

五　促进科技型中小企业融资的扶持政策

（一）鼓励实施科技保险工作。设立高新区科技保险专项补助资金，专门用于科技保险专项补助资金的使用。

1. 对参加相关科技保险险种的科技型企业，高新区给予相应补助。在其享受南昌市相关政策的基础上，经高新区同意，高新区再给予1：0.5的资金配套，即投保财产类和责任保险类的最高按其实际保费支出的25%一次性补助，投保信用保证保险类给予最高按其实际保费支出的20%一次性补助，投保人身类的最高按其实际保费支出的15%给予一次性补助。若当年未享受南昌市相关政策的参保企业，经高新区同意，高新区参照南昌市相关政策，给予同等比例资金补助，但不再给予配套。每家企业每年最高补助标准不超过50万元。

2. 建立南昌高新区科技保险服务平台，由高新区财政每年安排一定的专项经费作为服务平台的管理费用。

（二）鼓励知识产权质押融资。设立高新区知识产权质押补助资金，专门用于知识产权质押补助资金的使用。

1. 对科技型企业以知识产权质押获得银行贷款所产生的利息进行贴息。在其享受南昌市相关政策的基础上，经高新区同意，高新区再给予1：0.5的配套贴息，即贴息比例为贷款利息的25%，贴息时间为1年，若当年未享受南昌市相关政策的企业，经高新区同意，高新区参照南昌市相关政策，给予同等比例资金贴息，但不再给予配套。每家企业每年享受贴息总额不超过30万元。

2. 获得银行知识产权质押贷款的项目，按贷款金额的2%，对知识产权质押融资发生的无形资产评估费、知识产权检索等中介机构服务费给予补贴，每个项目最高额度不超过10万元。

3. 建立南昌高新区知识产权质押融资服务平台，由高新区财政每年安排一定的专项经费作为服务平台的管理费用。

（三）鼓励大学科技园和科技孵化器开展科技金融工作。

1. 对国家级大学科技园和科技孵化器在高新区内建设科技孵化大楼、公共服务平台等软、硬件设施项目发生的银行贷款给予贴息。

（1）对建设科技孵化大楼等硬件设施项目，开工建设 1 年内（连续 12 个月）实际完成投资 1000 万元以下、1000 万—2000 万元、2000 万—3000 万元、3000 万元以上四个档次，根据项目建设实际发生的银行贷款，给予贷款利息的 50% 贴息，同时分别给予不超过 50 万元、100 万元、200 万元、300 万元的 1 年期贴息支持。

（2）对建设公共服务平台等软、硬件设施项目发生的银行贷款，给予贷款利息的 50% 贴息。贴息时间为 2 年，每年享受贴息总额不超过 50 万元。

2. 鼓励高新区内国家级大学科技园、科技孵化器和中小企业服务机构对区内初创期科技型提供创业辅导、融资服务和技术服务。

（1）对年销售额 5000 万元以下、净资产 5000 万元以下的科技型企业进行创业投资，经高新区同意，给予投资机构风险奖励。对单个投资项目按具体投资额的 8% 给予奖励，分两次到位。当创业投资资金实际到位后，按其投资额的 5% 给予奖励；在该项目投资期满后，经管委会验收同意，按实际投资额的 3% 再次给予奖励。每个机构年享受金额累计不超过 100 万元。

（2）受惠项目企业必须承诺在高新区经营、纳税 5 年以上，否则将向机构追回高新区奖励资金。

3. 高新区设立科技创业引导基金（以下简称引导基金）。对国家级大学科技园、科技孵化器和中小企业服务机构（以下简称创业投资机构）选定投资的科技型中小企业，在选定投资项目后或实际完成投资 1 年内，经高新区管委会审核认定，高新区可以申请跟进投资，由引导基金与创业投资机构共同投资。

（1）引导基金按上述投资机构实际投资额 50% 以下的比例跟进投资，每个项目不超过 100 万元人民币。

（2）引导基金跟进投资形成的股权委托共同投资的创业投资机构管理。高新区管委会应当与共同投资的创业投资机构签订《股权托管协议》，明确双方的权利、责任、义务、股权退出的条件或时间等。

（3）引导基金按照投资收益的30%向共同投资的创业投资机构支付管理费和效益奖励，剩余的投资收益由引导基金收回。

（4）引导基金投资形成的股权原则上在5年内退出。股权退出由共同投资的创业投资机构负责实施。

（5）共同投资的创业投资机构不得先于引导基金退出其在被投资企业的股权。

（6）受惠企业必须承诺在高新区经营、纳税5年以上，否则高新区将无条件撤回资金。

3. 国家级大学科技园、科技孵化器和中小企业服务机构引进入驻在其园区内的科技金融机构及中介机构，经高新区认定后，享受同等的房租、税收等政策。

六　附则

（一）设立总额1亿元的投融资服务体系扶持专项资金，用于对企业上市、引进金融机构、股权投资、融资担保及科技型中小企业融资的补助和奖励。

（二）申请享受扶持政策的企业和机构，其工商注册、税务登记必须在南昌高新区。

（三）企业或机构申请享受前述优惠政策时应承诺五年内不迁离南昌高新区；如确需迁离的，必须退还所得奖励和补贴。

（四）符合条件的企业和机构在申请相关扶持政策时，如有本政策之外的其他同类优惠政策的，按从高不重复享受的原则适用。

（五）对引进的重大项目，可实行一企一策的优惠政策。

（六）本政策自发布之日起实施，试行1年，由高新区金融办、财政局负责解释。

财政部 国家税务总局：《关于金融企业贷款损失准备金企业所得税税前扣除政策的通知》

财税［2012］5号

各省、自治区、直辖市、计划单列市财政厅（局）、国家税务局、地方税务局、新疆生产建设兵团财务局：

根据《中华人民共和国企业所得税法》及《中华人民共和国企业所得税法实施条例》的有关规定，现就政策性银行、商业银行、财务公司、城乡信用社和金融租赁公司等金融企业提取的贷款损失准备金税前扣除政策问题，通知如下：

一、准予税前提取贷款损失准备金的贷款资产范围包括：

（一）贷款（含抵押、质押、担保等贷款）；

（二）银行卡透支、贴现、信用垫款（含银行承兑汇票垫款、信用证垫款、担保垫款等）、进出口押汇、同业拆出、应收融资租赁款等各项具有贷款特征的风险资产；

（三）由金融企业转贷并承担对外还款责任的国外贷款，包括国际金融组织贷款、外国买方信贷、外国政府贷款、日本国际协力银行不附条件贷款和外国政府混合贷款等资产。

二、金融企业准予当年税前扣除的贷款损失准备金计算公式如下：

准予当年税前扣除的贷款损失准备金 = 本年末准予提取贷款损失准备金的贷款资产余额 ×1% – 截至上年末已在税前扣除的贷款损失准备金的余额。

金融企业按上述公式计算的数额如为负数，应当相应调增当年应纳税所得额。

三、金融企业的委托贷款、代理贷款、国债投资、应收股利、上交央行准备金以及金融企业剥离的债权和股权、应收财政贴息、央行款项等不承担风险和损失的资产，不得提取贷款损失准备金在税前扣除。

四、金融企业发生的符合条件的贷款损失，应先冲减已在税前扣除的贷款损失准备金，不足冲减部分可据实在计算当年应纳税所得额时扣除。

五、金融企业涉农贷款和中小企业贷款损失准备金的税前扣除政策，凡按照《财政部国家税务总局关于延长金融企业涉农贷款和中小企业贷款损失准备金税前扣除政策执行期限的通知》（财税［2011］104 号）的规定执行的，不再适用本通知第一条至第四条的规定。

六、本通知自 2011 年 1 月 1 日起至 2013 年 12 月 31 日止执行。

财政部　国家税务总局

二〇一二年一月二十九日

宁波市人民政府:《关于全市金融支持实体经济发展的若干意见》

甬政发［2012］27号

各县（市）区人民政府，市政府各部门、各直属单位：

实体经济是社会财富和综合国力的基础，也是金融业的立业之基、发展之源。在全市上下深入开展“三思三创”实践活动、全力实施“六个加快”发展战略之际，为发挥金融在经济社会发展中的重要作用，促进金融更好地服务于实体经济，从而推动我市经济金融良性互动、健康发展。经研究，特提出如下意见：

一 指导思想

认真贯彻中央经济工作会议、全国金融工作会议精神，坚持科学发展，以支持实体经济发展作为金融工作的主线，以改革创新为动力，解放思想，拓宽视野，银政企和衷共济，努力保持信贷合理增长，大力开拓多元化融资新渠道，积极利用市内外各类资金，切实为实体经济发展提供有力保障，不断创新金融产品和优化服务，着力维护优良的金融生态，确保我市经济社会持续健康发展。

二 明确目标，千方百计保障支持实体经济发展的合理信贷总量

（一）保持信贷投放的领先增长地位。各金融机构要确保信贷总量与实体经济的发展需求相适应，妥善解决资金来源与运用之间的矛盾，努力

向上争取新增信贷规模、总行直贷项目或单列指标，积极利用资产转让、行内银团、境外代付、内保外贷等新兴融资品种，盘活现有信贷存量，腾出信贷规模，放大银行信用，引入市外资金，增加我市实体经济信贷投放。各总部型银行业金融机构要合理安排流动性，将信贷资源优先支持我市的实体经济发展需要。2012 年，力争全市金融机构本外币新增贷款增量不低于上年，增速不低于全省平均水平。

（二）着力提高信贷支持实体经济的有效性。各商业银行要严格执行《关于做好“六个加快”资金要素保障的指导意见》（甬党办［2011］37 号），加强信贷政策与产业政策、财政政策的协调配合，注重投放节奏与实体经济的运行节奏相衔接，突出信贷投放重点，要以总行直贷、银团贷款等形式加强对我市重大产业和基础设施项目、“4+4+4”产业升级工程和产业转型升级的信贷资金保障，提高对航运物流企业、科技型企业、文化创意产业、中小微企业和“三农”的支持力度和专业化服务水平。支持我市海洋经济发展核心示范区建设，加强对港航服务业、临港先进制造业、海洋新兴产业和海岛资源开发等领域的金融支持，2012 年力争涉海信贷投入增速高于各项贷款增速。

三 多措并举，大力拓宽支持实体经济发展的多元化融资渠道

（三）不断提高我市直接融资比重。各部门、各机构要加强宣传培训和引导对接力度，落实好市政府《关于加快推进宁波企业直接融资发展的若干意见》（甬政发［2012］26 号），力争 2012 年我市债务融资工具发行量超过上年。稳步开展厂商租赁、直租、售后回租等融资租赁业务，探索单船单机融资租赁业务。充分利用昆仑信托的平台与集团资源，通过单一信托、集合信托、股权信托等方式，募集央企及社会资金投入实体经济领域，力争 2012 年在我市的资金投放不低于 100 亿元。

（四）全力推动企业上市和上市公司资源整合。各级党委、政府要加大考核和激励力度，落实好《关于加快推进宁波企业上市的若干意见》（甬政办发［2011］135 号），不断完善区域资本市场组织体系。市发改委、经信委、国资委、金融办、财政局等部门要建立专门的工作机制，研究、谋划和协调推进上市公司并购重组和资源整合，充分发挥“壳资源”

作用，提高上市公司质量，不断扩大再融资规模。力争 2012 年有 10 家企业发行上市。

（五）鼓励金融机构积极开展债券承销业务。各地各部门要像抓上市一样抓企业债券融资，积极协调金融机构与符合条件的企业进行对接，通过政策激励、平台搭建、全程服务等手段，提高我市金融机构开展债券承销等投资银行业务的积极性和实效。对辖内企业通过银行间市场发行债券的，各县（市）区政府要积极帮助解决融资所需的增信、担保等问题，必要时可给予一定的贴息扶持，同时要引导承销有关的中介机构适当降低收费，以降低企业融资的综合成本。

（六）积极发挥保险的投融资功能。有效运用商业保险工具促进实体经济发展，继续做好城乡小额保证保险贷款扩面增量工作，优化调整共保体运行机制，改进银保合作模式，将小贷保险贷款额度列入全市信贷计划，力争年内贷款余额突破 30 亿元。大幅提高信保覆盖率和渗透率，加大企业“走出去”支持力度，推动信保融资业务发展，争取做到“三个确保”，即：“确保宁波信保规模全国占比高于宁波出口占比，确保信保覆盖面、授信额度满足率高于全国平均水平”，2012 年，帮助出口企业融资 50 亿元以上；大力推广保单质押贷款，探索引入保险机构参与我市养老产业项目投资开发，积极吸引保险资金直接投资重大项目，2012 年力争达到 30 亿元。

四　大胆突破，积极创新支持实体经济发展的金融产品与服务

（七）进一步开展针对实体经济发展的金融创新。各金融机构要深入开展调查研究，切实掌握实体经济金融服务需求，加快开发适合各类实体经济主体需要的金融产品。鼓励引导县（市）区政府因地制宜开展中小微企业融资创新工作，总结推广各地支持中小微企业及金融创新方面好的经验做法，创新金融服务方式。加强与行业协会、专业经济合作组织、社会中介等合作，创新适合需求特点的联动模式，提高金融服务的效率和水平。

（八）进一步发展壮大地方金融组织体系。加快总部型金融机构的培育与重组改制，加快宁波国际银行、象山绿叶城信社等地方法人金融机构

股改转制以及航运保险法人机构筹建，力争年内开业。加快各类新型中小金融组织的创新发展，推进镇海、慈溪等农村合作金融机构股份制改革，组建农村商业银行；进一步扩大村镇银行、小额贷款公司、资金互助社、保险互助社等新型金融组织试点范围，争取年内新开业小额贷款公司15家。

（九）进一步提升融资性担保机构的规模实力与专业能力。加快建立政策性、商业性、行业性、互助性等多元化的担保体系。采取财政性资金投入、吸引企业和社会自然人入股等多种方式，扩大我市融资性担保公司资本金规模。鼓励设立专业性担保公司，鼓励各地建立专门服务中小企业的应急周转资金和融资担保机构，探索建立市级再担保公司。

五　多管齐下，共同营造支持实体经济发展的良好金融环境

（十）各部门各司其职强化支持实体经济导向。全市各级各部门要统一思想，提高认识，结合实际制定配套政策和具体落实办法，努力为企业融资、产业升级转型和实体经济创新发展提供有力支持、便利服务和良好环境。各金融监管部门要充分考虑地方发展需要，实施差异化监管措施，有紧有松、张驰有度，做好监管引导，督促各机构有保有压，倾斜资源、创新产品、优化模式，通过考核导向提升服务实体经济水平和实效。各金融机构要切实守好第一道防线，加强信贷管理和风控制度建设，强化信贷资金流向及用途的合规性管理，确保信贷资金真正用于实体经济。

（十一）加大实体经济薄弱环节的支持力度。各金融机构要充分考虑当前企业生产经营状况和可承受能力，坚决做到“两不、三禁、两防”，严格落实银监会“七不准”禁止性规定，真正贯彻好《关于金融支持中小微企业发展的若干意见》（甬政办发［2011］310号），不上浮或少上浮贷款利率，不存贷挂钩、不搭售理财产品，主动清理不合理收费，切实降低中小微企业融资成本，加大信贷资源倾斜力度，2012年要努力实现“两个不低于”目标，确保小微企业和“三农”贷款不低于平均贷款增速，贷款增量不低于上年。

（十二）强化政策与配套措施的激励效应。各部门要认真贯彻落实《关于开展金融创新示范县（市）区试点工作的实施意见》（甬政办发

[2010] 260号）和《2012年度宁波市金融机构小微企业贷款考评奖励试行办法》等奖励政策，鼓励县（市）区政府因地制宜研究出台相关配套措施，通过政策引导信贷资金注入实体经济。允许银行业金融机构扩大小企业贷款奖励资金使用范围，对小企业金融服务成效突出的基层单位和个人进行奖励。支持和鼓励各金融机构按照获奖金额以一定比例自行配套奖励资金，以进一步发挥奖励资金对业务条线和基层支行人员的激励作用。

（十三）规范民间金融秩序和拓宽民间资本投资渠道。各地各有关部门要加强对民间借贷情况的调查摸底，对于企业之间因民间借贷发生纠纷的，要引导通过合法途径解决。加大非法金融打击力度，司法部门要重点加大对非法吸收公众存款、集资诈骗等查处力度，特别要严厉打击以放高利贷为生的黑恶势力。引导民间资本参与地方金融改革，鼓励民间资本参与发起设立或参股小额贷款公司、村镇银行等新型金融组织。支持发展各类股权投资、融资性担保、典当以及各类金融中介服务机构，以规范的民间金融组织挤压地下非法金融活动的空间。

本意见自公布之日起30日后施行。

二〇一二年二月二十八日

山东省中小企业办公室：《关于开展合同能源管理和设备融资租赁试点工作的通知》

鲁中小企办函［2012］18号

各市中小企业局（办）：

为认真贯彻省政府“十二五”节能减排综合性工作实施方案，进一步推动全省中小企业节能降耗工作的开展，根据省办今年工作安排，现将合同能源管理和设备融资租赁试点工作的有关要求通知如下：

一、各市按照择优的原则，选择有意向的2家合同能源管理或者设备融资租赁试点企业。合同能源管理试点可采用节能效益分享型、节能量保证型、节能设备租赁型和能源费用托管型。设备融资租赁方式亦可适用于其他技术改造项目。

二、各市主管部门可组织企业自主择优选择有资质的节能或融资租赁服务机构进行洽谈、合作，签约组织项目实施。

三、需要省办协调有关节能和融资租赁服务机构的，各市应按照省办确定的条件选择项目，填写“中小企业节能或融资租赁项目申报表”，并附项目实施内容和方式，省办可推荐具有资质的服务机构与试点企业对接、洽谈，在自愿基础上签约。

四、试点项目经省办组织验收，达到合同约定效果的企业，可经省办审核，认定为“节能降耗示范企业”。示范企业完成的合同能源管理项目，采取设备融资租赁方式的，视同贷款项目；在申报年度重点投资项目专项补助时，可对符合申报条件的项目按贷款贴息方式给以补助。

五、需省办协助推荐服务机构的，应按选择条件选择试点企业并填写附表，加盖公章，一式三份连同电子版，于4月30日前报省办。自主择优选择服务机构的，项目签约之后将实施项目名单随时上报省办。

联系人：孙学山

联系电话：0531—82037226

电子信箱：sunxsh0055718@163.com

附件：

1. 合同能源管理和设备融资租赁试点选择条件

2. 中小企业节能或融资租赁项目申报表

二〇一二年三月二十一日

商务部流通发展司：《关于开展第九批内资融资租赁试点工作的通知》

各省、自治区、直辖市、计划单列市及新疆生产建设兵团商务主管部门：

自2004年起，商务部会同国家税务总局开展了八批内资融资租赁试点工作，促进了融资租赁业发展。为贯彻落实《商务部关于“十二五”期间促进融资租赁业发展的指导意见》（商流通发［2011］487号），充分发挥租赁业在扩大内需、支持中小企业发展、创新融资方式、拓展海外市场、促进经济发展方式转变等方面的作用，进一步促进融资租赁行业健康快速发展，根据《商务部、国家税务总局关于从事融资租赁业务有关问题的通知》（商建发［2004］560号）有关规定，商务部拟于近期开展第九批内资租赁企业从事融资租赁业务试点工作。现将有关事项通知如下：

一　第九批试点企业条件

（一）试点企业应具备《商务部 国家税务总局关于从事融资租赁业务有关问题的通知》（商建发［2004］560号）第四条规定的基本条件；

（二）除符合上述基本条件外，第九批试点要重点推荐以下企业：

1. 主要股东具有工业制造、大型工程施工及基础设施建设等领域背景；

2. 为各类国家重点开发新区、国家经济改革发展试验区的经济建设提供配套服务；

3. 对飞机、船舶、汽车、工程机械制造等产业链发展具有较强带动作用；

4. 具有较强的海外市场开拓能力；

5. 具有较强服务中小企业和“三农”的能力；

6. 经营管理方式对行业发展具有较强示范带动作用。

二 企业需提交的材料

（一）试点申请书，内容包括拟试点公司的名称、注册所在地、注册资本金、股权结构、业务范围等；

（二）各投资方签署的可行性研究报告，内容包括对拟试点公司的市场前景分析、未来业务发展规划、公司开展融资租赁业务后3年赢利预测等；

（三）营业执照副本（复印件）

（四）公司章程，企业内部管理制度及风险控制制度文件；

（五）股东具体信息，包括股东名称、法定代表人、注册地址、营业执照复印件及营业情况等材料；

（六）拟任（或现任）高级管理人员名单、详细履历及任职资格证明材料；

（七）具有资格的会计师事务所出具的被推荐企业（或主要股东）近三年财务会计报告；地方工商管理机关出具的被推荐企业（或主要股东）近两年没有违法违规纪录证明。

三 工作程序

（一）省级或计划单列市商务主管部门负责组织推荐试点企业，指导企业认真准备试点材料，对有关材料进行严格审核，并出具正式推荐函。中央直属企业拟申报内资融资租赁试点的，应向试点企业注册地省级或计划单列市商务主管部门提出申请。

（二）省级或计划单列市商务主管部门于5月4日前向商务部报送试点材料，一式两份（需装订成册）。商务主管部门的推荐函应每家试点企业出具一份。

（三）商务部会同国家税务总局对企业申报材料进行审核后，对符合条件的试点企业予以确认。

各地商务主管部门要结合贯彻落实《商务部关于“十二五”期间促进融资租赁业发展的指导意见》工作，组织推荐试点企业，按时报送有关材料，工作中的有关问题请及时与我司沟通。

二〇一二年四月二日

北京中关村：《关于中关村国家自主创新示范区促进融资租赁发展的意见》

根据国务院批复的《中关村国家自主创新示范区发展规划纲要(2011—2020年)》和《商务部关于“十二五”期间促进融资租赁业发展的指导意见》（商服贸发［2011］487号）等有关文件精神，为将中关村国家自主创新示范区（以下简称中关村示范区）建设成为国家科技金融创新中心，促进科技和金融的结合，加快推进中关村示范区现代服务业试点，进一步发挥融资租赁支持战略性新兴产业发展的重要作用，现提出如下意见：

一　鼓励在中关村示范区新设和引进融资租赁企业

鼓励各类出资主体在中关村示范区设立金融租赁公司、外商投资融资租赁公司、内资融资租赁公司（以下统称融资租赁企业）。

中关村示范区新设立或引进的金融租赁公司，按照《关于促进首都金融业发展的意见实施细则》（京发改［2005］2735号）的规定，经北京市金融服务工作领导小组批准，可以享受一次性资金补助政策，所需资金由市区两级各分担50%。

鼓励各区县政府比照对金融租赁公司的支持政策，加大对外商投资融资租赁公司、内资融资租赁公司的支持。对2012年起新设立或新迁入海淀区，具备独立法人资格且在海淀区注册纳税的外商投资融资租赁公司、内资融资租赁公司，由海淀区人民政府给予政策支持。

二　对融资租赁企业给予购（建、租）房补贴

鼓励各区县政府对融资租赁企业给予购（建、租）房补贴。2012年

起新设立或新迁入海淀区，具备独立法人资格且在海淀区注册纳税的融资租赁企业，购置或自建办公用房的，由海淀区人民政府给予每平方米1000元人民币的一次性补贴，补贴面积不超过500平方米。融资租赁企业租用办公用房的，享受3年租金补贴。第一年补贴租金的50%，第二年补贴30%，第三年补贴10%，补贴面积不超过500平方米。

三 鼓励融资租赁企业面向中关村企业开展业务

鼓励有条件的中关村企业通过申请设立外商投资融资租赁公司或内资融资租赁公司直接开展融资租赁业务，实现产业资本和金融资本的有机结合。

鼓励合作的融资租赁企业为中关村企业提供融资租赁业务，中关村科技园区管理委员会按照对中关村企业实际开展的融资租赁业务总额的1%给予补贴，每家机构年度补贴额不超过500万元。

四 鼓励中关村企业通过融资租赁方式实现发展

鼓励中关村企业通过融资租赁的方式取得为科技研发和创新创业服务的设备、器材等，中关村科技园区管理委员会对企业融资租赁而发生的融资费用（包括租息和手续费）给予20%的补贴，年度补贴额不超过50万元，企业享受补贴的时限不超过三年。

五 鼓励融资租赁企业根据战略性新兴产业创业企业的特点不断创新融资租赁经营模式

在依法合规、持续稳健的前提下，鼓励融资租赁企业拓展新一代信息技术、节能环保、高端装备制造、新能源、新材料、生物医药等战略性新兴产业领域市场。鼓励融资租赁企业与产业技术联盟等建立紧密合作关系，根据战略性新兴产业领域创业企业的需求，不断开展产品创新和服务模式的创新。

引导融资租赁企业优化产品组合、交易结构、租金安排和风险控制，创新赢利模式，提升服务水平。鼓励融资租赁企业探索开展融资租赁与创业投资相结合、租赁债权与投资股权相结合的“创投+租赁”业务，为企业提供融资、管理等综合服务，不断拓宽服务领域。

六 鼓励融资租赁企业和其他机构合作，为企业提供多样化的服务

发挥中关村科技金融体系对融资租赁业发展的促进作用。在依法合规、持续稳健的前提下，鼓励融资租赁企业和银行、担保、小额贷款、保险等机构合作，构建多方参与的风险分担机制，为中关村企业提供组合金融服务。大力支持融资租赁企业为科技型中小微企业服务。

鼓励信用担保机构开展融资租赁担保业务，对合作的担保机构为中关村企业提供的融资租赁担保，中关村科技园区管理委员会按照担保额的比例给予一定的风险补贴支持，补贴额度按照有关规定实行年度总额控制。

七 支持行业组织和融资租赁中介机构发展

充分发挥行业协会的作用，大力支持融资租赁行业协会在中关村示范区开展信息咨询、统计分析、预测预警、培训教育、经验推广、业务交流等工作，增强行业协会在行业自律、监督、协调、服务等方面的功能。支持专业咨询、技术服务、鉴定评估、会计、律师、信用评级等与融资租赁业务密切相关的各类中介服务机构发展。推动建立高效运转的租赁物与二手设备流通市场，扩大租赁物的交易范围和规模，完善融资租赁资产退出机制。

八 搭建工作平台，加强公共服务

建立中关村企业和融资租赁企业之间的沟通机制，通过举办政策宣讲、投融资沙龙等多种方式，定期组织开展中关村企业和融资租赁企业的工作对接和交流。相关部门选取优先支持的中关村企业群体提供给融资租赁企业。

九 加强人才队伍建设，完善发展环境

优化人才发展环境，完善引进和培养融资租赁专业人才的激励机制，

支持融资租赁企业高级管理人员申报中央“千人计划”、北京市“海聚工程”和中关村“高聚工程”，努力培养一批具有国际视野和专业能力的融资租赁人才。积极营造有利于融资租赁发展的政策环境，研究推动支持融资租赁业发展的财税政策的制订和实施，发挥财政资金的引导作用，带动社会资金推动融资租赁业的发展。

十　加强组织协调，全面推动工作

建立中国人民银行营业管理部、中国银行业监督管理委员会北京监管局、北京市国家税务局、北京市地方税务局、北京市发展和改革委员会、北京市商务委员会、北京市金融工作局、中关村科技园区管理委员会、海淀区人民政府等相关部门参加的中关村融资租赁工作小组，办公室设在中关村科技园区管理委员会，从搭建服务平台、创新服务方式、培育市场体系、健全保障机制等方面加强组织实施，为融资租赁持续、快速、健康发展创造良好条件。

十一　关于资金补贴的相关事项，由海淀区人民政府和中关村科技园区管理委员会另行制订具体的实施细则或资金管理办法。

十二　本意见从发布之日起实施。2012 年 1 月 1 日以后，符合本办法条件的企业，适用本办法。

中关村科技园区管理委员会
中国人民银行营业管理部
中国银行业监督管理委员会北京监管局
北京市国家税务局
北京市地方税务局
北京市发展和改革委员会
北京市商务委员会
北京市金融工作局
海淀区人民政府
二〇一二年六月十九日

商务部：《关于商业保理试点有关工作的通知》

商资函［2012］419号

天津市、上海市商务委：

根据《商务部财政部人民银行银监会保监会关于推动信用销售健康发展的意见》（商秩发［2009］88号）、《商务部关于进一步推进商务领域信用建设的意见》（商秩发［2009］234号）等文件精神，为积极探索优化利用外资的新方式，促进信用销售，发展信用服务业，同意在天津滨海新区、上海浦东新区开展商业保理试点，探索商业保理发展途径，更好地发挥商业保理在扩大出口、促进流通等方面的积极作用，支持中小商贸企业发展，现就开展商业保理试点工作有关事项通知如下：

一　试点内容

设立商业保理公司，为企业提供贸易融资、销售分户账管理、客户资信调查与评估、应收账款管理与催收、信用风险担保等服务。

二　试点工作要求

（一）建立工作机制。试点地区商务主管部门为商业保理行业主管部门。主管部门应分别会同天津市、上海市人民政府相关部门和滨海新区、浦东新区人民政府加强沟通协调，建立工作机制。

（二）加强准入管理。商业保理公司的投资者应具备开展保理业务相应的资产规模和资金实力，不得以借贷资金和他人委托资金投资，有健全的公司治理结构和完善的风险内控制度，近期没有违规处罚记录。

申请设立商业保理公司，应当具有与其业务规模相适应的注册资本，拥有具有保理业务运营管理经验且无不良信用记录的高管人员。应建立开展保理业务相应的管理制度，健全相关业务流程和操作规范，定期将业务开展情况报主管部门。

（三）规范经营行为。开展商业保理原则上应设立独立的公司，不混业经营，不得从事吸收存款、发放贷款等金融活动，禁止专门从事或受托开展催收业务，禁止从事讨债业务。鼓励各类商业保理公司根据《国务院关于进一步支持小型微型企业健康发展的意见》（国发［2012］14 号）精神，面向中小微型企业提供服务，积极开展国际和国内保理业务。

（四）健全监管制度。试点地区商务主管部门要健全工作机制，牵头制订商业保理管理办法和指导性文件，建立日常监管机制，指导商业保理企业积极开展行业自律，并定期将试点情况报商务部。

三　试点工作安排

请试点地区商务主管部门根据上述要求制定试点实施方案，于 15 个工作日内书面报商务部，由商务部组织评审后正式施行。试点工作中遇到相关问题，请及时与商务部（外资司、市场秩序司）联系。

商务部

二〇一二年六月二十七日

财政部 海关总署 国家税务总局：《关于在天津东疆保税港区试行融资租赁货物出口退税政策的通知》

财税［2012］66号

天津市财政局、天津海关、天津市国家税务局：

根据《国务院关于天津北方国际航运中心核心功能区建设方案的批复》（国函［2011］51号）的规定，决定在天津东疆保税港区试行融资租赁货物出口退税政策。现将有关事项通知如下：

一 政策内容及适用范围

（一）对融资租赁出口货物试行退税政策。对在天津东疆保税港区注册的融资租赁企业或金融租赁公司在天津东疆保税港区设立的项目子公司（以下统称融资租赁出租方），以融资租赁方式租赁给境外承租人且租赁期限在5年（含）以上，并向天津境内口岸海关报关出口的货物，试行增值税、消费税出口退税政策。

融资租赁出口货物的范围，包括飞机、飞机发动机、铁道机车、铁道客车车厢、船舶及其他货物，具体应符合《中华人民共和国增值税暂行条例实施细则》（财政部 国家税务总局令第50号）第二十一条“固定资产”的相关规定。

（二）对融资租赁海洋工程结构物试行退税政策。对融资租赁出租方向国内生产企业购买，并以融资租赁方式租赁给境内列名海上石油天然气开采企业且租赁期限在5年（含）以上的海洋工程结构物，视同出口，试行增值税、消费税出口退税政策。

海洋工程结构物范围、退税率以及海上石油天然气开采企业的具体范围按照《财政部 国家税务总局关于出口货物劳务增值税和消费税政策的通知》（财税［2012］39号）文件有关规定执行。

（三）上述融资租赁出口货物和融资租赁海洋工程结构物不包括在海关监管年限内的进口减免税货物，不包括从区外进入天津东疆保税港区的原进口货物。

二 退税的计算和办理

（一）融资租赁出租方将融资租赁出口货物租赁给境外承租方、将融资租赁海洋工程结构物租赁给海上石油天然气开采企业，向融资租赁出租方退还其购进租赁货物所含增值税。融资租赁出口货物、融资租赁海洋工程结构物（以下统称融资租赁货物）属于消费税应税消费品的，向融资租赁出租方退还前一环节已征的消费税。

（二）计算公式为：

增值税应退税额 = 购进融资租赁货物的增值税专用发票注明的金额或海关（进口增值税）专用缴款书注明的完税价格 × 融资租赁货物适用的增值税退税率

融资租赁出口货物适用的增值税退税率，按照统一的出口货物适用退税率执行。

消费税应退税额 = 购进融资租赁货物税收（出口货物专用）缴款书上或海关进口消费税专用缴款书上注明的消费税税额。

（三）融资租赁出租方应当按照主管税务机关的要求办理退税认定和申报增值税、消费税退税。

（四）融资租赁出租方在进行融资租赁出口货物报关时，应在海关出口报关单上填写“租赁货物（1523）”方式。海关依融资租赁出租方申请，对符合条件的融资租赁出口货物办理放行手续后签发出口货物报关单（出口退税专用，以下称退税证明联），并按规定向国家税务总局传递退税证明联相关电子信息。

（五）融资租赁出租方凭购进融资租赁货物的增值税专用发票或海关进口增值税专用缴款书、与承租人签订的融资租赁合同、退税证明联（融资租赁海洋工程结构物退税免予提供）、向海洋工程结构物承租人开具的发票以及主管税务机关要求出具的其他要件，向主管税务机关申请办理退税手续。上述用于融资租赁货物退税的增值税专用发票或海关进口增值税专用缴款书，不得用于抵扣内销货物应纳税额。

融资租赁货物属于消费税应税货物的，若申请退税，还应提供有关消费税专用缴款书。

（六）对承租期未满而发生退租的融资租赁货物，融资租赁出租方应及时主动向税务机关报告，并按照规定补缴已退税款，对融资租赁出口货物，再复进口时融资租赁出租方应按照规定向海关办理复运进境手续并提供主管税务机关出具的货物已补税或未退税证明，海关不征收进口关税和进口环节税。

三　有关定义

本通知所述融资租赁企业，仅包括金融租赁公司、经商务部批准设立的外商投资融资租赁公司以及经商务部和国家税务总局共同批准开展融资业务试点的内资融资租赁企业。

本通知所述金融租赁公司，仅包括经中国银行业监督管理委员会批准设立的金融租赁公司。

本通知所称融资租赁，是指融资租赁出租方根据承租人（单位或个人）对租赁物和供货人的选择或认可，将其从供货人取得的租赁物按合同约定出租给承租人占有、使用，向承租人收取租金的交易活动。

四　融资租赁货物退税的具体管理办法由国家税务总局另行制定。

五　本通知自 2012 年 7 月 1 日起执行。融资租赁出口货物的，以退税证明联上注明的出口日期为准；融资租赁海洋工程结构物的，以融资租赁出租方开具的发票日期为准。

财政部　海关总署　国家税务总局

二〇一二年七月二十六日

天津市财政局等部门：《关于落实融资机构向天津市小型微型企业提供融资服务财政奖励政策的通知》

各有关单位：

根据市委办公厅《关于印发〈关于当前促进经济发展的25条措施〉的通知》（津党办发［2012］10号）、市政府《关于大力支持小型微型企业发展的若干意见》（津政发［2012］4号）的有关精神，为落实融资机构向我市小型微型企业提供融资服务财政奖励政策，现将有关问题通知如下：

一、融资机构范围。在我市注册的银行业金融机构、小额贷款公司、融资租赁公司、商业保理公司和财产保险公司。

二、奖励标准。从2012年起3年内，对融资机构向我市小型微型企业发放的本外币贷款（含票据贴现），以及提供的融资租赁额、保理额、融资的保险额，由市财政按当年年末余额比上年末增加部分给予奖励，每增加1亿元奖励30万元。若上年末余额低于2011年末余额，则按超过2011年末余额计算增加额。

三、小型微型企业的认定标准。按照《工业和信息化部 国家统计局 国家发展和改革委财政部关于印发中小企业划型标准规定的通知》（工信部联企业［2012］300号），认定小型微型企业。

四、申报、审核及拨款程序。

（一）融资机构应于年度终了后4个月内，按要求填写《财政奖励申请表》及受理部门规定的其他资料，报送下列受理部门：银行业金融机构和金融租赁公司报送人民银行天津分行和天津银监局；小额贷款公司和商业保理公司报送市金融办；融资租赁公司报送市商务委；财产保险公司报送天津保监局。过期不申报，视同放弃。

（二）受理部门会同市财政局于 5 月底前对增加额进行审核认定。

（三）融资机构收到市财政局下达的拨款文件后，应及时到市财政局办理《其他单位账户存根》手续，市财政局据此拨付奖励资金。

五、本政策自 2012 年 1 月 1 日起执行，至 2014 年 12 月 31 日止。

天津市财政局
天津市人民政府金融服务办公室
中国人民银行天津分行
中国银行业监督管理委员会天津监管局
中国保险监督管理委员会天津监管局
天津市商务委员会
二〇一二年七月三十日

商务部流通发展司:《关于开展第十批内资融资租赁试点工作的通知》

商流通司函［2012］75号

各省、自治区、直辖市、计划单列市及新疆生产建设兵团商务主管部门:

为贯彻落实《商务部关于"十二五"期间促进融资租赁业发展的指导意见》(商流通发［2011］487号),加快内资融资租赁发展,充分发挥融资租赁在扩大内需、支持实体经济和中小微企业发展、促进设备流通、加快企业技术升级改造等方面作用,商务部拟开展第十批内资租赁企业从事融资租赁业务试点工作。现将有关事项通知如下:

一　第十批试点企业条件

(一)试点企业应具备《商务部 国家税务总局关于从事融资租赁业务有关问题的通知》(商建发［2004］560号)第四条规定的基本条件;

(二)除符合上述基本条件外,第十批试点要重点推荐以下企业:

1. 主要股东具有设备制造与销售、大型工程施工及基础设施建设等领域背景;

2. 为中小微企业或农村农业发展提供服务;

3. 为各类国家重点开发新区、国家经济改革发展试验区、国家级经济技术开发区等的经济建设提供服务;

4. 对节能环保、新一代信息技术、高端装备制造、新能源、新材料、生物医药等战略性新兴产业发展具有良好的促进作用;

5. 具有较强的海外市场开拓能力。

二　试点企业需提交的材料

（一）试点申请书，内容包括拟试点公司的名称、注册地、注册资本金、股权结构、经营范围、拟开展融资租赁业务的主要考虑（主要租赁物类型、业务领域、业务模式、资金来源等）；

（二）各投资方签署的可行性研究报告，内容包括对拟进入的融资租赁细分市场的前景分析、未来3年业务发展总体规划、公司开展融资租赁业务后3年赢利预测等；

（三）营业执照副本（复印件）；

（四）公司章程、内部管理制度及风险控制制度文件；

（五）股东具体信息，包括股东名称、法定代表人、注册地址、营业执照复印件及营业情况等材料。关联公司经营典当行、小额贷款公司、信托、担保、融资租赁等业务情况；

（六）拟任（或现任）高级管理人员名单、详细履历及任职资格证明材料；

（七）具有资格的会计师事务所等中介机构出具的被推荐企业（或主要股东）近三年财务会计报告；地方工商管理机关出具的被推荐企业（或主要股东）近两年没有违法违规记录证明。

三　工作程序

（一）省级或计划单列市商务主管部门负责组织推荐试点企业，指导企业认真准备试点材料，对有关材料进行严格审核，并出具正式推荐函（主要内容包括推荐理由、本地区融资租赁业发展概况及加强行业管理的主要考虑等）。中央直属企业拟申报内资融资租赁试点的，应向试点企业注册地省级或计划单列市商务主管部门提出申请。

（二）省级或计划单列市商务主管部门于11月30日前向商务部报送试点材料（需装订成册，一式两份）。商务主管部门的推荐函应每家试点企业出具一份。

（三）商务部会同国家税务总局对企业申报材料进行审核后，对符合条件的试点企业予以确认。

各地商务主管部门要结合贯彻落实《商务部关于“十二五”期间促进融资租赁业发展的指导意见》工作，组织推荐试点企业，按时报送有关材料，工作中的有关问题请及时与我司沟通。

商务部流通发展司
二〇一二年九月五日

宁波市人民政府：《关于加快全市融资租赁业发展的若干意见》

甬政发［2012］96号

各县（市）区人民政府，市直及部省属驻甬各单位：

为进一步加快我市融资租赁业发展，完善我市多层次的金融服务体系，加快推进长三角南翼区域金融服务中心建设，为推动全市“六个加快”发展战略和海洋经济示范区建设提供有力融资支持，根据《关于全市金融支持实体经济发展的若干意见》（甬政发［2012］27号）和《关于宁波市金融业提升跨越发展的实施意见》（甬政发［2012］79号）有关精神，经研究，特提出如下意见：

一　高度重视，充分认识融资租赁业发展的重要意义

融资租赁业是金融体系中的重要组成部分，也是我市在未来要大力支持发展的新型金融服务行业。加快发展融资租赁业有利于建立起资源、资产、资本之间转化的桥梁，有利于创新重大装备、技改和工程项目的融资模式，有利于推进技术进步和产业升级，有利于有效解决中小企业融资难问题。在当前我市深入推进实施“六个加快”战略、推进浙江省海洋经济核心示范区建设、推进长三角南翼区域金融服务中心建设的重要时期，大力发展融资租赁业，发挥其独特功能与优势，服务实体经济发展，有着十分重要的意义。

本意见所述融资租赁机构包括中国银监会批准设立的金融租赁公司、商务部批准设立的外商投资融资租赁公司、商务部和国家税务总局共同批准开展融资租赁业务试点的内资融资租赁公司及上述公司分支机构和融资

租赁特殊项目公司。

加快我市融资租赁业发展的总体要求是：认真把握当前新型融资方式迅速发展与浙江海洋经济核心示范区建设全面推进的重要机遇，争取更多的国内外融资租赁企业到宁波设立机构、开展业务，鼓励本地企业发起设立融资租赁公司，支持已在我市设立的融资租赁企业做大做强，支持融资租赁企业采购本地制造的设备作为标的，扩大全市各类企业对融资租赁产品的利用，有效控制融资租赁行业的风险，促进行业快速健康发展，充分发挥融资租赁业在推动全市经济社会发展中的重要作用。力争通过“十二五”期间的努力，使我市融资租赁业的市场渗透率达到3%—5%，成为投融资体系中的重要组成部分。

二　内外并重，积极培育和引进融资租赁及配套机构

（一）支持设立和引进融资租赁机构。积极鼓励市内外企业在我市发起设立金融租赁公司；支持外国及港澳台地区的公司、企业和其他经济组织以中外合资、中外合作以及外商独资的形式在我市设立外商投资融资租赁公司；支持市内外企业以独资、合资等方式在我市设立内资融资租赁公司。支持引进市外各类融资租赁公司，支持各类融资租赁公司在我市设立特殊项目公司。

（二）鼓励融资租赁中介机构的设立发展。支持在我市设立融资租赁相关的中介服务机构，为融资租赁业务提供政策咨询、资产评估、资产交易、代办批文等配套服务。

（三）促进融资租赁机构集聚发展与合理布局。鼓励在我市具有特殊功能的区域如宁波保税区、宁波梅山保税港区、宁波空港物流园区等设立融资租赁机构。对已经落户我市的融资租赁公司，支持其在我市拓展业务，做大做强，形成集聚效应，提高我市融资租赁业的整体实力。各特殊功能区域要积极利用本区域的政策功能优势与产业基础，因势利导，各施所长，促进我市融资租赁机构合理布局、差异化经营。

三　立足创新，大力促进融资租赁机构的服务发展

（四）支持融资租赁机构多种方式拓宽融资渠道。支持金融租赁公司

进入银行间市场，调剂资金头寸和临时性资金余缺，支持发行金融债券，增加资本金，降低负债率，增强流动性，扩大资产业务规模。支持融资租赁公司通过上市和发行企业债券、公司债券、短期融资券、中期票据等方式，拓宽直接融资渠道，扩大直接融资规模。支持融资租赁公司通过信托方式融资、转让租赁资产。支持融资租赁公司通过短期外债融通外汇资金，利用中长期外债拓展融资渠道。支持保险企业用债权、股权或者债权转股权等方式投资融资租赁业。各有关部门和监管机构要在外债指标、资金使用、风险管理、统计监测等方面给予支持。

（五）支持融资租赁机构加强与其他金融机构合作。支持融资租赁公司与银行、信托、保险、担保等机构搭建交流合作平台，开发长租短贷、租赁保理、供应商租赁、租赁信托、租赁保险、租赁担保等创新型产品，发展成熟适用的租赁融资模式，增强融资租赁业的金融服务功能，为客户提供多样化综合性服务，满足大众化和个性化市场需求。鼓励融资租赁公司探索开展融资租赁与风险投资相结合、租赁债权与投资股权相结合的风险租赁业务，支持融资租赁公司以租金、租赁物残值、承租企业股权作为主要收益，为创业期和成长期企业提供融资、管理、技术、财务、法律等综合型服务。

（六）支持金融租赁机构开展离岸业务。支持金融租赁公司在特殊功能区域开设离岸账户，独立开展外汇存款、外汇贷款、国际结算、同业外汇拆借、发行大额可转让存款证、外汇担保、咨询见证、国际保理等离岸业务。

（七）支持融资租赁机构开展单体项目公司业务。支持融资租赁机构在我市开展单机、单船等单体项目公司业务，支持项目公司离岸融资并优先安排外汇额度，支持单机、单船等项目在宁波专业设备交易市场上公开交易、转让，为投资者合理退出创造机制。

（八）支持融资租赁机构开展设备跨境租赁业务。支持在特殊功能区域注册的融资租赁公司从国内购入船舶、海工设备、医疗器械等国家鼓励出口的设备，租赁给境外企业使用，符合退税条件的，准予国内设备生产企业享受出口退税。

（九）探索融资租赁机构开展进口设备保税租赁业务。积极探索在特殊功能区域注册的融资租赁公司从国外购入飞机、游艇、邮轮、医疗设备等大型装备，实行保税。在政策允许条件下，鼓励租赁给境内企业时按照租赁方式分期征收进口关税和进口环节增值税，或租赁期由海关监管，结束后所有权转移时，一次性缴纳全额关税。

四 产业联动，充分发挥融资租赁业服务地方经济作用

（十）鼓励融资租赁公司支持我市重点培育产业。以融资租赁促进贸易与销售，进一步提高我市装备制造企业销售能力，加快临港大型能源化工企业石油、天然气储存设备和生产设备的更新。鼓励融资租赁企业发挥好融资租赁融资与融物的功能，支持开展外向型制造、物流运输设备、金融服务设备、会展旅游设施、节能减排设备、海洋捕捞设备、农产品加工设备等行业关键设备设施融资租赁业务。鼓励融资租赁公司提高风险控制水平，进一步加大对科技型企业、小微型企业的融资力度。

（十一）鼓励融资租赁企业与我市设备制造企业开展产业联动。鼓励融资租赁企业优先采购我市设备制造企业的相关产品作为标的物，以融资租赁业发展带动我市装备制造业发展，实现产业联动。

（十二）鼓励融资租赁公司发展我市基础设施租赁业务。政府有关部门和融资租赁公司要研究新建供电、供水、供气、污水处理等设施及其所需机器设备的融资方式，医院、高校等事业单位及国有企业要积极采用租赁方式解决医疗、教学、生产设备融资问题，降低项目总投资及所需资本金。已建成并特许经营的基础设施项目要进行经营权售后回租回购，进一步盘活存量资产和沉淀资金。鼓励负债率高的公司通过租赁方式减少负债，实现资产轻量化经营，改善生产经营状况。

（十三）鼓励融资租赁公司整合我市国有资产资本。鼓励通过租赁公司整合国有资产和资本，将分散使用、利用率低的专用设备、通用设备集中起来，通过租赁经营提高利用率和收益率。

五 多管齐下，努力营造融资租赁行业发展的良好环境

（十四）积极搭建融资租赁行业发展平台。各有关部门、县（市）区要充分认识融资租赁业务对于促进我市经济发展的重要意义，通过企业招商、项目对接、媒体宣传会等多种途径，广泛宣传融资租赁对于促进企业发展的优势，提高我市企业对融资租赁业的认知度。各县（市）区特别

是具有特殊功能的区域要积极发挥政策优势和产业优势，为引进、设立融资租赁企业以及融资租赁企业开展创新业务、拓宽融资渠道等提供政策支持与服务便利。宁波银监局、市外经贸局、市贸易局、市发改委、市国税局、市工商局等有关部门要按相关法律法规和规定，及时受理符合出资人资质要求的企业提出的关于设立融资租赁机构的申请，并按照国家有关规定予以批准或者审核上报，争取国家有关部门批准。

（十五）积极完善融资租赁行业权属登记制度。融资租赁公司与承租人签署租赁合同、开展租赁业务，就租赁物的权属变更、权属转让、抵押、质押等提出的申请，各有关部门要依法及时受理，及时办理登记、公示、确认等有关手续并发证，依法明晰权属。人民银行市中心支行要建立健全融资租赁登记公示系统，做好相关服务工作。

（十六）积极鼓励我市企业利用融资租赁工具。融资租赁公司主管部门要不断加强融资租赁业务的宣传、培训、推广与应用，积极搭建信息互通平台，畅通融资租赁公司与企业合作渠道，持续提高融资租赁业务的利用率；企业主管部门要研究提出推动企业使用融资租赁业务的具体举措，按年度开展企业应用考核评价、总结经验和做法；有关部门要进一步完善相关操作细则，便于企业落实费用列支与计提等各项财税支持政策。

（十七）加强融资租赁行业信用体系建设。建立健全我市融资租赁行业信用体系，将融资租赁行业的交易信用信息纳入我市企业诚信建设体系范畴，完善信用数据库应用，建立良好的市场秩序。

（十八）加快融资租赁人才培养与引进。支持融资租赁机构在我市建立人才培训、培养基地，支持我市相关院校与境内外金融专业培训机构合作建立融资租赁人才培训基地、开设相关专业课程，为我市融资租赁业提供智力、人力支持。

六　政策扶持，最大限度降低融资租赁机构运营成本

（十九）为加快发展我市的融资租赁产业，从2012年起，在市区新设或迁入的金融租赁公司和融资租赁公司法人机构，5年内实际缴纳的营业税额，市级财政每年通过专项奖励形式补助给各区，用于支持融资租赁业发展，作为各区的金融发展专项资金。其中后2年须满足单家机构每年入库的营业税额（纳税科目列金融保险业）在200万元以上。此项政策

暂定为三年。

（二十）金融租赁公司应于每年年度终了对承担风险和损失的资产计提一般准备金。一般准备金额原则上不得低于风险资产期末余额的1.5%。融资租赁公司发生的损失，可按照《中华人民共和国企业所得税法》的有关规定在税前据实扣除。

（二十一）给予在宁波注册的融资租赁企业经营的所有权转移给境外企业的融资租赁船舶出口，施行增值税免税、退税办法，即该出口租赁船舶的出口销项免征增值税，其购进的进项税款按规定予以退税。涉及消费税的应税消费品，已征税款予以退还。

（二十二）经国家有关部门批准，在我市新设、迁入的金融租赁公司和融资租赁公司法人机构，购置在环境保护专用设备企业所得税优惠名录、节能节水专用设备企业所得税优惠名录和安全生产专用设备企业所得税优惠名录范围内的环境保护、节能节水、安全生产等专用设备，由承租方实际使用，符合融资租赁条件，并在融资租赁合同中约定租赁期届满时租赁设备所有权转移给承租方企业的，该设备投资额的10%可以从承租方企业当年的应纳税额中抵免，当年不足抵免的，可以在以后5个纳税年度结转抵免。如租赁期届满后融资租赁设备所有权未转移到承租方企业，或租赁期间发生变化的，承租方企业应当停止享受抵免企业所得税优惠，并补缴已经抵免的企业所得税税款。

（二十三）对银行及其他金融组织开展融资租赁业务签订的融资租赁合同，按照借款合同所载租金总额的万分之零点五计印花税；对分别签订购销合同和融资租赁合同的，应当按照规定分别计印花税。

（二十四）融资性售后回租业务中承租方出售资产的行为，不属于增值税和营业税征收范围，不征收增值税和营业税。承租人出售资产的行为，不确认为销售收入；对融资性租赁的资产，仍按承租人出售前原账面价值作为计税基础计提折旧。租赁期间，承租人支付的属于融资利息的部分，作为企业财务费用在税前扣除。

七　考核激励，加强对融资租赁机构的评价和监管

（二十五）建立健全对融资租赁机构的综合考核评价体系。加强对融资租赁机构的考核与评价，以融资租赁机构的业务发展规模、产品创新能

力、资产优良率、对中小企业和本地采购力度作为考核的主要指标，市金融办牵头组织相关部门每年对融资租赁机构进行考核评价，以评价结果为依据，实施有关奖励与扶持政策。

（二十六）为落实融资租赁企业的扶持政策，市金融办将会同财政等部门对融资租赁机构享受各类财税优惠政策予以指导监督，具体办法由市金融办牵头另行制定。

本意见自公布之日起30日后施行。

宁波市人民政府

二〇一二年九月二十四日

交通运输部：《关于融资租赁船舶运力认定政策的公告》

为扶持中小航运企业发展，帮助企业盘活船舶资产，缓解资金压力，应对航运市场形势，我部决定，对符合本公告规定的融资租赁船舶，在国际、国内水路运输经营资质管理中，经核准可认定为航运企业的自有运力。现将有关事项公告如下：

一、本公告所指融资租赁船舶是指航运企业将已取得国际、国内水路运输经营资格的船舶出售后以融资租赁的方式回租，或经核准以融资租赁方式新增运力的船舶。

二、融资租赁出租人应依法取得国家有关部门批准的融资租赁经营资格。

三、航运企业申请将融资租赁船舶作为自有运力，已付租金应不低于融资租赁应付款项的51%，并经融资租赁双方共同书面确认。

四、航运企业将已取得国际、国内水路运输经营资格的船舶出售给融资租赁企业，应在交通运输部公布的船舶交易服务机构办理船舶交易手续。

五、航运企业办理自有运力认定手续时，应提交下列有效证明材料：

1. 融资租赁船舶的《船舶所有权登记证书》、《船舶国籍证书》以及《船舶检验证书》或《船舶入级证书》。

2. 融资租赁合同及出租人的融资租赁资格证明文件。

3. 租赁双方对承租人已付租金占融资租赁应付款项比例的书面确认文件。

4. 对于出售后以融资租赁的方式回租的船舶，还应提供《船舶营业运输证》或《国际海上运输船舶备案证明书》及船舶交易机构出具的交易证明文件。

六、对于从事国际水路运输的航运企业和船舶，由省级交通运输主管部门将初步审查意见和全部申请材料报至我部，由我部作出融资船舶为企业自有运力的认定决定；对于从事国内水路运输的航运企业和船舶，由设区的市级交通运输主管部门审核后，符合本公告条件的，直接向申请人出具融资租赁船舶为企业自有运力的书面确认文件。

七、为积极稳妥推进融资租赁船舶作为自有运力的政策，自本公告发布之日起，先以上海市为试点，对在上海市注册的航运企业试行一年。今后视试点地区的实施效果，不断完善并扩大试点范围，逐步在全国推行。

特此公告。

交通运输部

二〇一二年九月二十七日

国家外汇管理局北京外汇管理部：《关于外资融资租赁公司资本金结汇办理售后回租业务无法提供发票问题的通知》

各外汇指定银行国际业务部（或相关业务部门）：

根据国家外汇管理局要求，对外资融资租赁公司资本金结汇办理售后回租业务时，无法提供相关增值税和营业税发票的情况，办理原则如下，请你行遵照执行：

一、外商投资融资租赁公司从事融资性售后回租业务时，若以外汇资本金结汇购买承租人的设备，可免予向银行提供相关发票，但应在合同规定的收取租金期限内定期向银行提交每期租金所涉营业税发票，作为外汇资本金结汇真实性的证明材料之一。银行查验该发票并留存复印件。

二、银行在审核上述外汇资本金结汇手续时，应登陆中国人民银行征信中心融资租赁登记公示系统，查验租赁的合规性和信息的准确性，并打印留存。

执行过程中如有问题，请及时向我处反馈。

特此通知。

联系人：郭睿华 联系电话：68559987

国家外汇管理局北京外汇管理部资本项目管理处

二〇一二年十月二十九日

浦东新区:《关于印发浦东新区促进金融业发展财政扶持办法实施细则的通知》

区政府各委、办、局，各开发区管委会，各直属公司，各街道办事处、镇政府，川沙新镇，祝桥镇，南汇新城镇：

根据《浦东新区人民政府关于印发促进金融业发展财政扶持办法的通知》（浦府〔2012〕202号）精神，浦东新区金融服务局、浦东新区财政局共同制定了《浦东新区促进金融业发展财政扶持办法实施细则》，现印发给你们，请按照执行。

上海市浦东新区金融服务局

上海市浦东新区财政局

二零一二年十一月六日

浦东新区促进金融业发展财政扶持办法实施细则

第一章　浦东新区促进金融机构发展财政扶持办法实施细则

第一条　根据《浦东新区促进金融业发展财政扶持办法》（以下简称《办法》），制定本实施细则。

第二条　《办法》所称法人金融机构、法人金融子公司及人才补贴所指金融机构，是指注册地和税收户管地均在浦东新区。

第三条　《办法》第三条第（一）款第1点所称一次性落户补贴，具体是按其注册资本规模给予如下补贴（单位：人民币）：

（一）注册资本1000万元（含）至5000万元，给予100万元。

（二）注册资本5000万元（含）至1亿元，给予300万元。

（三）注册资本1亿元（含）至5亿元，给予500万元。

（四）注册资本5亿元（含）至10亿元，给予1000万元。

（五）注册资本10亿元（含）以上的，给予1500万元。

第四条　《办法》第三条第（一）款第1点所称增资补贴，是指：对已享受过机构落户一次性补贴的，按新引进法人金融机构的条件和补贴标准，对其增资后累计注册资本达到本实施细则第三条规定的高一级注册资本规模的，补足与《实施细则》规定的奖励不足部分；对未享受过机构落户一次性补贴的，按新引进法人金融机构的条件和补贴标准，根据增资规模，给予对应补贴。

享受本细则第三条、第四条补贴的机构，累计补贴金额不超过1500万元。

对上海市外新迁入机构的落户补贴，按照法人金融机构所获得一次性补贴的200%，给予一次性补贴。

对浦东金融业发展具有重大意义的新引进机构，加大补贴力度。

第五条　《办法》第三条第（一）款第 2 点所称的一定补贴，指按照新设法人金融子公司一次性补贴的标准，补贴该金融机构。

第六条　《办法》第三条第（一）款第 3 点所称的业务总部，指取得金融监管部门核准，并符合下列条件之一的机构：

（一）银行的总行、总行上海（业务）总部，或总行业务总部、总行运营管理中心等；

（二）保险公司的总公司，或总公司业务总部、总公司运营管理中心等；

（三）证券、基金、期货、信托公司等机构业务总部，是指经异地的总部授权在浦东新区实施一定区域业务统筹管理的机构。

第七条　《办法》第三条第（一）款第 3 点所称的一定补贴，指综合考虑金融机构新设业务总部的类型、能级和规模等因素，对照《实施细则》第六条所列分类，给予下列标准的补贴：

（一）对银行的总行，给予 1500 万元一次性补贴和不超过 100 万元的高管安家补贴（每人 20 万元）；对银行总行的上海（业务）总部，给予 1000 万元一次性补贴和不超过 100 万元的高管安家补贴（每人 20 万元）；对银行在浦东设立的总行业务总部、总行运营管理中心等，给予 200 万元的一次性补贴；

（二）对注册资本金在 2 亿元（含）至 10 亿元的保险公司总公司，给予 500 万元的一次性补贴；对注册资本金在 10 亿元（含）以上的保险公司总公司，给予 1000 万元的一次性补贴和不超过 100 万元的高管安家补贴（每人 20 万元）；对保险公司在浦东设立的总公司业务总部、总公司运营管理中心等，给予 200 万元的一次性补贴；

（三）对证券、基金、期货、信托公司等机构业务总部，根据实际情况，给予一定财政支持。

第八条《办法》第三条第（一）款第 4 点所称一定补贴，是指对在浦东新区新设的商业银行上海分行、证券公司上海分公司、保险公司上海分公司，给予 500 万元一次性补贴，对在浦东新区新设的基金公司上海分公司、期货公司上海分公司，给予 300 万元一次性补贴。

第九条《办法》第三条第（一）款第 6 点所称购房补贴，是指按购房房价给予 1.5% 补贴。

第十条《办法》第三条第（一）款第 5 点所称代表处，是指外资商业银行、保险、投资银行（证券公司）、基金和资产管理机构设立的代表处；所称租房补贴，是指在陆家嘴区域租赁自用办公用房的，在一定租赁面积范围内，三年内给予2000元/平方米/年的房租补贴。

第十一条 人才补贴，按《办法》第三条第（五）款落实，具体是指：

（一）根据新引进金融机构规模，对担任一定职务的高管人员，给予每人一次性住房（租房）补贴20万元。

（二）对金融机构高管人员、管理人员和专业骨干人员，经综合考核评定，给予一定人才补贴。

第十二条 所称金融机构高管人员，指获得中国人民银行、中国银监会、中国证监会和中国保监会等国家金融监管部门资格认定。

所称金融机构管理人员，指在上述金融机构担任金融高管职务以下、部门副职以上的人员。

所称专业骨干人员，指除上述高管人员和管理人员外，拥有三年以上（含三年）金融行业从业经验的金融机构在职正式员工。

金融机构享受《办法》规定人才补贴的各类人员总数，不超过上年年末该机构注册地正式员工的50%。

对证券自营、资产管理、承销保荐分公司的高管人员，经认定，给予每人一次性住房（租房）补贴20万元，人才补贴比照金融机构执行。

对担任证券经纪分公司、基金公司分公司、期货公司分公司主要领导职务的2名高管人员，经认定，给予每人一次性住房（租房）补贴20万元，享受人才补贴的各类人员总数每年度不超过10名。

第十三条 本细则由浦东新区金融服务局和浦东新区财政局负责解释。

第二章 浦东新区促进股权投资企业和股权投资管理企业发展财政扶持办法实施细则

第一条 根据《浦东新区促进金融业发展财政扶持办法》（以下简称《办法》），制定本实施细则。

第二条 《办法》所称股权投资企业和股权投资管理企业，指注册地和税收户管地均在浦东新区；企业名称、经营范围表述为“股权投资”

和“股权投资管理”。

第三条 《办法》第三条第（二）款第 1 点所称一次性落户补贴，具体是按企业注册资本规模或募集资金规模给予如下补贴（单位：人民币），并按实际到位资本情况进行分期兑付。

（一）以公司制形式设立的股权投资企业，注册资本达到 5 亿元（含）至 15 亿元的，给予 500 万元；注册资本达到 15 亿元（含）至 30 亿元的，给予 1000 万元；注册资本达到 30 亿元（含）以上的，给予 1500 万元。

（二）以合伙制形式设立的股权投资企业，根据合伙企业实际募集资金的规模，给予合伙企业委托的股权投资管理企业一次性补贴：募集资金达到 10 亿元（含）至 30 亿元的，给予 500 万元；募集资金达到 30 亿元（含）至 50 亿元的，给予 1000 万元；募集资金达到 50 亿元（含）以上的，给予 1500 万元。

合伙企业募集资金的规模以合伙企业之合伙协议的有效约定为准。申请补贴的股权投资管理企业，应提交经工商登记主管部门备案的合伙协议以及律师事务所就该合伙协议之真实性、合法性和有效性所出具的法律意见书。

第四条 《办法》第三条第（二）款第 1 点所称增资补贴，具体是指：

对已享受过落户一次性补贴的公司制股权投资企业，按新引进企业的条件和补贴标准，对其增资后累计注册资本达到本实施细则第三条规定的高一级注册资本规模的，补足与《实施细则》规定的奖励不足部分。

对未享受过一次性落户补贴的公司制股权投资企业，增资后累计注册资本达到新引进企业一次性落户补贴条件且增资金额不低于 5000 万元的，按其增资金额的 1% 给予相应补贴（保留到 10 万元），补贴金额不超过同等规模新引进企业的补贴标准。

根据合伙制股权投资企业募集资金累计扩大规模，补足与《实施细则》的奖励不足部分。

享受第三条、第四条补贴的机构，累计补贴金额不超过 1500 万元。

对浦东经济发展具有重大意义的，加大补贴力度。

第五条 《办法》第三条第（二）款第 3 点所称租房补贴，指在陆家嘴和张江开发区域租赁自用办公用房的，在一定租赁面积范围内，三年内给予500元/平方米/年的房租补贴（包括2008年至2010年间享受房租补贴的股权投资企业）；《办法》第三条第（二）款第4点所称购房补贴，指在上述区域购买自用办公用房的，按购房房价给予1.5%的补贴。

对合伙制股权投资企业的房租补贴，可由其申请全权委托日常运营的股权投资管理企业享受。

第六条 人才补贴，按《办法》第三条第（五）款落实，具体是指：

（一）对新引进的以公司制形式设立的股权投资企业注册资本达到5亿元，以及以公司制形式设立的股权投资管理企业管理的资本达到10亿元的企业高管人员，给予每人一次性住房（租房）补贴20万元。

对未享受过高管人员一次性住房（租房）补贴，在2011—2015年期间，以公司制形式设立的股权投资企业累计增资金额达到5亿元，以及以公司制形式设立的股权投资管理企业累计新增管理资本达到10亿元的，对其高管人员给予每人一次性住房（租房）补贴20万元。

所称股权投资管理企业管理的资本，对应于本实施细则第三条第二款规定的合伙企业所委托管理的资本。

（二）对以公司制形式设立的股权投资企业和股权投资管理企业的高管人员、专业骨干人员，经综合考核评定，给予一定人才补贴。

第七条 所称高管人员，指在企业担任董事长、副董事长、总经理（总裁）、副总经理（副总裁）、监事长（督察长）、投资总监职务的人员。

所称专业骨干人员，是指担任投资经理或项目经理职务的人员。

股权投资企业和股权投资管理企业享受《办法》规定人才补贴的各类人员总数，不超过上年年末该企业正式员工的50%。

第八条 本细则由浦东新区金融服务局和浦东新区财政局负责解释。

第三章 浦东新区促进融资租赁企业发展财政扶持办法实施细则

第一条 根据《浦东新区促进金融业发展财政扶持办法》（以下简称《办法》），制定本实施细则。

第二条 《办法》所称融资租赁企业，是指注册地和税管地均在浦东新区的融资租赁企业。

第三条 《办法》第三条第（三）款第 1 点所称一次性落户补贴，具体是按企业注册资本规模给予如下补贴（单位：人民币），并按实际到位资本情况进行分期兑付，享受落户补贴的最低到位资本为 1 亿元。

注册资本 1 亿元（含）至 5 亿元，给予 500 万元；注册资本 5 亿元（含）至 10 亿元，给予 100 万元；注册资本 10 亿元（含）以上，给予 1500 万元一次性补贴。

第四条 《办法》第三条第（三）款第 1 点所称增资补贴，指根据增资规模，按新引进融资租赁企业的条件和补贴标准，扣除企业已享受过的一次性补贴，补足与本《实施细则》规定的奖励不足部分。

享受第三条、第四条补贴的机构，累计补贴金额不超过 1500 万元。

第五条 《办法》第三条第（三）款第 3 点所称购房补贴，是指按购房房价给予 1.5% 补贴。

第六条 人才补贴，按《办法》第三条第（五）款落实，具体是指：

（一）对新引进注册资本达到 10 亿元或增资规模 10 亿元（含）以上的融资租赁企业的高管人员，给予每人一次性住房（租房）补贴 20 万元；

（二）对到位资本金 1 亿元（含）以上的融资租赁企业高管人员、管理人员和专业骨干人员，经综合考核评定，给予一定人才补贴。

第七条 所称高管人员，指在企业担任董事长、副董事长、总经理（总裁）、副总经理（副总裁）、监事长（督察长）职务的人员。

所称管理人员，指在企业担任高管职务以下、部门副职以上的人员。

所称专业骨干人员，指除上述高管人员和管理人员外，拥有三年以上（含三年）从业经验的企业在职正式员工。

融资租赁企业享受《办法》规定人才补贴的各类人员总数，不超过上年年末该企业正式员工的 50%。

第八条 《办法》第三条第（三）款第 2 点所称一定补贴是指：

（一）对新引进的到位资本金 10 亿元以下的融资租赁企业按其对新区的贡献程度，三年内按年给予一定补贴。

（二）对新引进的到位资本金 10 亿元（含）以上的融资租赁企业按其对新区的贡献程度，五年内按年给予重点补贴。

（三）对现有的到位增资额 10 亿元（含）以上的融资租赁企业按其对新区的新增贡献程度，五年内按年给予重点补贴。

第九条 对为新区企业提供融资服务的融资租赁企业，根据其当年为新区企业提供融资总额，给予融资总额0.5%的补贴；对为新区企业提供航运租赁服务的融资租赁企业，根据其当年通过航运租赁业务为新区企业提供融资总额，给予融资总额1%的补贴。单笔业务不重复享受补贴，该项补贴的最高限额为500万元。申请补贴的融资租赁企业当年累计为区内企业提供融资总额应不少于5000万元。

第十条 对融资租赁企业购入新区先进装备制造企业生产的设备，按照合同金额的0.5%，给予融资租赁企业补贴；对融资租赁企业购入新区企业制造的飞机、船舶，按照合同金额1%，给予融资租赁企业补贴。对单一合同不重复享受补贴，对单一融资租赁企业，每年该项补贴额最高为500万元。

第十一条 对融资租赁企业新购入船舶和飞机，给予登记费100%补贴，单船或单机最高补贴额为10万元，对单一融资租赁企业，每年该项补贴额最高为200万元。

第十二条 对融资租赁企业设立在上海综合保税区和陆家嘴金融贸易区的飞机和船舶租赁项目子公司，按其对新区的贡献程度，五年内按年给予重点补贴。

第十三条 本细则第九条、第十条、第十一条、第十二条涉及的各类单项补贴，于次年统一受理。

第十四条 本细则由浦东新区金融服务局和浦东新区财政局负责解释。

第四章 浦东新区促进金融专业服务机构发展财政扶持办法实施细则

第一条 根据《浦东新区促进金融业发展财政扶持办法》(以下简称《办法》)，制定本实施细则。

第二条 《办法》所称金融专业服务机构，是指注册地和税收户管地均在浦东新区，符合下述条件并经认定的资产评估和信用评级机构，以及达到一定规模和能级的金融信息与数据服务、金融法律服务、财富管理、金融培训与认证机构中经认定的行业领军企业。享受本《办法》扶持的金融专业服务机构，不再享受新区的其他财政扶持。

资产评估机构须取得中国证监会授予的从事证券、期货业务资产评估资质。信用评级机构须满足下列条件之一：（1）取得中国人民银行授予的银行间债券市场或信贷市场评级资格；（2）取得中国证监会授予的公司债发行评级资格；（3）取得国家发改委授予的企业债发行评级资格。

第三条 《办法》第三条第（四）款第 1 点所称租房补贴，是指租赁自用办公用房的，在一定租赁面积范围内，三年内给予 500 元/平方米/年的房租补贴。所称购房补贴，是指按购房房价给予 1.5% 补贴。

第四条 人才补贴，按《办法》第三条第（五）款落实，具体是指：

（一）对新引进金融专业服务机构的高管人员，给予每人一次性住房（租房）补贴 20 万元。

（二）对金融专业服务机构高管人员、管理人员和专业骨干人员，经综合考核评定，给予一定人才补贴。

第五条 所称高管人员，指担任机构主要领导职务的人员，不超过 2 名。享受人才补贴的高管人员、管理人员和专业骨干人员总数不超过 10 名。

第六条 本细则由浦东新区金融服务局和浦东新区财政局负责解释。

第五章 浦东新区促进中小企业上市财政扶持办法实施细则

第一条 根据《浦东新区促进金融业发展财政扶持办法》（以下简称《办法》）。

第二条 《办法》所称新区企业指工商注册地和税收户管地均在浦东新区的企业；《办法》所称企业上市是指企业首次公开发行股票上市；《细则》所称场外交易市场是指中国证监会监管下的全国性股份报价转让系统和上海股权托管交易中心。

第三条 《办法》第三条第（六）款第 1 点所称一定补贴，指新区企业在上海证监局上市辅导备案后，给予 30 万元补贴；新区企业向中国证监会提交首次发行股票上市申请并收到证监会受理函后给予 70 万元补贴；企业首次发行股票申请提交证监会发行审核委员会审核后，给予 50 万元补贴。同种补贴每家企业只能享受一次。

对新迁入浦东的企业，如在迁入两年内上市，另给予企业 50 万元奖励。

第四条 对在场外交易市场挂牌的新区非上市股份有限公司，给予企业50万元补贴。此类企业在场外交易市场挂牌后通过首次公开发行股票方式上市的，可享受本办法第三条中的各项补贴。

第五条 《办法》第三条第（六）款所称“对为企业提供上市服务的券商保荐团队给予一定补贴”，是指新区企业上市后，对为企业提供上市服务的券商保荐团队给予奖励。在同一年度内，同一券商保荐第一家新区企业上市，给予券商50万元奖励；保荐第二家至第五家新区企业上市，分别给予券商60万，70万，80万，90万奖励；从保荐第六家（含）新区企业上市起，每多保荐一家新区企业上市给予券商100万元奖励。如一家企业由多家券商联合保荐，给予几家券商保荐团队奖励的总额，与券商单独保荐一家企业上市的奖励相同。

对新迁入浦东的企业，如在迁入两年内上市，另给予辅导企业改制上市的保荐团队50万元奖励。

券商每推荐一家新区企业在场外交易市场挂牌，给予主办券商20万元奖励。

第六条 《办法》第三条第（六）款所称“对其新区贡献增量部分，给予一定补贴”，是指以公司上市前第四年新区贡献为基数，对公司上市前一年新区贡献的增量部分，给予一定补贴；以公司上市前一年新区贡献为基数，对公司上市当年及第二年的新区贡献增量部分，给予一定补贴；若该公司上市前有注册于浦东新区的股权投资机构参与投资，则将补贴期限延长至三年。企业上市后，对上市企业所在区域招商主体给予一定奖励。

第七条 新区企业在海外上市比照国内上市享受扶持政策。

第八条 本细则所包括的场外交易市场将根据中国资本市场的发展情况调整范围。

第九条 本细则由浦东新区金融服务局和浦东新区财政局负责解释。

晋江市人民政府:《关于促进融资租赁业发展的若干意见》

晋政文［2012］350 号

各镇人民政府、街道办事处，经济开发区管委会、安平管理处，市直各单位：

为促进金融业和先进制造业的紧密结合，引导融资租赁企业在晋江聚集和发展，发挥融资租赁支持现代服务业和先进制造业发展的重要作用，根据国家、省相关法律法规规定，结合本市实际制定本意见，请认真贯彻执行。

一　适用对象

本意见适用于经国家有关部门批准设立，工商、税务登记、注册地在我市，经市金融办备案，具有独立法人资格的内资、外资、中外合资融资租赁公司。

二　鼓励措施

（一）设立奖励

1. 按融资租赁公司注册资本金额的 1% 给予一次性资金奖励，最高奖励金额 500 万元，奖励资金在注册资金到位后拨付。注册资金 5 亿以上的设立奖励政策采取“一企一议”办法研究确定。

2. 融资租赁公司在我市租用办公用房的，按其实缴租金（租金参考同期市场行情）的 30% 予以连续 3 年的奖励，累计奖励资金不超过 30 万元；购置自用办公用房的，按其购房总价款的10%给予一次性奖励，奖励金额最高不超过100万元。

（二）纳税奖励

1. 自融资租赁公司注册年度起，参照其缴纳的营业税地方留成部分，前2年按87.5%比例、后3年按50%比例给予资金奖励。

2. 自融资租赁公司注册年度起，参照其缴纳的企业所得税地方留成部分，前2年按35%比例，后3年按25%比例给予奖励。

3. 融资租赁公司缴纳的印花税可根据融资租赁合同所载租金总额按借款合同计税贴花，即按借款金额万分之零点五贴花；对分别签订购销合同和融资租赁合同的，按规定分别贴花。

（三）人才奖励

融资租赁公司的高管人员和具有硕士以上学位并取得精算师、注册会计师、高级风险控制总监资格的人员，参照《晋江市人民政府关于加快培育投融资产业的若干意见》（晋政文〔2012〕95号）和《关于加快引进优秀人才的若干意见》（晋委发〔2011〕7号）相关规定，符合条件的，享受个人所得税缴纳奖励和优秀人才住房保障、人才津贴政策。

（四）投资奖励

1. 融资租赁公司购入的船舶、高端装备制造设备、新能源生产设备、医疗设备、高端包装印刷设备并被我市企业租赁使用的，按照合同金额5‰给予奖励，单一企业单笔业务奖励金额不超20万元，总奖励金额不超过200万元；融资租赁公司购入我市企业生产的符合产业政策导向的设备开展业务的，按照合同金额6‰给予奖励，单一企业单笔业务奖励金额不超30万元，总奖励金额不超过300万元。

2. 融资租赁公司未分配利润转增股本而缴纳的企业所得税、个人所得税，按地方留成部分的100%给予奖励。

3. 融资租赁公司根据承租人财务、经营管理和租金逾期期限等因素，可按年度净利润1.5%计提一般风险准备金。

三　行政支持

（一）市政府行政审批服务中心设立绿色通道，为办理企业名称预先核准并取得前置许可的融资租赁公司的注册、登记等各项手续办理提供便利。

（二）晋江市内的政府采购、公用事业建设、基础设施建设等各类政府财力投资项目建设，在同等条件下优先考虑采用融资租赁方式融资。

（三）支持融资租赁公司与我市产业投资基金、创投基金的合作；支持融资租赁公司发行金融债券，增加资本金，降低负债率，增强流动性，扩大资产业务规模。支持租赁公司通过上市和发行企业债券、公司债券、短期融资券、中期票据等方式，拓宽直接融资渠道，扩大直接融资规模；支持租赁公司通过信托方式融资、转让租赁资产。

（四）青阳陈村金融集聚区建成后，入驻金融集聚区的融资租赁公司可享受入区优惠政策，若集聚区优惠政策条款与本办法类似项目的，优惠政策就高不就低。

四　附则

（一）享受本意见办公用房奖励的，自其获得奖励第1个年度起，属购置的房产5年之内不得对外租售，属租用的房产5年之内不得转租。

（二）对在申请政策资金过程中，有弄虚作假骗取、套取政策资金等违法违纪的行为，政策主管部门、财政部门有权依法依规取消其享受政策资金资格，追回骗取、套取的政策资金，并限制其五年内不得申请政策资金。同时，有关部门可依照《财政违法行为处罚处分条例》（国务院第427号令）的规定对当事企业予以处罚，并依法追究公司责任人责任；构成犯罪的，移交司法部门依法追究刑事责任。

（三）本意见自2013年1月1日起生效；本意见由市金融办组织实施并负责解释。

晋江市人民政府

二〇一二年十一月二十八日

财政部 国家税务总局：《关于企业以售后回租方式进行融资等有关契税政策的通知》

财税［2012］82 号

各省、自治区、直辖市、计划单列市财政厅（局）、地方税务局，西藏、宁夏、青海省（自治区）国家税务局，新疆生产建设兵团财务局：

经研究，现就近期各地反映的契税政策执行中若干问题通知如下：

一、对金融租赁公司开展售后回租业务，承受承租人房屋、土地权属的，照章征税。对售后回租合同期满，承租人回购原房屋、土地权属的，免征契税。

二、以招拍挂方式出让国有土地使用权的，纳税人为最终与土地管理部门签订出让合同的土地使用权承受人。

三、市、县级人民政府根据《国有土地上房屋征收与补偿条例》有关规定征收居民房屋，居民因个人房屋被征收而选择货币补偿用以重新购置房屋，并且购房成交价格不超过货币补偿的，对新购房屋免征契税；购房成交价格超过货币补偿的，对差价部分按规定征收契税。居民因个人房屋被征收而选择房屋产权调换，并且不缴纳房屋产权调换差价的，对新换房屋免征契税；缴纳房屋产权调换差价的，对差价部分按规定征收契税。

四、企业承受土地使用权用于房地产开发，并在该土地上代政府建设保障性住房的，计税价格为取得全部土地使用权的成交价格。

五、单位、个人以房屋、土地以外的资产增资，相应扩大其在被投资公司的股权持有比例，无论被投资公司是否变更工商登记，其房屋、土地权属不发生转移，不征收契税。

六、个体工商户的经营者将其个人名下的房屋、土地权属转移至个体工商户名下，或个体工商户将其名下的房屋、土地权属转回原经营者个人名下，免征契税。

合伙企业的合伙人将其名下的房屋、土地权属转移至合伙企业名下，或合伙企业将其名下的房屋、土地权属转回原合伙人名下，免征契税。

本通知自发文之日起执行。《财政部 国家税务总局关于城镇房屋拆迁有关税收政策的通知》（财税［2005］45 号）第二条同时废止。

财政部　国家税务总局

二〇一二年十二月六日

财政部等四部门：《关于制止地方政府违法违规融资行为的通知》

财预［2012］463 号

各省、自治区、直辖市、计划单列市财政厅（局）、发展改革委，中国人民银行上海总部、各分行、营业管理部、省会（首府）城市中心支行、副省级城市中心支行，各银监局：

《国务院关于加强地方政府融资平台公司管理有关问题的通知》（国发［2010］19 号）下发后，地方各级政府加强融资平台公司管理，取得了阶段性成效。地方政府性债务规模迅速膨胀的势头得到有效遏制，大部分融资平台公司正在按照市场化原则规范运行，银行业金融机构对融资平台公司的信贷管理更加规范。但是，最近有些地方政府违法违规融资有抬头之势，如违规采用集资、回购（BT）等方式举债建设公益性项目，违规向融资平台公司注资或提供担保，通过财务公司、信托公司、金融租赁公司等违规举借政府性债务等。为有效防范财政金融风险，保持经济持续健康发展和社会稳定，现就有关问题通知如下：

一　严禁直接或间接吸收公众资金违规集资

地方各级政府及所属机关事业单位、社会团体等要严格执行《国务院办公厅关于依法惩处非法集资有关问题的通知》（国办发明电［2007］34 号）等有关规定，未经有关监管部门依法批准不得直接或间接吸收公众资金进行公益性项目建设，不得对机关事业单位职工及其他个人进行摊派集资或组织购买理财、信托产品，不得公开宣传、引导社会公众参与融资平台公司项目融资。

二　切实规范地方政府以回购方式举借政府性债务行为

除法律和国务院另有规定外，地方各级政府及所属机关事业单位、社会团体等不得以委托单位建设并承担逐年回购（BT）责任等方式举借政府性债务。对符合法律或国务院规定可以举借政府性债务的公共租赁住房、公路等项目，确需采取代建制建设并由财政性资金逐年回购（BT）的，必须根据项目建设规划、偿债能力等，合理确定建设规模，落实分年资金偿还计划。

三　加强对融资平台公司注资行为管理

地方政府对融资平台公司注资必须合法合规，不得将政府办公楼、学校、医院、公园等公益性资产作为资本注入融资平台公司。严格执行《土地管理法》等有关规定，地方政府将土地注入融资平台公司必须经过法定的出让或划拨程序。以出让方式注入土地的，融资平台公司必须及时足额缴纳土地出让收入并取得国有土地使用证；以划拨方式注入土地的，必须经过有关部门依法批准并严格用于指定用途。融资平台公司经依法批准利用原有划拨土地进行经营性开发建设或转让原划拨土地使用权的，应当按照规定补缴土地价款。地方各级政府不得将储备土地作为资产注入融资平台公司，不得承诺将储备土地预期出让收入作为融资平台公司偿债资金来源。

四　进一步规范融资平台公司融资行为

地方各级政府必须严格按照有关规定规范土地储备机构管理和土地融资行为，不得授权融资平台公司承担土地储备职能和进行土地储备融资，不得将土地储备贷款用于城市建设以及其他与土地储备业务无关的项目。符合条件的融资平台公司因承担公共租赁住房、公路等公益性项目建设举借需要财政性资金偿还的债务，除法律和国务院另有规定外，不得向非金融机构和个人借款，不得通过金融机构中的财务公司、信托公司、基金公司、金融租赁公司、保险公司等直接或间接融资。

五　坚决制止地方政府违规担保承诺行为

地方各级政府及所属机关事业单位、社会团体，要继续严格按照《担保法》等有关法律法规规定，不得出具担保函、承诺函、安慰函等直接或变相担保协议，不得以机关事业单位及社会团体的国有资产为其他单位或企业融资进行抵押或质押，不得为其他单位或企业融资承诺承担偿债责任，不得为其他单位或企业的回购（BT）协议提供担保，不得从事其他违法违规担保承诺行为。

地方各级政府要从大局出发，充分认识制止违法违规融资行为的重要性和紧迫性，统一思想，加强领导，切实担负起加强地方政府性债务管理、防范财政金融风险的责任，规范政府及所属机关事业单位、社会团体、融资平台公司行为。要对地方各级政府及所属机关事业单位、社会团体、融资平台公司违法违规融资或担保承诺行为进行清理整改。对限期不改的，依法依规追究相关责任人的责任。

财政部　发展改革委　人民银行　银监会

二〇一二年十二月二十四日

—·典型企业·—

国银金融租赁有限公司

通信地址：深圳市益田路6009号新世界中心50—52层
邮编：518026
电话：0755—23980999
传真：0755—23980900
注册地：深圳
注册时间：1984年
注册资金：74.85亿元人民币
审批监管：银监会

国银金融租赁有限公司（以下简称“国银租赁”）前身是深圳租赁有限公司，成立于1984年12月，1999年12月更名为深圳金融租赁有限公司。2008年经中国银监会批准，由国家开发银行持股95%的深圳金融租赁公司更名为国银金融租赁有限公司，注册资金为74.85亿人民币，其后，在以注册资金为序的中国融资租赁企业排行榜中，一直位居首位。

国银租赁成立以来，一直将飞机租赁业务作为主打业务。2009年12月，国银租赁向全球著名金融租赁公司——美国通用电气航空金融服务有限公司（GECAS）购买了12架总价值约7亿美元的优质飞机用于租赁，这是继不久前其向GECAS购买了3架总价值约1亿美元、带租约的飞机资产后再次出手购买的资产。这些飞机均为波音、空客公司的主流机型，承租人也都是世界知名的航空公司。

2009年12月，国银租赁向俄罗斯S7航空公司出租的两架全新空客A320飞机顺利完成交付，这标志着国银租赁公司已正式进入俄罗斯航空租赁市场。

2010年1月16日，公司与空中客车签署了总额达40亿美元的飞机租赁及融资合作备忘录。根据该合作备忘录，国银租赁将在未来5年内为接收空客飞机的航空公司提供总额达40亿美元的融资及租赁服务，同时也考虑直接向空客公司订购飞机。空客公司则为国银租赁提供行业信息、市场预测及人员培训。

2010年1月底，国银金融租赁与南方航空股份有限公司、巴西航空工业公司在广州举办签约仪式，签署20架ERJ190飞机《购买协议》和《租赁协议》，总金额约为7亿美元。

在拓展飞机租赁业务的同时，国银租赁其他融资租赁业务也取得突破性进展。其中最引人注目的是，2009年5月，国银租赁与国家开发银行云南省分行、云南省公路开发投资有限责任公司三方开展了关于云南昆明至石林高速公路的融资租赁业务。

2010年12月14日，国银租赁再与福建省高速公路公司、国家开发银行福建省分行在福州举行福建高速公路80亿元融资租赁项目签约仪式。此项业务由福建高速公路全资子公司福宁高速公路公司以售后回租方式向国银金融租赁有限公司融资80亿元，是目前国内规模最大的一笔固定资产融资租赁业务，也是福建省第一笔基础设施融资租赁业务。

2010年12月16日，国银租赁、中兴通讯、和记黄埔三家公司签下合作协议，携手启动"和记黄埔奥地利电信资产经营租赁项目"。该项目开创了国内金融租赁公司通讯设备跨境租赁的先河，是中兴通讯首次借助中国金融租赁资源实现设备跨境销售，也是和记黄埔通过经营性租赁方式在海外首个实现"轻资产"目标的电信项目。

2011年，在国内外租赁市场进一步开拓，先后与近33家境内外航空公司及波音、空客、庞巴迪、巴西航空工业公司、中国商飞等航空制造企业及GECAS、ILFC、AerCap、AIRCASTLE、RBS等世界主要飞机租赁机构建立了战略和业务合作关系。公司操作的飞机租赁项目分别于2009年、2011年两度被全球行业权威杂志《*Airfinance*》评为当年度的全球最佳交易奖。

在船舶租赁业，国银租赁积极响应国家船舶工业振兴规划，贯彻国家"走出去"战略，凭借在航空租赁领域积累的涉外租赁经验，积极摸索出一条船舶跨国租赁的新道路。

国银租赁曾协同国开行与尚德电力控股有限公司合作开展并完成了意大利123.6兆瓦光伏太阳能电站2亿欧元电池组件的租赁项目。项目涉及租赁公司、银行等多个参与方。从2011年发展看，项目进展顺利。有专家称该项目既符合国家“走出去”发展战略，又切合了全球大力发展可再生能源的时代潮流。

2011年，国银租赁还支持中兴通讯的国产电信设备出口奥地利，在跨境通讯设备租赁领域实现了零的突破，帮助中兴通讯打开了欧洲通讯市场，打破了西方通讯设备供应商在欧洲市场的垄断地位，为中国通讯企业在海外通讯市场4G业务领域抢占了先机。

国银租赁在资产规模大幅跃升的同时，也取得了良好的经济效益。2011年，国银租赁实现利润达8.35亿元，同比增长18.6%。

2012年国银租赁业务继续拓展。4月16日，国银租赁与上海申龙客车有限公司在深圳签署《租赁业务合作协议》，由国银租赁以融资租赁方式为申龙客车的产品销售提供配套资金支持，双方合作范围主要集中在城市公交公司及部分城际旅游公司。此次签约是国银租赁商用车租赁业务在完成重卡市场基本布局的基础上，向客车领域拓展业务的重大突破。一方面延伸了国银租赁商用车租赁业务的产品范围；另一方面，租赁产品进入客车领域。

4月19日，国银租赁与天津市滨海新区人民政府在天津签署《战略合作协议》。根据协议，双方将本着相互支持、合作共赢的原则，进一步发挥滨海新区政府组织协调优势和国银租赁融资服务优势，在基础设施、房产、大型设备、飞机、船舶、中小企业等业务领域加强合作，帮助企业盘活存量资产，改善企业资产负债结构，拓宽融资渠道，同时积极推进国银租赁在东疆保税港区设立项目子公司。

4月15日，河南省高速公路管理中心与国银金融租赁有限公司50亿元融资租赁项目签约仪式在郑州举行。河南省副省长张大卫、国银金融租赁有限公司董事长王翀、国家开发银行河南省分行行长王卫军等出席了签约仪式。在此之前，国银租赁与云南省合作，运用上述方式对两条高速公路售后回租，盘活资金70亿人民币。

2012年3月初，国银租赁有限公司董事长王翀对媒体说，截至3月1日，国银金融租赁公司资产规模达到1005亿元，成为国内首个资产破千亿的融资租赁公司。

工银金融租赁有限公司

通信地址：天津市经济开发区广场东路 20 号金融街 E5B 座

邮编：300457

电话：022—66283766

传真：022—66283766

注册地：天津

注册时间：2007 年 5 月

注册资金：80 亿元人民币

审批监管：银监会

2007 年 11 月 28 日，新的《金融租赁管理办法》颁布实施后，国务院批准成立的首家银行系金融租赁公司——工银金融租赁有限公司（以下简称“工银租赁”）宣告成立，注册地在天津滨海新区。

工银租赁开业以来，面对复杂严峻的经济形势，在较短时间内建立起了较为完善的产品服务体系和经营团队，租赁业务取得快速发展，得到了客户、同业和监管部门的认同，取得了金融租赁行业领先地位。2009 年中国银行业协会金融租赁专业委员会在京成立。工银租赁当选为第一届金融租赁专业委员会主任单位，工商银行副行长、工银租赁董事长李晓鹏当选为第一任金融租赁专业委员会主任。

工银租赁的业务主要定位于飞机、船舶和设备租赁，形式包括新购资产融资租赁、经营租赁、售后回租等，同时从事租金转让与证券化等创新型金融服务，并取得了具有标志意义的创新成果。

在飞机租赁领域，工银租赁与天津航空飞机租赁项目，开创了国内商业银行拥有飞机所有权的历史；英国航空飞机租赁项目，开创了国内租赁公司第一个境外经营性租赁项目；南方航空飞机租赁项目，开创了国内保税租赁模式；天津东疆保税港单机租赁项目，开创了国内单一项目租赁业务第一单。

在船舶租赁领域，工银租赁与华能集团12艘散货船租赁项目是中国最大的船舶租赁项目，首只船命名为“工银号”；利用天津保税港区的保税政策，与全球最大的船舶租赁公司SEASPAN共同实施了目前全球最大的集装箱运输船租赁项目，开创了跨境租赁业务新模式。在设备租赁领域，在大型电力项目及大型城市的轨道交通等领域，也取得了诸多突破，并在业内居于领先地位。

工银租赁积极探索以租赁的形式为城建交通项目提供融资，并开创了国内金融租赁公司开展联合租赁合作模式，对以创新方式拉动基础领域投资、加快城市化建设进程起到了良好的示范作用。此外，工银租赁积极推进并完善厂商租赁模式，开拓工程机械、能源运输租赁等业务板块，在公务机租赁、农机具租赁、出口租赁等业务新领域也进行了积极的探索。

2011年，工银租赁经营发展再创佳绩。公司境内外总资产973亿元，比上年初增加353亿元，增长57%；实现营业收入55亿元，利润总额18.6亿元，人均净利润930万元。拥有各类飞机66架，A320模拟机1台，船舶151艘，大型设备1500多台套。公司资产、营业收入和利润连续四年蝉联行业第一，各项指标市场份额均在18%左右。租赁资产存量度和增量取得了行业“双第一。”

2011年工银租赁成功开展了许多重大创新项目。如在中德两国总理见证下，与空客公司签订了42架A320系列飞机采购协议，是国内租赁公司首次进入政府框架，实现大批量直接购机，打破了外资对购机、飞机租赁市场的垄断。在该协议下，成功将天津空客总装线生产的A320出租给境外航空公司，开创了中国大型飞机出口的历史。

2011年12月21日工商银行董事会会议决定，再向工银金融租赁有限公司增资30亿元人民币，注册资金达到80亿人民币。

2012年5月22日，工银租赁、河南省人民政府金融办、工行河南省分行签订全面战略合作框架协议。中信重工机械股份有限公司与工银金融租赁有限公司签订《租赁业务合作协议》。此次签约旨在通过深化金融创新，加快河南省企业转型升级步伐，促进社会经济又好又快发展，为实现金融资本与产业资本的有机结合、进一步拓展银企合作空间、进一步适应市场满足客户需求提供了新的有效途径。

2012年10月26日，工银金融租赁有限公司、工商银行江苏省分行与无锡锡山经济技术开发区，以及华西集团、阳光集团、红豆集团在无锡市人民大会堂举行战略合作签约仪式。工银租赁战略合作客户的成功签约预示着金融租赁这一融资新形式将在助力无锡经济加快发展进程中发挥更大作用。

2012年11月28日，工银金融租赁有限公司迎来了建司5周年。经过5年的努力，工银租赁经营管理水平不断提高，各项业务得到了长足发展，资产规模、效益水平连年上升，保持了良好的发展势头。截至2012年9月末，工银租赁境内外总资产超过1100亿元，与2008年末的116.48亿元比较，增长了近10倍，资产质量良好；到2012年年底，净利润已突破11亿元，比2008年的2.08亿元增长了5倍多。目前，工银租赁拥有国内外航空公司飞机77架，船舶160艘，电力、轨道交通、工程机械等各类大型设备2万多台套，成为行业翘楚。

民生金融租赁股份有限公司

通信地址：北京市海淀区中关村南大街1号北京友谊宾馆嘉宾楼4层

邮编：100873

电话：022—24891248 010—68940066（总机）

传真：022—24891248

注册地：天津

注册时间：2007年

注册资金：50.95亿元人民币

审批监管：银监会

民生金融租赁股份有限公司（以下简称“民生金融租赁”）是首批经中国银监会批注成立的银行系金融租赁公司之一，公司注册资本金50.95亿元人民币，由中国民生银行股份有限公司和天津保税区投资有限公司共同发起设立，2008年4月18日正式开业。

民生金融租赁成立伊始，就专注于船舶、飞机、大型设备制造等领域，并把船舶融资租赁业务作为重点业务，全力打造国内船舶融资租赁领域的一流品牌。现民生金融租赁已汇聚了金融、造船、航运、船舶贸易、法律等方面的专业人才，并建立了外部高级顾问团队，可为客户提供船舶管理、船舶制造、船舶融资等一系列支持和服务。

民生金融租赁开业不久，即在江苏熔盛重工投资了2.72亿美元，建造8艘巴拿马型散货船。这些散货船已由福建一家航运公司签下长期租约。2009年8月20日，民生金融租赁股份有限公司与中外运长航集团签署了战略合作协议。双方将在航运、造船、物流等各个领域开展全方位的融资租赁业务合作。

2011年，民生金融租赁完成新增业务投放359亿元，资产总额达到

612 亿，实现税后净利润 8.52 亿元，在天津缴纳税收约 4.64 亿元，不良资产保持为零。公司机队规模达 88 架，船舶 133 艘，总运力超过 430 万载重吨，各类设备 20000 多台套，初步确立了在中国租赁业内的领先地位和一定的国内品牌形象。

2012 年，民生金融租赁各项业务继续稳步发展。2 月，公司分别与德国爱思强股份有限公司、马士基船舶租赁买卖公司在香山会所签署合作谅解备忘录。这次合作加强了民生金融租赁的市场竞争力。

8 月 10 日，民生金融租赁与中国船东协会签订了战略合作协议。这是中国金融业与航运业的一次深度战略联合。此次联合，是深入贯彻国务院《关于推进上海加快发展现代服务业和先进制造业建设国际金融中心和国际航运中心的意见》，进一步落实《交通运输部、上海市人民政府加快推进国际航运中心建设合作备忘录》的体现，对加快发展中国航运金融服务，推进上海国际航运中心建设，增强中国航运业与金融业的综合竞争实力和抗风险能力，促进中国航运业与金融业健康、稳定和可持续发展都有着重要意义。

单一项目融资租赁、特别是公务机租赁是民生租赁业务的一大亮点。自 2010 年 4 月民生租赁在天津东疆保税港区设立了国内第一家融资租赁项目公司以来，截至 2012 年底，公司在天津东疆保税港区共设立了 96 家单一项目公司，其中公务机单一项目公司达到 82 家。5 月 11 日，民生金融租赁获得天津港保税区、天津空港经济区管委会授予的“保税区、空港经济区 2011 年度百强企业”称号。

为适应业务迅速推进的需要，民生金融租赁将注册资金从 34 亿人民币增至 51 亿，在中国融资租赁十强企业排行榜中居第 5 位。

天津渤海租赁有限公司

通信地址：天津和平区南京路219号天津中心座28层
邮编：300051
电话：022—58087099
传真：022—58087000
注册地：天津
注册时间：2007年
注册资金：62.5亿元人民币
审批监管：商务部

天津渤海租赁有限公司（以下简称“渤海租赁”）成立于2007年12月，2008年10月，经商务部和国家税务总局批准，取得内资融资租赁试点企业的经营资质，现注册资金为62.5亿元，居全国融资租赁公司第三位。

渤海租赁确立的战略定位是：致力打造以市政工程为核心的专业基础设施租赁公司，立足于天津滨海新区，完全按照市场化运作模式，充分利用天津滨海新区先行先试先发展的政策优势，积极参与以天津市政工程为核心的基础设施建设。致力打造成为一个高效的投资平台，依托自身的条件和优势，通过积极开展与各金融机构总行的融资，引入外部资金，利用租赁方式盘活存量财政投入，解决目前政府投资面临的资金不足的问题，推动天津港口、码头、船舶、高新技术装备等产业的发展。

2009年以来，渤海租赁将充分利用天津滨海新区的各项优势，重点拓展滨海新区的基础设施、市政工程和空港物流设备等租赁业务，在此基础上开展其他市政工程的租赁业务，融资租赁业务取得长足发展。其间，完成了天津滨海保税区管委会办公大楼8亿元的售后回租项目、空客厂房

36.3亿元融资租赁项目、蓟县1.8亿元环城路租赁项目。同时，渤海租赁与工银租赁合作，完成了天津地铁47亿元基础设施联合租赁项目，为企业资产轻量化提供了有效的解决手段。

2011年，为扩大资金来源，渤海租赁积极争取上市上半年，证监会已正式批准公司上市，10月26日正式以“渤海租赁”的名义上市，成为业内首家A股主板上市公司。

2012年，渤海租赁各项业务积极稳步扩展。

2011年12月31日，由渤海租赁与芜湖市建设投资公司、美的集团拟共同出资30亿元组建皖江金融租赁公司获准开业，并于当天完成了工商注册手续，正式开业运营。这是全国第18家金融租赁公司，也是继昆仑金融租赁之后，第二家没有银行背景的金融租赁公司。

2012年9月29日，在北京钓鱼台国宾馆举行的第九届中国企业经营与财务战略管理高峰论坛上，天津渤海租赁有限公司以快速的成长和在业内的多项创新业绩在会议上荣获了2012年度最佳融资租赁公司奖项，并成为论坛上唯一一家获此殊荣的租赁公司。

长江租赁有限公司

通信地址：天津市和平区南京路219号天津中心大厦28层
邮编：300051
电话：022—58087555
传真：022—58087000
注册地：天津
注册时间：2000年
注册资金：38.3亿元人民币
审批监管：商务部

长江租赁有限公司（以下简称“长江租赁”）成立于2000年6月，是商务部和国家税务总局联合认定的国内第一批内资融资租赁试点企业之一。目前公司注册资本为38.3亿元，公司总资产达到200亿元，资产规模和利润水平均位于同业前茅。截至2012年底公司合同机队规模达到75架，以空客A320系列和波音737系列飞机为主流机型，已成为目前国内技术雄厚、规模领先的民族航空租赁企业，资产规模名列全球飞机租赁公司前30名。

长江租赁自成立以来，以振兴民族航空租赁业为己任，依托海航集团强大的航空产业优势以及天津滨海新区金融改革试验区的良好投资环境，积极开展境内外飞机及各种航空设备的买卖及租赁业务。目前公司拥有一支具有丰富航空租赁管理经验专业人员的团队，致力于为客户提供最专业的航空租赁业务服务，在中国航空租赁行业已形成了集资金融通能力、资产管理能力、风险管理能力和综合服务能力相结合的核心竞争优势。

2012年长江租赁业务继续快速推进，在资产规模、业务拓展等方面都取得了较大的发展和提升。2012年6月，公司采用天津东疆保税区

SPV 模式完成了海南航空 12 架波音 737—800 飞机经营租赁项目。目前公司主要客户包括海南航空、天津航空、首都航空、祥鹏航空、中国邮政航空和河北航空等国内多家航空公司及加纳 AWA 航空等国外航空公司。

长江租赁在大力扩展航空租赁业务的同时，积极与地方政府、保税区等密切沟通与合作，共同推进租赁结构和模式的创新。在天津东疆保税区的大力支持下，2012 年 8 月，长江租赁利用东疆保税区单机公司平台，创新性地将两架 E145 飞机成功交付给非洲加纳 AWA 公司，该项目开创了中国飞机租赁业出口租赁的先例，也为今后国内租赁公司推动国产飞机的国际市场销售奠定了基础。

长江租赁持续推进公司信息化管理的提升，目前长江租赁数字化信息平台系统，涵盖了涉及飞机租赁业务的风险管理、资产管理、客户管理等所有业务层面，该系统能够有效地防范营运风险，提升公司管理水平，大幅提高租赁业务处理效率，公司整体的信息化管理水平已迈入国际同行先进水平，2012 年长江租赁已连续四年获得天津市高新企业技术资格认证。

2013 年，长江租赁将继续发挥专业化航空租赁公司的特长和优势，紧紧围绕国内外航空公司和飞机租赁的业务需求，在做好传统业务的同时，积极开拓新的业务品种和类型。为客户提供包括飞机选型及采购、机构客户和私人客户的飞机执管、飞机融资租赁和经营租赁等全方位的综合服务，并在新飞机采购、二手飞机交易、客机改货机、公务机和通航等业务领域开发新的市场和机遇，同时也将积极开拓境外资金的融资渠道，实现国内和国外两个市场的对接和流通，持续做大做强飞机租赁产业。

中联重科融资租赁公司

中联重科租赁

中联重科融资租赁（北京）有限公司

通信地址：北京市海淀区复兴路 17 号

邮编：100036

电话：010—62192121

传真：010—83865770

注册地：北京

注册时间：2006 年

注册资金：15.02 亿元人民币

审批监管：商务部

中联重科融资租赁（中国）有限公司

通信地址：北京市海淀区复兴路 17 号

邮编：100036

电话：010—62192121

传真：010—83865770

注册地：天津滨海新区

注册时间：2009 年

注册资金：2.8 亿美元

审批监管：商务部

中联重科融资租赁公司是中联重科最主要的金融服务平台，包括在中国境内的两家融资租赁公司。一家是中联重科融资租赁（中国）有限公司，注册地在天津滨海新区，注册资金 2.8 亿美元；另一家是中联重科融资租赁（北京）有限公司，注册地为北京市，注册资金 15.05 亿人民币。

2004 年 10 月，商务部和国家税务总局发布《关于从事融资租赁业务有关问题的通知》，准备启动融资租赁试点，中联重科随即提出申请，并于 2006 年 4 月 2 日获得中国商务部和国家税务总局的联合批文，成为中国工程机械行业第一个获得融资租赁资质的企业——中联重科融资租赁（北京）有限公司。

2009 年，中联重科租赁业务迅速推进，并开始在全国进行布点。首先是斥资 8000 万美元，在津成立了外商融资租赁公司——中联重科融资租赁（中国）有限公司。这样，中联重科成为同时拥有内资融资租赁试点资质和外商融资租赁资质的企业。至 2011 年年底，中联重科通过融资租赁完成的销售已达全部销售的 1/3 左右。

自 2009 年起，中联重科积极拓展境外融资租赁业务，并于 2009 年年初启动了“中联重科融资租赁全球服务体系”的建设。公司先后在香港、澳大利亚、俄罗斯、意大利、美国和南非等地由中联重科全资控股、本地化运营的融资租赁子公司，在当地积极开展融资租赁业务，以支持中联重科全球发展战略。

2009 年 4 月 29 日，中联重科融资租赁（澳大利亚）有限公司在澳大利亚布里斯班签订了标的物为 43 米中联泵车、合同金额 70 多万澳元的第一笔融资租赁合同，这是来自中国本土的融资租赁公司在海外签订的首笔融资租赁合同。

自 2010 年 8 月正式成立，至 2012 年 8 月，中联重科融资租赁（意大利）有限公司已经通过融资租赁方式支持销售 2800 万欧元，融资租赁渗透率超过 80%。在不到 2 年的运营时间内，中联重科融资租赁（意大利）股份有限公司实现了两个重要覆盖，即“业务对象覆盖意大利境内各主要大区”、“业务范围覆盖 CIFA（全球第三大混凝土制造商，在 2008 年被中联重科收购）所有产品系列”。

2011 年，中联重科融资租赁（美国）有限公司、中联重科融资租赁（南非）有限公司正式成立，并开始为当地客户提供融资租赁服务。

2011 年，中联重科融资租赁（俄罗斯）有限责任公司积极参与俄罗斯联邦道路修建及远东地区天然气管道等相关大型工程项目建设。与俄罗斯客户成功签署了一批设备的融资租赁合同，涉及集团 5 大事业部产品（混凝土机械、工程起重机械、土方机械、建筑起重机械、路面机械），创造了中联重科产品进入俄罗斯市场以来单一客户最大采购量的纪录。

2012 年，中联重科继续拓展境外融资租赁市场。

2012 年，在时任国务院副总理李克强和俄罗斯副总理的见证下，中联重科融资租赁（俄罗斯）有限公司与俄罗斯最大的工程工业集团签署了 20 亿卢布的授信协议。

伴随中联重科的国际化步伐，中联重科融资租赁公司已在澳大利亚、香港、俄罗斯、意大利、美国、南非设立融资租赁公司，开展融资租赁服务。中联重科融资租赁公司开创的跨境融资租赁业务模式可以帮助中国施工企业自带设备出国施工并且享受设备出口退税带来的优惠。

截至 2012 年年底，中联重科融资租赁公司在不到 3 年的时间内，通过融资租赁方式实现境外发货额超过 1 亿美金，成为业内第一家、也是目前唯一一家在世界五大洲成功设立并运营本地化融资租赁公司的中国工程机械制造商。

中联重科融资租赁公司秉承“成本领先、风险可控、运营卓越、服务一流”的经营理念，立志成为一个具有卓越的运营能力，持续稳定的赢利能力，负责任、受尊敬、以设备供应为载体，面向全球的优秀金融企业。

远东国际租赁有限公司

通信地址：上海市浦东新区世纪大道 88 号金茂大厦 33、35、36 层
邮编：200121
电话：021—50490099
传真：021—50498220
注册地：上海
注册时间：1991 年
注册资金：10.12 亿美元
审批监管：商务部

远东国际租赁有限公司（以下简称“远东租赁”）是中国第一家融资租赁公司，成立于 1991 年，现为远东宏信有限公司的全资子公司，是远东宏信有限公司金融服务领域的核心企业，也是中国领先的融资租赁服务商。作为远东宏信战略发展的重要推动力量，远东租赁提供以融资租赁为核心的综合金融解决方案，帮助客户解决发展过程中所遇到的财务及资金问题，并积极为客户提供财务管理、商务运作、资产管理、管理咨询等全方位增值服务，提升客户满意度。

远东租赁是中国融资租赁行业在医疗、印刷、航运、建设、工业装备、教育等行业的先行者和领先者，多个产业形成突出优势，并持续深化和拓展事业疆域，创新服务体系。

远东租赁总部位于上海。经过多年的发展，远东租赁已在北京、沈阳、济南、郑州、武汉、成都、重庆、长沙、深圳等多个中心城市设立了办事机构，形成了立足中心城市、辐射全国市场的业务布局和服务体系。

2011 年，远东租赁继续在医疗、包装等优势领域推进。年初，远东租赁即正式启动了“远东 50 亿包装产业助力计划”。根据此计划，远东

国际租赁将投入50亿资金，助力中国包装产业的健康发展。如今，在印刷包装领域，远东租赁已经形成明显的竞争优势。凭借多年的产业资本积累和产业经验积淀，远东近几年来开始推进综合产业运营服务。业内人士认为，远东租赁此举不仅开创了融资租赁产业发展的崭新思路，同时也将为中国印刷包装产业的升级提供强有力的支撑，尤其是在整个产业面临升级转型的关键时期。

2011年1月19日，远东租赁与龙建路桥股份有限公司提供1300万元融资租赁服务获董事会通过。司伊哈公司为满足黑龙江省建鸡高速公路虎林至鸡西段工程项目冬季备料需要，将原值2160.8万元的3台（套）施工设备以售后回租的方式向远东国际租赁有限公司融资1300万元，期限为18个月。

2011年3月30日，远东宏信有限公司在香港证券交易所主板挂牌上市，股票代码为“03360.HK”。远东宏信发行价为6.29港元/股，发行规模为8.16亿股，共募资51.3264亿港元。远东宏信在港上市成功，有力地支持了远东租赁的发展。

2012年5月30日，远东宏信有限公司与中国工商银行股份有限公司上海市分行签订了80亿元人民币战略合作协议。标志着双方在多领域、全方位的合作向纵深发展，进一步巩固了远东宏信与工商银行的紧密关系，开启了双方全面合作的新篇章。

2012年6月8日，经中华人民共和国商务部批准，远东宏信有限公司全资附属公司远东国际租赁有限公司经营范围获准增加“商业保理及相关咨询服务”。此项经营范围的拓展标志着远东宏信有限公司产业综合运营服务战略迈出坚实的一步。

建信金融租赁股份有限公司

通信地址：北京市西城区闹市口大街长安兴融中心1号院4号楼6层
邮编：100031
电话：010—67594537
传真：010—66275809
注册地：北京
注册时间：2007年
注册资金：45亿元人民币
审批监管：银监会

建信金融租赁股份有限公司（以下简称“建信租赁”）成立于2007年12月，由中国建设银行和美国银行共同出资设立，注册资本为45亿元，建行的出资比例为75.1%，注册地在北京市。建信租赁是国内首批获得银监会批准开业的创新型金融租赁公司之一，也是当时国内注册资本规模最大的金融租赁公司。

2008年，建信租赁开业第一年，资产总额达到48.90亿元，其中，租赁资产36亿元，资产质量优良，实现利润总额1.41亿元，赢利能力同业领先。

2009年年末，建信租赁在以注册资金为序的中国融资企业排行榜中，以45亿元的规模位居第三位。建信租赁资产规模增加67.7%，达到82亿元，当年融资租赁合同余额约为80亿元。

2010年1月，建信租赁与苏州某公司签署了公司2010年度首笔融资租赁合同，对该公司现有的生产线采用售后回租方式，解决其流动资金需求，合同金额为1亿元人民币。2010年12月2日，公司与中国建设银行浙江省分行在杭州举行了中小企业租赁业务合作签字仪式。这次中小企业租赁业务合作是建信租赁与浙江省分行共同开发的专门服务于中小企业，且具有创新性的租赁产品。

2011年上半年，建信租赁为湖北新火炬科技股份有限公司租赁融资6000万元，顺利解决了其生产流动资金不足的问题。通过建信租赁的积极推动，建行不断创新推出以企业的关键设备等固定资产作为抵押的融资租赁贷款业务，进一步拓宽了企业融资渠道。新火炬公司这笔贷款就是以其成套设备抵押办理的。这是建行继发行“利得盈”、“乾图理财”信托计划等理财产品为企业筹集资金的又一途径。

2012年，建信租赁各项业务继续稳步推进。9月19日，建信金融租赁股份有限公司与中国商用飞机有限责任公司在京签订《C919客机用户协议》，该协议的采购和确认数量均是C919客机届时的最大订单。

昆仑金融租赁有限责任公司

通信地址：北京市东城区东直门北大街 9 号中石油大厦
邮编：100007
电话：010—59982971
传真：010—62099237
注册地：重庆
注册时间：2010 年
注册资金：60 亿元人民币
审批监管：银监会

2010 年，银监会在批准兴业银行、光大银行和农业银行组建金融租赁公司的同时，还批准中国石油天然气集团公司和重庆机电控股（集团）公司联合组建昆仑金融租赁有限责任公司（以下简称“昆仑金融租赁”）。这是业内第一家具有大型企业集团背景的金融租赁公司。

昆仑金融租赁注册资本 60 亿元，其中中石油出资 54 亿元，持股 90%。公司主要从事三个方面的业务：一是为急需资金购买设备的中小企业提供设备租赁，二是为大型装备制造类企业提供设备租赁，三是为中石油自己建设的加油站、油田、钻探等业务部门提供特种设备租赁。

昆仑金融租赁是国内目前首家由产业类企业控股的金融租赁公司，也是国内首次到位注册资金最多、规模第二大的金融租赁公司。2010 年 7 月 28 日，昆仑金融租赁开业首日，即分别与重钢集团、中石油天然气运输公司签署租赁合作协议，数额共达上百亿元。

2011 年，昆仑金融租赁业务取得较大发展。2011 年 3 月 10 日，昆仑金融租赁与重庆市轨道交通（集团）有限公司签署 20 亿元融资租赁合同。此次融资租赁的方式为轨道交通集团将修建轨道交通 3 号线一期的部分设备以20亿元的价格转让给昆仑租赁公司，这部分设备仍然归轨道交通集团使用，并按季度向昆仑租赁公司支付租金，融资租赁的20亿元资金全部用于重庆轻轨集团的轨道交通3号线建设。

截至2011年年底，昆仑金融租赁已签署73份合同，签约金额301亿元，资产达到253亿元，不良资产率为零。

2012年，昆仑金融租赁已在京、沪、渝等21个省区市开展了船舶、地铁、水电、钢铁、公路、运输、桥梁、天然气支线等业务。

2月28日，昆仑金融租赁有限责任公司与北京南水北调工程投资中心签订18亿元融资租赁合同，以创新融资的形式支持首都民生工程建设。

6月18日，昆仑金融租赁有限责任公司在苏州轨道交通融资签约仪式上与苏州市政府签订战略合作框架协议，合作总金额将达100亿元。同时，昆仑租赁还与苏州轨道交通有限公司签订了融资租赁协议，昆仑租赁提供20亿元授信支持苏州轨道交通2号线建设。

中航国际租赁有限公司

通信地址：上海市江宁路212号凯迪克大厦23层A座
邮编：200041
电话：021—52895388
传真：021—52895389
注册地：上海
注册时间：2004年
注册资金：20亿元人民币
审批监管：商务部

中航国际租赁有限公司（以下简称“中航国际租赁”）是由中航投资控股有限公司控股的专业公司，作为中国航空工业集团公司的一员，依托航空工业产业背景，致力于为中航工业成员单位提供以融资租赁为主要形式的金融支持和相关增值服务，并逐步成为军工企业乃至国内、国际企业融资租赁的重要平台，使中航租赁成为以飞机租赁为主业，国内一流、国际有影响力的专业租赁公司。中航租赁主营民用飞机、机电、运输设备等资产的融资租赁及经营性租赁。业务领域涉及：飞机、飞机发动机等航空产品的租赁；船舶、铁路机车等运输工具的租赁；生产用设备、电力设备等的租赁；通信设备、印刷设备、医疗设备、科研设备等的租赁。

2010年8月，中航国际租赁以融资租赁的方式成功为上海三瀚海运有限公司提供了融资服务，帮助三瀚海运公司以较低的价格收购一艘12000吨二类化学品船，顺利解决一起国外船东弃船纠纷。

2010年10月，中航国际租赁为宁波市丰华船务有限公司提供直接租赁服务，为其建造两艘76000载重吨巴拿马型散货船，助其优化船队结构。

2010 年 12 月 1 日，中航国际租赁在天津东疆保税港区内注册成立了首家 SPV 项目公司——“中航蓝景租赁（天津）有限公司”，为公司飞机和船舶融资租赁搭建了新的业务操作平台，标志着公司在业务创新方面迈出了重要一步。

2011 年中航国际租赁业务继续快速发展，企业实力大幅提升。

2011 年 2 月 23 日，中航国际租赁召开临时股东会，同意公司增加注册资本 65000 万元，其中，中航投资增资 34750 万元、中航技国际增资 23000 万元、西飞集团增资 2500 万元、凯天电子增资 2000 万元、中航无线电电子研究所增资 750 万元、陕西航电增资 2000 万元。在 2011 年内资租赁十强企业排行榜中，中航国际租赁以 15 亿注册资金居第五位。

2011 年 3 月 26 日，中航国际租赁与中航三鑫股份有限公司达成 10 亿元融资租赁合作协议。中航三鑫股份有限公司根据公司 2011 年度的经营计划和财务预算需要，向中航国际租赁有限公司申请 10 亿元融资租赁额度，进行设备融资租赁，具体额度视公司项目发展需要酌情进行调整，融资期限为 5 年。

2012 年中航国际租赁飞机租赁业务取得新进展。2 月 9 日，中航国际租赁在中加经贸合作论坛会上与庞巴迪宇航签订了飞机租赁合作协议，就庞巴迪商用飞机在国内外的销售运营开展深入合作。

华融金融租赁股份有限公司

通信地址：浙江省杭州市西湖区曙光路 122 号世贸中心写字楼 A 座 6—7 楼

邮编：310007

电话：0571—87950988

传真：0571—87950506

注册地：杭州

注册时间：1984 年

注册资金：25 亿元人民币

审批监管：银监会

华融金融租赁股份有限公司（以下简称“华融租赁”）前身为浙江省租赁公司，该公司曾是国内最早成立的融资租赁公司之一，总部位于杭州市。公司成立近 30 年来，立足浙江，面向全国，充分发挥融资租赁这一独特金融工具融资融物、加速技术进步、促进产业升级等显著优势，已在企业技术改造、公共交通、工程机械、环保能源、医疗、印刷、船舶等领域为 4300 多家企业提供融资租赁服务，业务覆盖全国 30 个省、自治区和直辖市。

引起业内广泛关注的是，华融租赁发挥融资租赁优势，致力于服务中小企业发展。仅“十一五”期间，累计投放中小企业项目合同 873 个、金额 105.11 亿元，极大地支持了中小企业的发展。近年来，华融金融租赁先后荣获“浙江小企业金融服务先进集体”、“杭州市服务企业 100 强”、“全国金融五一劳动奖状”、“工人先锋号”等荣誉。

2006 年 3 月，大型国有独资金融企业中国华融资产管理公司成为公司控股股东，股权占比 99.9%，更名为华融金融租赁股份有限公司，从此公司进入了稳健快速发展的新阶段。

2010 年，华融租赁坚持“力拓市场、严控风险、强化服务、苦练内功”的经营方针，坚定信心，锐意进取，积极应对全球金融危机影响，圆满完成了年初确定的各项经营目标。2010 年 2 月，经财政部及银监会批准，华融租赁完成新一轮增资的工商登记手续。公司注册资金由 14.74 亿元增加至 20 亿元。2010 年 5 月 27 日，华融租赁在全国银行间债券市场成功发行 10 亿元金融债券，标志着中国融资租赁正式进入金融债券发行市场。

2011 年 1 月 19 日，华融租赁与安徽水利开发股份有限公司签署协议，安徽白莲崖水库开发有限责任公司和安徽金寨流波水力发电有限公司以售后回租方式，分别向华融租赁公司融资人民币 1700 万元、6000 万元和 3500 万元，融资总金额为 11200 万元。

2011 年 3 月 1 日，华融租赁与番禺珠江钢管有限公司达成 1.6 亿元融资租赁合同。根据条款，集团全资附属番禺珠江钢管同意将设备售给华融租赁，代价为 1.6 亿元人民币，而华融租赁同意把设备租回给番禺珠江钢管，总租金约 1.879 亿元人民币，租赁为期 60 个月，期满后，番禺珠江钢管可以象征性地以 1 元人民币购回有关租赁设备。

2011 年 3 月 8 日，华融租赁与大冶尖峰水泥有限公司签署合同，大冶尖峰水泥将已建成投产的新型干法水泥生产线设备资产以售后回租方式，向华融租赁融资人民币 15000 万元（分两期执行，第一期为 8000 万元、第二期为 7000 万元）。

2012 年华融租赁在与中小企业融资租赁业务合作方面继续向深度和广度推进。6 月 28 日，华融租赁与浙江兰溪市人民政府在兰溪签署了金额 10 亿元战略合作协议。此次签约，是华融租赁深入推进“政企合作”，也是华融租赁与兰溪市政府和企业共谋发展、实现双赢的重要合作成果。

据统计，截至 2012 年年末，华融租赁注册资产总额达到 530.62 亿元，净资产达 54.46 亿元，公司成立 20 多年来累计租赁投资额超千亿元。

恒信金融租赁有限公司

通信地址：上海市黄浦区南京东路300号名人商业大厦10楼

邮编：200001

电话：021—61355388

传真：021—61355380

注册地：上海

注册时间：2004年

注册资金：2.025亿美元

审批监管：商务部

恒信金融租赁有限公司（以下简称“恒信金融租赁”）的前身是创立于2004年7月的日新租赁（中国）有限公司，目前为TPG全资控股的子公司，注册资金2.025亿美金，总部位于上海，并在北京和深圳等地设有分支机构。

2005年9月，恒信金融租赁获得融资租赁从业资质，成为商务部批准成立的专业从事融资租赁业务的外资租赁企业。

恒信金融租赁充分运用长期积累的经验及网络关系，与国内外的知名设备厂商展开合作，共同为客户的业务扩大提供融资和租赁的支持，以此唤起客户的成长活力，同时协助合作伙伴实现关键业务增长的目标。恒信金融租赁具有多元化的业务范畴，可为各种不同类型的设备提供租赁服务，并可根据客户的特殊要求做出多种财务安排。主要业务范围包括：融资性租赁、经营性租赁（包括科技保护性租赁）、回租赁；可直接进口租赁物件；租期结束后租赁资产的处置等。恒信金融租赁下属融贸公司负责贸易活动和短期贸易融资。

目前，恒信金融租赁是中国外商投资企业协会副会长及中国外商投资企业协会租赁业工作委员会会长单位。

恒信金融租赁是中国规模最大的外资融资租赁公司之一。作为上海发展现代金融服务业的先行者，该公司自2004年成立以来，业务发展迅速，客户遍布全国，并在教育、医疗、印刷、机床、纺织等领域树立了领先地位。当前，恒信金融租赁在华的客户累计超过2500家企业。融资设备涵盖工程机械、印刷、医疗、纺织、教学设备、信息技术以及生产技术等领域。恒信金融租赁是美国得克萨斯州太平洋投资集团（Texas Pacific Group，简称TPG或德太集团）全资控股子公司。2010年6月，恒信金融租赁和交通银行等三家国有商业银行签订协议，获得以交通银行上海市分行为牵头行的16亿元人民币中长期银团贷款，用以扩大中小企业特别是上海地区中小企业融资渠道，支持中小企业发展。上述贷款将投入到公司的核心业务，即设备融资租赁业务中去，为广大企事业单位特别是中小型企业提供财务支持。

2011年4月10日，恒信金融租赁举行了与客户开展融资租赁合作的签约仪式。恒信金融租赁的长期合作伙伴——北京盛通印刷股份有限公司、深圳市裕华兴印刷制品有限公司等众多客户都出席了签约仪式。印刷行业是恒信金融租赁的重点发展行业，自2005年开始恒信金融租赁已为超过1500家的印刷行业的客户提供了融资租赁服务。

2012年，面对国内外趋紧的经济形势，恒信金融租赁将凭借其雄厚的资金实力，一如既往地继续为国内相关企业提供了专业高效与方便快捷的金融服务，各项业务继续稳步推进。

鑫桥联合融资租赁有限公司

通信地址：北京市海淀区中关村东路1号院清华科技园科技大厦A座301室

邮编：100084

电话：010—82150070

传真：010—82151017

注册地：北京

注册时间：2007年

注册资金：6000万美元

审批监管：商务部

鑫桥联合融资租赁有限公司（以下简称“鑫桥租赁”）作为一家外商独资融资租赁公司，经过几年的开拓和创新，已经发展成为一家业务全面的融资租赁公司。

几年来，鑫桥租赁业务全面拓展，已进入中国的能源输电、石油化工、天然气管道、交通运输（铁路、航空、海运）、冶金矿业、新能源、可再生能源、医疗卫生、城市基础设施建设及公用事业等行业，提供了数以百计国内外先进或适用的生产装备，如通讯设备、医疗设备、节能设备、机电设备、工程机械、电力设备、石油装备、化工设施、交通运输工具等，同时，还开展了附带技术的经营租赁、转租赁、出售回租、杠杆租赁、委托租赁、联合租赁、项目租赁等不同形式的本外币融资租赁业务，在投资咨询、融资咨询、商务咨询、租赁物品残值处理业务等咨询服务领域也取得进展。

2009年，鑫桥租赁以7亿元人民币的售后回租业务，为一企业解决了7亿元人民币的资金急需，使得该企业负责人、全国政协委员极为感动，在2010年年初的北京全国“两会”期间，提交一份《关于加快并扶持中国融资租赁行业发展的建议》的议案。

2009年度，鑫桥租赁累计签约的合同额已达到120多亿人民币，其中客户包括中国冶金科工集团公司、中国化工集团公司、中国铝业集团公司、中国储备粮管理总公司、中国二重集团公司等中央直属企业，省级国资委企业及城市基础设施建设融资平台公司。

2010年，鑫桥租赁被选举为中国外商投资企业协会租赁业工作委员会副会长单位。

2011年5月17日，鑫桥租赁与广州园梦居房地产有限公司达成20亿元融资租赁合作协议。由广州园梦居房地产有限公司投资兴建的全国最大的食品专业批发物流中心——中国（漯河）国际食品城项目正在郾城淞江产业集聚区建设，此次广州园梦居房地产有限公司与鑫桥联合融资租赁公司、中铁十八局建筑安装工程公司实现强强联合，达成20亿元的三方开发融资战略合作协议，对中国（漯河）国际食品城项目首期70多万平方米的交易会展、仓储物流、综合服务区等营业场所尽快建成并投入运营将起到推动作用。

从2011年始，鑫桥租赁开始与天津滨海新区进行业务拓展，与东疆保税港区签署合作协议，组建了鑫桥联合（天津）融资租赁有限公司。

2012年4月5日，鑫桥联合租赁与滨海新区、北京银行股份有限公司签署战略合作框架协议，共同加大融资租赁业务的发展力度。

鑫桥租赁业务的全面迅速发展引起广泛关注，在外资租赁业内被称为“鑫桥模式”。

中恒国际租赁有限公司

通信地址：北京市亦庄经济技术开发区景园北街2号

邮编：100176

电话：010—67519000

传真：010—67519018

注册地：北京

注册时间：2008 年

注册资金：13408 万美元

审批监管：商务部

中恒国际租赁有限公司（以下简称“中恒国际租赁”）即原来的柳工国际租赁有限公司，成立于 2008 年 10 月 7 日，是经商务部批准成立的非银行金融机构，由广西柳工机械股份有限公司和柳工香港投资有限公司共同出资成立。公司注册资金 13408 万美元，注册地为北京市。

中恒国际租赁的母公司广西柳工机械股份有限公司始创于 1958 年，于 1993 年在深交所上市，成为中国工程机械行业和广西壮族自治区的第一家上市公司。公司现有员工 9500 余人，2009 年营业收入突破 100 亿元。中国最大吨位的装载机 ZL100，世界第一台高原型装载机 ZLG50G，中国第一台最低排放的装载机 CLG856II，中国最大、世界第三的大型装载机 CLG899III，皆为柳工首创，其中高原型装载机 ZLG50G 于 2004 年荣获国家科技进步二等奖。

中恒国际租赁成立后，致力于为境内外客户提供专业化的工程机械租赁服务，其经营范围包括：融资租赁业务；经营租赁业务；向国内外购买租赁财产；租赁财产的残值处理及维修；租赁交易咨询和担保以及经监管部门批准的其他业务。公司在整合自身优势的基础上，不断开拓市场，创新产品，加强与其他租赁公司和金融机构的合作，努力发展成为一家实力雄厚、管理规范、富于创新、充满活力的国际化融资租赁公司。

2010 年 8 月，广西柳工机械股份有限公司董事会审议通过《关于柳工国际租赁有限公司更名等事宜的议案》，决定将柳工国际租赁有限公司更名为“中恒国际租赁有限公司”，公司总部也迁址到北京亦庄开发区。

从 2011 年始，中恒国际租赁一直将发展融资租赁业务作为柳工实现世界级企业目标的重要支撑。发展战略是，立足自主创新，以装载机、挖掘机和起重机为核心，培育叉车、推土机等业务，形成提供工程机械全套解决方案的能力；加速发展融资租赁、服务配件和再制造等业务，形成提供综合性产品和服务的能力。

新疆亚中机电销售租赁股份公司

通信地址：新疆乌鲁木齐市阿勒泰路2324号

邮编：830011

电话：0991—367319

传真：0991—3673200

注册地：乌鲁木齐

注册时间：2008年

注册资金：1.7亿元人民币

审批监管：商务部

新疆亚中机电销售租赁股份公司（以下简称“亚中租赁”），是由新疆亚中集团出资控股的融资租赁公司，注册资金1.7亿元，资产总额3.5亿元，拥有全资子公司、分公司16个。经过多年的创业，亚中租赁现已发展成为以机电产品连锁销售为主业，市场物业服务为支撑，融资租赁为突破，以现代企业制度为保障，内、外贸并举发展的现代服务性企业。

亚中租赁始终坚持“依托新疆亚中机电市场，以机电连锁经营为核心，以信息化管理为手段，以现代企业制度为保障，发挥网络资源优势，深化资本运营，做强融资租赁业，实现公司上市”的发展战略。

亚中租赁积极发展市场服务业，投资2亿元的新疆亚中机电市场，占地200亩，总建筑面积15万平方米，汇聚上万个国内外名优机电品牌。市场由机电超市、摩托车超市、机电市场、载重车工程机械市场四大部分构成，配套设施齐全，产品集中，是目前全疆规模最大的专业化机电市场和面向中亚国家的机电产品采购基地，年交易额达35亿元。

亚中租赁开发建成的专业化机电网站——新疆机电网，可及时获取国内外机电行业的最新动态和产品供求信息，为新疆机电企业搭建了全方位的机电产品网络交易平台，提高了供、需双方企业协同作业的能力，被评为新疆维吾尔自治区优秀企业信息化项目。

2012 年，亚中租赁继续加大三农服务力度，先后受理和开展了各类小麦、玉米、谷物、甜菜收割机，棉花、番茄、花生采摘机，大中马力拖拉机等十余种农业机械的融资租赁，为“农民运输协会”、农机合作社等相继开展了近 500 台套大型运输、工程车辆和农机融资租赁业务。三农融资租赁各类设备投资总额达 4 亿余元。大量先进设备的提供，使生产制造商、经销商、物流企业、三农企业和广大农村都深切感受到装备水平的明显提升，大量劳动力短缺问题得到一定程度的缓解。亚中租赁通过融资租赁装备设备设施累计普惠农业人口逾 100 万，受到自治区政府和租赁业的广泛关注与好评。

山东融世华租赁有限公司

通信地址：山东省济南市高新区舜华路109号科汇大厦A座3楼
邮编：250101
电话：0531—81211376
传真：0531 81211368
注册地：济南
注册时间：2007年
注册资金：0.8亿元人民币
审批监管：商务部

山东融世华租赁有限公司（以下简称“公司”），是山东省经贸委直属企业，“世界银行（WB）/全球环境基金（GEF）中国节能促进项目”合作伙伴，中国首批三家示范合同能源管理机制的能源服务公司，拥有商务部、国家税务总局批准的全国内资融资租赁业务资质，是在中国首开“节能融租新模式”的企业。

1996—2006年间，公司与世行的合作中，公司累计投资近5亿元，实施了86个节能减排项目，以百分之百的项目成功率，在中国成功示范推广了“合同能源管理”新机制。

2007年，公司创造性地把融资租赁引入节能服务产业。以“节能融租”新模式，致力于把节能服务向着更广阔的市场空间推进。公司将融资租赁业务伸延至工业设备、工程机械、医疗设备、印刷设备、飞机、船舶、轨道交通、公用事业、能源环保等多个行业，为广大企业、行政、公用事业提供融资、财务、税务、资本管理等方面的全方位解决方案。目前，公司已成为各类大中型服务运营商、品牌设备制造商、高耗能企业、银行等金融机构的良好合作伙伴，成为各类中小节能服务公司的优质融资平台。

2009 年 2 月 26 日，公司与山东临工工程机械融资租赁项目签约，每年融资租赁资金规模为 3 亿—5 亿元。

2011 年以来，公司根据中国的市场环境，采用节能效益分享型的形式，积极探索中国节能融租的新模式，争取为中国节能服务产业探索出一条节能服务公司和整个节能产业可持续发展道路。

2012 年，公司继续采用合同能源管理方式，在不同行业实施节能项目，解决了多家企业在进行节能改造时面临的资金、技术、信息等难题完成了百余家台高耗能锅炉的节能技术改造，扶持了两家高耗能企业成功上市。

交银金融租赁有限责任公司

通信地址：上海市仙霞路 18 号
邮编：200001
电话：021—53559858
传真：021—62788317
注册地：上海
注册时间：2007 年
注册资金：40 亿元人民币
审批监管：银监会

交银金融租赁有限责任公司（以下简称“交银租赁”）由交通银行独资设立，注册资本 40 亿元人民币，2007 年 12 月 28 日在上海正式开业。

交银租赁组建后，业务稳步发展。2009 年 4 月 30 日，交银租赁与东方航空公司在上海签订《飞机买卖协议》和《飞机租赁协议》，东方航空将 2 架空客 A340 系列飞机以 5.9 亿元人民币的标价出售给交银租赁，飞机出售后，东方航空公司再以融资租赁的方式回租，自飞机交付起租期 5 年。

2010 年，为适应业务迅速发展的需要，交通银行董事会决定再增资 20 亿人民币，注册资金由 20 亿元人民币增加到 40 亿元人民币，在 17 家金融租赁公司以注册资金为序的排行榜中，交银租赁上升至第五位。

2010 年 7 月 27 日，在交通银行总行公司业务部、金融市场部和投资管理部的大力支持下，公司在全国银行间债券市场首次成功发行 20 亿元金融债券，本次金融债期限为 3 年，利率为固定利率 3.15%，公司主体评级为 AAA，债项评级为 AAA。本次交银租赁 20 亿元金融债是银行系金融租赁公司发行金融债的第一单，所募集资金主要用于公司新增租赁项目投放和到期债务的偿还，使公司中长期资产负债结构得到优化，风险承受能力进一步增强，同时也有效降低了公司的负债成本。

2011 年，交银租赁开始调整业务结构，准备在细分市场做出特色，提出“打造专业特色”、“形成差异化的产品优势”的目标，开始了低调的业务转型。

2011 年年初，交银租赁即调整业务部门名称，积极打造鲜明的业务板块。调整后的业务部分别为能源设备租赁部、公共事业租赁部、机械设备租赁部，其中为体现专业分工，还特别将曾同属交通运输部的飞机、船舶业务分拆为航空与航运两个部门。

2011 年 3 月 29 日，交银租赁与山东华泰纸业股份有限公司签署 9 亿元售后回租融资租赁合同。山东华泰纸业股份有限公司以 40 万吨高级彩色胶印新闻纸部分生产设备与交银金融租赁有限责任公司开展售后回租融资租赁业务，公司计划融资总额人民币 9 亿元，首次融资金额为人民币 8000 万元。

2011 年 5 月 30 日，交银租赁有限责任公司与芜湖港储运股份有限公司签署 2 亿元融资租赁合同。芜湖港储运股份有限公司根据生产经营需要，采用融资租赁（回租）的方式筹集 2 亿元资金用于生产经营和项目建设。

2011 年 6 月中旬，交银租赁为四川天威集团签订了 3.5 亿元的设备融资租赁业务，帮助其解决资金难题，加快能源产业化的步伐。这是交银金融租赁首单新能源行业的融资租赁业务。

2011 年 10 月 23 日，交银租赁与商飞签署了 30 架 C919 大型客机订购协议，在飞机租赁业务中取得重大进展。

2012 年，交银租赁各项业务继续快速拓展。

9 月 27 日，交银租赁与安徽星马汽车签署框架合作协议。交银租赁为星马汽车提供融资租赁服务，此次内容为 10 亿元厂商租赁额度的签约，其中华菱星马汽车股份有限公司和安徽华菱汽车有限公司使用额度为各 5 亿元。

8 月 5 日，交银金融租赁有限责任公司成功操作国内首单“洋山保税登记船舶”融资租赁项目，交银瀚辉上海丹阳船务“冠海朝阳”项目成功落地。

10 月 30 日，交通银行召开第六届董事会第十七次会议，会议审议通过关于增资交银金融租赁有限责任公司的决议、关于增资交银国际信托有限公司的决议等事项。拟向交银金融租赁有限责任公司增资 30 亿元。

兴业金融租赁有限责任公司

通信地址：北京市朝阳区安贞西里福建大厦10楼
邮编：100029
电话：010—64438158
传真：010—64450063
注册地：天津
注册时间：2010年
注册资金：35亿元人民币
审批监管：银监会

兴业金融租赁有限责任公司（以下简称“兴业租赁”）于2009年5月获准筹建，现公司注册资金35亿元人民币，注册地在天津经济技术开发区。兴业银行对发展融资租赁业务高度重视，通过积极招聘租赁专业人才，调动全行分支机构的积极性，开展融资租赁业务的营销和拓展等活动，兴业金融租赁有限公司经过短期筹建后，于2010年9月正式营业。

兴业租赁开业后，为了避免同质化竞争，根据母行优势开展特色业务，即依托总行遵循“赤道银行”的原则，开展节能环保、低碳排放、绿色金融方向的租赁业务；开展在“银银平台”合作基础项下与金融同业的租赁业务。

2011年上半年，兴业租赁与昆明滇池投资有限责任公司合作，开展以管网资产支撑的6亿元六年期融资租赁业务，顺利实现了资金的全额投放。这笔融资业务的开展，不仅为昆明滇投筹集到了融资项目启动资金，也为昆明市政建设灵活利用金融产品，盘活城市污水管网、泵站等资产，以争取更多资金支持提供了新的思路，为此，昆明市对兴业租赁与昆明滇投成功开展的融资租赁合作给予高度评价。

2011 年 4 月，兴业租赁与常德市经济投资有限公司签订 5 亿元节能减排金融租赁合同。用于“常德市新河水系统综合治理工程”，这不仅是兴业银行在常德办理的第一笔节能减排信用业务，同时也是常德市第一笔金融租赁业务。新河水系统综合治理工程总投资为 21.8 亿元，这 5 亿元的租赁业务是其中第一笔。

2011 年 6 月 8 日，兴业金融租赁与新疆中泰矿冶有限公司签署融资租赁合同。新疆中泰矿冶有限公司正在建设 60 万吨/年电石、配套 60 万千瓦自备电联产项目，为保证该项目顺利建设，中泰矿冶拟向兴业金融租赁申请办理了融资租赁金额 4 亿元期限五年的融资租赁合同，资金全部用于中泰矿冶项目建设。

2012 年，兴业租赁为适应业务发展的需要，将注册资金从 20 亿增至 35 亿元，在截至 2012 年年底的中国融资租赁十强企业排行榜中，兴业租赁位于第 6 位。

截至 2012 年年末，兴业租赁资产总额达到 403.15 亿元，租金回收率达到 100%。公司实现税后净利润 6.67 亿元，累计缴交各项税超过 2 亿元。

招银金融租赁有限公司

通信地址：上海市世纪大道201号渣打银行大厦9楼
邮编：200120
电话：021—61059999
传真：021—61059900
注册地：上海
注册时间：2007年
注册资金：40亿元人民币
审批监管：银监会

招银金融租赁有限公司（以下简称“招银租赁”）于2008年3月26日获得银监会批准成立，现注册资金40亿元人民币，由招商银行股份有限公司全资设立。2008年4月23日公司在上海开业。

招银租赁的设立，是招商银行综合化经营战略的重要组成部分。招银租赁按照现代企业管理制度和国家的监管要求，建立专业、高效、制衡和负责的董事会，并将持续完善公司治理结构，加强合规经营，扎实推进公司的科学化、信息化、流程化和系统化管理建设。

2009年，在5家新组建的金融租赁公司中，招银租赁资产增速最快，高达295.3%，在以注册资金为序的中国融资企业排行榜中，招银租赁和交银租赁居并列第七位。

2010年11月25日，招银租赁正式获得人民银行上海总部批文，取得全国银行间同业拆借市场资格，以开展人民币同业拆借业务。

2010年11月29日，招银租赁注册于上海综合保税区内的SPV项目公司——招银翔鹏飞机租赁有限公司，从境外航空租赁公司收购的带租约飞机资产成功降落。此单业务为上海综合保税区内开展的第一架经营性飞机租赁，交易采用了适应中国法、英国法两种司法环境和多国税务环境下的交易结构，运用了基于国际专业资产评估方法和系统，并在国内就中、外资银行与金融租赁公司下辖项目公司间的飞机美元抵押贷款进行了突破性的尝试。该业务凭借“中国式飞机保税租赁”的创新模式，入选了“2010 年上海市金融创新成果奖”。

2011 年 1 月 19 日，招银金融租赁与安徽丰原生物化学股份有限公司签署租赁合同，融资总额为 2 亿元人民币，融资期限为三年。

2011 年 3 月 17 日，招银租赁与国内风电领先企业——金风科技股份有限公司的全资子公司北京天润新能投资有限公司签署融资租赁战略合作协议。该协议的签署，标志着招银租赁将着力推动风电利用产业的发展，以风电产业拓宽租赁业务市场。

2011 年 4 月 19 日，招银租赁与长江交通科技股份有限公司签署 9819 万元融资租赁协议，以“长禄海”轮进行融资租赁交易，金额为 9819 万元，交易期九年。

2012 年招银租赁业务，特别是航空租赁业务继续稳步推进。3 月 28 日，招银金融租赁有限公司与美国塞斯纳飞机公司在“2012 亚洲公务航空会议暨展览会”上，举行了公务机战略合作备忘录的签约仪式。

8 月 28 日，招银租赁在德国汉堡空中客车公司总装工厂顺利向承租人东方航空公司交付了第一架空中客车 A319 飞机，此举标志着招银租赁自启动航空租赁业务以来首笔以航空公司为承租人的飞机融资项目成功落地。

江苏金融租赁有限公司

通信地址：江苏省南京市山西路128号26—27楼

邮编：210009

电话：025—86816908

传真：025—86816907

注册地：南京

注册时间：1985年

注册资金：20亿元人民币

审批监管：银监会

江苏金融租赁有限公司（以下简称“江苏金融租赁”）是国内最早成立的金融租赁公司之一，成立于1985年6月，主要股东是江苏交通控股有限公司、南京银行、国际金融公司等。公司自成立起，就始终以服务中小企业为战略定位，经营稳健，在租赁行业树有良好口碑。特别是最近几年，包括一些刚刚创立的微型企业，都是江苏租赁提供资金支持的主要对象。

江苏金融租赁主要从三个方面开展对中小企业的融资租赁。首先是科学筛选融资项目。一方面选择标的物价值稳定、二手设备流通性好、易变现的项目，另一方面选择有稳定现金流的客户。另外，还选择股权结构简单、负债结构清晰的客户，以利于准确判断其治理状况和资本实力。其次是开拓多种营销方式。江苏租赁十分注重与厂商、代理商和供货商的紧密合作。一方面可以及时掌握有资金需求的小企业，主动进行业务介绍；另一方面可以与代理商、供货商协调，帮助小企业尽快解决设备售后服务中遇到的问题，提升客户对江苏租赁的信任感。目前，通过这一途径开展的业务约占65%—70%。同时，江苏金融租赁根据对重点行业、重点客户潜在设备购置需求的分析，采取直接营销终端客户的方式，这一方式约占25%。再次是优化租赁业务流程。一方面是按行业制定分析重点和评价标准，并将项目审核委员会划分成若干小组，分组对小项目进行评议，提高决策效率。另一方面是区分情况，量身订制个性化租赁方案。针对发展前景良好但出现暂时性困难的客户，结合风险评估，采取租金调整、展期等措施，帮助他们渡过难关。该公司还挑选一部分具有成长性、还租记录良好的小企业，给予长期支持。

2010年，江苏金融租赁资产规模同比增长一倍，资产质量良好，租金回收率达99%，公司总资产已达70亿元。在公司的存续项目中，中小企业数量占比为94%，投放金额占比73%，1000万元以下项目数量占比75%，受惠中小企业遍及工业、交通、医疗、教育等多个领域。在中小企业受惠的同时，江苏租赁自身也得到了跨越式发展。2010年年底，江苏金融租赁成功完成了世界银行集团成员的国际金融公司（IFC）对公司的参股注资，成为国际金融公司在中国融资租赁业投资的首家租赁公司。

2011年5月27日，江苏宁沪高速公路股份有限公司董事会宣布，公司附属公司江苏广靖锡澄高速公路有限公司与江苏交通控股有限公司等六方订立《江苏金融租赁有限公司增资扩股合同》。增资后，江苏金融租赁有限公司的注册资本达到20亿元人民币。公司增资扩股后，其拥有的资金量扩大，业务范围也将扩大，规模效应增强，是江苏金融租赁实现持续健康发展、提高综合竞争力的重要举措。

2012年，江苏金融租赁和世界银行集团成员国际金融公司（IFC）签署长期贷款协议。公司将取得IFC提供的3.15亿人民币贷款。这笔贷款将进一步助力公司业务发展及改善中小企业融资环境。此项贷款是江苏租赁首次从IFC获得的长期贷款，也是自IFC成为首个获批与国内银行进行货币互换交易的多边机构后，一笔在货币互换项目下具有历史意义的首笔贷款。

国泰租赁有限公司

通信地址：山东省济南市高新区舜华路 2000 号舜泰广场 2 号楼 1801 室

邮编：250101

电话：0531—81922222

传真：0531—91922226

注册地：济南

注册时间：2007 年

注册资金：30 亿元人民币

审批监管：商务部

国泰租赁有限公司（以下简称“国泰租赁”）成立于 2007 年 2 月，总部设在山东济南，目前注册资本为 30 亿元人民币，是一家由山东省国资委和山东能源新汶矿业集团共同出资、经商务部与国家税务总局共同批准的内资融资租赁试点企业，是当前山东省规模最大、服务能力最强的融资租赁公司，也是山东省国资委下属唯一直管融资租赁公司。

国泰租赁自成立以来，秉承“商者无域、相融共生”的经营理念，凭借雄厚的资金实力、良好的发展理念和广阔的发展空间，汇聚了一批具有金融、法律、财务等专业资深背景的优秀人才，紧密结合国家经济社会发展战略，准确定位市场角色，立足山东，面向全国，从发掘融资租赁业务的本质入手，逐步发展成为国内规模最大、专业性最强的矿山设备融资租赁服务商，并初步形成了以矿山工程设备、工业设备租赁为基础，以节能环保设备租赁等配合国家热点政策的租赁服务为延伸，以不动产租赁、运载设备租赁等其他业务为重要补充的战略发展体系。

公司 2008 年被评为“中国融资租赁典范企业”；2010 年当选为“中

国融资租赁业协会理事单位”，被工信部评选为“首批推荐的节能服务企业”；2011 年被评为“中国融资租赁年度创新企业”；2012 年获得“中国最佳中小企业金融服务奖”、“中国融资租赁年度公司”等多项荣誉。

2012 年，公司继续保持持续、快速、健康的发展态势。截至 2012 年 12 月底，公司资产规模超过 100 亿元人民币，年纳税额 1 亿余元，得到了主管部门及社会各界的广泛认可。

江西省海济租赁有限责任公司

通信地址：江西省南昌市北京西路118号冶金厅大院办公楼4楼

邮编：330046

电 话：0791—86208139

传真：0791—86200717

注册地：南昌

注册时间：2006年

注册资金：0.8亿元人民币

审批监管：商务部

江西省海济租赁有限责任公司（以下简称“海济租赁”）是江西省第一家获得商务部、国家税务总局批准的具有融资租赁资质的内资租赁公司，其前身是江西省设备租赁公司，2006年5月，经商务部、国家税务总局联合批准，成为当时全国20家内资融资租赁试点企业之一。2007年9月，通过引进战略合作伙伴进行增资扩股，由江西省设备租赁公司改制为江西省海济租赁有限责任公司。

2012年，海济租赁继续致力于向企业提供融资租赁服务，先后为省冶金、建材、医药、化工、物流、电子、餐饮、旅游、机械等行业多个项目的承租企业提供租赁融资支持，取得了较好的社会效益和经济效益。

6月，海济租赁以售后回租的模式解决了万载县政府第一阶段的建设6000万元资金缺口。之后，双方签订《战略合作协议》，海济租赁将为该项目后续的资金缺口提供综合的资金解决方案。

海济租赁积极参与安居房工程建设。截至2012年6月，海济租赁以售后回租的方式为江西某县安居房项目解决了近亿元的资金缺口。租赁企业以租赁方式参与保障性安居工程建设，在全国尚属首例，江西有关部门对海济租赁的做法给予了高度评价。

海济租赁作为一家有国资背景的融资租赁企业，在发展壮大自身实力的同时，进一步加强同业间的学习交流和互利合作。8 月 24 日，由海济租赁和国泰租赁发起的“中国·井冈山融资租赁高端研讨会”开幕。来自北京、上海、天津、广东等沿海地区的国内融资租赁行业部分龙头企业的负责人，行业协会领导及业界专家，围绕“新形势下融资租赁公司业务创新与风险防范”的主题进行了深入探讨。

武汉光谷融资租赁有限公司

通信地址：湖北省武汉市东湖高新技术开发区佳园路2号高科大厦4楼

邮编：430074

电话：027—87500187

传真：027—87500288

注册地：武汉

注册时间：2012年

注册资金：1.75亿元人民币

审批监管：商务部

武汉光谷融资租赁有限公司（以下简称“光谷租赁”）成立于2012年4月，是由武汉国有资产经营公司、武汉当代科技产业集团股份有限公司、湖北省科技投资集团有限公司、武汉经济发展投资（集团）有限公司、武汉东创投资担保有限公司、武汉开元科技创业投资有限公司共同出资组建的专业化融资租赁公司。

2012年8月，光谷租赁通过了商务部和国税总局的联合审批，成为第九批内资融资租赁试点企业，是湖北省首家也是唯一一家内资融资租赁试点企业。

光谷租赁主要开展以直接融资租赁和售后回租为主要模式的融资租赁业务，可以为有融资需求的企业提供中长期资金扩大生产规模，帮助设备制造商“以租代销”扩大销售规模，为各类大型项目建设、产业园区开发提供融资，帮助已上市或拟上市企业优化财务结构等。同时，凭借良好的资源和渠道优势，与股东旗下银行、信托及其他金融机构积极互动，进行“银行与租赁”、“信托与租赁”等结构化创新融资合作模式，为客户提供高效便捷、全方位、多元化的融资融物服务。

上海海晟融资租赁有限公司

通信地址：上海市浦东新区东方路 985 号一百彬彬大厦 19 楼
邮编：200122
电话：021—50861119
传真：021—50860609
注册地：上海
注册时间：2012 年
注册资金：2000 万美元
审批监管：商务部

上海海晟融资租赁有限公司（Season Financial Leasing Co.，Ltd）（以下简称“海晟租赁”）是经商务部门批准的注册在上海浦东新区的中外合资融资租赁公司。公司成立于 2012 年 2 月，注册资金 2000 万美元。

海晟租赁组建后，积极整合现成的资源优势和人才优势，致力于通过对融资租赁技术的创新和应用，加强融资租赁产品的便利性、快捷性和适用性，连接融资、贸易、租赁的产业链条，集合金融机构、设备制造商、终端用户形成租赁交易平台，满足大型企业和中小型企业客户不同的租赁需求，提供高效、专业、全面的融资租赁服务。

2012 年，海晟租赁与国内外众多大型金融机构及大型企业结成广泛紧密的战略合作伙伴关系，以打造融资租赁这一新型金融工具为突破口，通过资源整合和配置，运用融资租赁合理盘活政府及企业存量资产；与此同时，在租赁行业迅速发展的今天，海晟租赁意识到在融资租赁的大版图中，跨境融资租赁也是公司发展版图中至关重要的一块。随着中国企业近年来走出去步伐的加快，大型设备制造，工程机械出口带动的国际租赁都成为了融资租赁业务的新趋势，海晟租赁将顺应这一潮流，致力于发展跨境租赁。此外，公司还将着力运用按揭式融资租赁的创新模式，力求解决中小企业融资难问题。

由一批业内优秀的专业人士组成的管理团队领导海晟租赁从高起点出发，凭借对融资租赁的成功经验以及对未来发展前景的信心，依托中国迅速崛起的中国融资租赁市场，依托上海浦东先行先试的融资租赁良好的政策环境，海晟租赁将准确把握经营环境的变化趋势，研究中国市场条件下对融资租赁的需求特征，继承中国融资租赁行业的成功经验，树立“创新、专业、服务、务实、开放、高效、灵活”的企业精神，不断发挥公司一流专家团队和管理层的租赁创新理念，发挥特长和优势，创造性地满足客户对于融资租赁的需求，向企业、厂商和及金融机构提供融资租赁解决方案，创造互利共赢的崭新局面。

北部湾金融租赁有限公司

通信地址：广西南宁市青秀区金湖路58号立富邦酒店5—6层
邮编：530000
电话：0771—5715352
传真：0771—5715352
注册地：南宁
注册时间：2011年
注册资金：10亿元人民币
审批监管：银监会

2011年10月，北部湾金融租赁有限公司正式获中国银监会批复同意筹建。

北部湾金融租赁有限公司是由广西金融投资集团有限公司和广西柳工集团有限公司共同出资、中国银监会批准设立的以经营融资租赁业务为主的全国性金融总部机构，首期注册资本为10亿元人民币。

北部湾金融租赁有限公司将以服务中小企业为重点，致力于为中小企业融资解困，依托股东资源和区域特色产业，在工程机械、教育、交通、医疗、电力、通信等各领域内积极开展融资租赁、经营性租赁、资产管理、经济咨询等业务，为企业、机构、个人提供专业化、个性化、系列化的综合金融服务，满足客户的金融和财务需求。

作为全国第19家、广西首家本土金融租赁公司，北部湾金融租赁有限公司依托广西金融投资集团与广西柳工集团在金融领域以及国内外市场上的品牌优势、渠道优势、资金优势和人才优势，充分发挥金融资本与产业资本相互融通的功能，为企业提供专业化、多渠道的金融租赁服务，为破解中小企业贷款融资难题，助推中小企业快速发展提供更加强有力的金融支持。北部湾金融租赁有限公司开业后撬动125亿元融资租赁额，有效拉动社会投资、优化产业结构、促进社会就业、增加政府财政税收，为全区加快发展带来良好的经济效益和社会效益。

2012年10月18日，在开业庆典上，北部湾金融租赁有限公司与多家金融机构及企业签署了合作协议，将在金融租赁领域内开展广泛而深入的业务合作。

皖江金融租赁有限公司

通信地址：安徽省芜湖市镜湖区镜湖路 35 号
邮编：241000
电话：0553—3880255
传真：0553—3880255
注册地：芜湖
注册时间：2011 年
注册资金：30 亿元人民币
审批监管：银监会

皖江金融租赁有限公司（以下简称“皖江金融租赁”）是经中国银行业监督管理委员会批准设立的全国性非银行金融机构，2011 年 12 月 31 日正式开业，公司由天津渤海租赁有限公司、芜湖市建设投资有限公司和美的集团有限公司共同出资组建。在 2012 年以注册资金为序的中国融资租赁十强企业排行榜上，皖江金融租赁与国泰租赁并列第十位。

皖江金融租赁立足皖江，服务安徽，面向长三角，秉承“诚信、业绩、创新”的经营理念，依托优势资源，以内河航运与工程船舶、基建设施与设备、农业机具与仓储物流、工程机械与装备制造、通用航空与公务航空等作为公司重点业务领域，服务实体经济、支持芜湖及皖江城市带经济发展，努力探索金融租赁公司发展之路，致力于将皖江金融租赁打造成为卓越的金融租赁公司。

2012 年，新组建的皖江金融租赁积极开展工作。9 月 6 日，皖江金融租赁有限公司赴重庆，与中国城市建设控股集团有限公司、中城建第三工程局就基础设施设备领域建立长期合作关系达成一致。

浦银金融租赁股份有限公司

通信地址：上海市中山东一路12号
邮编：200002
注册地：上海
注册时间：2011年
注册资金：27亿元人民币
审批监管：银监会

2012年5月11日，浦银金融租赁股份有限公司在上海举行了开业仪式。

浦银金融租赁股份有限公司是由浦发银行、中国商用飞机有限责任公司和上海国际集团有限公司共同发起设立的全国性非银行金融机构，注册资本为27亿元人民币，其中浦发银行出资18亿元人民币，持股比例为66.67%；中国商用飞机有限责任公司出资6亿元人民币，持股比例为22.22%；上海国际集团有限公司出资3亿元人民币，持股比例为11.11%，是国内首家由商业银行、先进制造企业和综合化金融控股集团共同发起设立的金融租赁公司。

浦银金融租赁股份有限公司开业后，认真落实上海市委、市政府推进上海国际金融中心建设战略部署的要求，坚持金融服务实体经济发展的本质要求，坚持金融创新与防范风险并重的发展理念，以客户为中心，立足上海，服务全国。公司将以支持国产大飞机战略为主导，以船舶、轨道交通、工程机械设备、工业制造设备、公共基础设施行业及中小企业等实体经济产业为服务方向，为社会提供优质、高效的产品和服务，为上海“两个中心”的建设和创新驱动、转型发展作出应有的贡献。

在开业仪式上，浦银金融租赁股份有限公司与都江堰兴市水业有限公司签署了合作协议。都江堰兴市水业有限公司所属的西区自来水厂是“5·12”大地震上海市的对口援建项目。本次合作作为上海市建设对口援建长效机制的重要项目，将成为上海市积极参与四川灾区重建、促进当地经济科学发展、提供全面金融服务的典范。

—·论著名录·—

2012 融资租赁论著名录

高圣平、钱晓晨：《中国融资租赁现状与发展战略》（中信出版社）

谭向东：《飞机租赁实务》（修订版）（中信出版社）

丁贵英：《金融信托与租赁实务》（第 2 版）（电子工业出版社）

李中华：《融资租赁运作实务与法律风险防范》（法律出版社）

曾庆学：《现代租赁管理与会计实务》（西南财经大学出版社）

闵绥艳：《信托与租赁》（第 3 版）（科学出版社）

杨　勇：《租赁服务业研究》（经济科学出版社）

史树林、乐沸涛：《融资租赁制度概论》（中信出版社）

张一兵：《汽车租赁概论》（人民交通出版社）

高益民：《房屋租赁合同纠纷诉讼指引与实务问题解答》（法律出版社）

隋　平：《项目融资与银团贷款业务操作指引》（法律出版社）

马丽娟：《信托与租赁》（东北财经大学出版社）

杨海田：《构建多层次资金供给体系》（《人民日报》）

史燕平：《为什么直租与回租比例失调 》（和讯网）

史燕平：《中小企业设备投资融资租赁是天然渠道》（《第一财经日报》）

祁建国：《融资租赁公司多元化融资方式探讨》（新浪网）

张雁翎：《中国融资租赁业正在百花齐放》（新浪网）

吴晓灵：《信托可以与融资租赁结合 》（新浪网）

廖　岷：《如何改变小微企业融资难》（中国融资租赁网）

杨　雄：《未来 20 年内中国飞机融资租赁规模或达 2000 亿美元》（《国际金融报》）

沈丹阳：《鼓励民间资本进入融资租赁等行业》（《新京报》）

梁　宵：《融资租赁：高速路上“三道坎”》（和讯网）

李　克：《大力推进融资租赁市场发展》（《河南日报》）

刘卫东：《中国制造业走出去租赁业要先行》（融资租赁网）

郑斯雄：《西部大型设备融资租赁需求强烈》（新浪网）

丛　林：《驶入金融租赁蓝海》（中国融资租赁资源网）

俞开琪：《中小企业发展融资租赁需政府支持》（鲁班网）

—·历史年表·—

中国融资租赁业历史年表(1980—2012年)

1980年

1月12日，中国国际信托投资公司（中信公司）、北京市物资局与东方租赁株式会社（日本）在东京签订《合作协议书》，着手筹建中国东方租赁有限公司。

6月2日，中国东方租赁有限公司筹备处在北京陶然亭公园举行招待会，宣布筹备处正式成立。

11月27日，国家外汇管理局以［1980］汇综字第1022号文答复中国东方租赁有限公司筹备处，同意该公司成立后在国内开展租赁业务使用外币计价结算。

1981年

4月8日，外经贸部批准中国东方租赁有限公司成立。

4月15日，中国东方租赁有限公司在北京展览馆举行招待会，庆祝首届董事会召开。时任全国政协副主席、中信公司董事长荣毅仁，国务院外国投资委员会副主任江泽民等出席了招待会。江泽民在贺词中指出："合资租赁企业是件新事物，我们没有经验，要努力办好这个企业，推动我国的技术改造，为发展我国经济建设服务。"荣毅仁说："我们要借鉴外国的先进经验，结合中国国情，走出一条自己的道路，为国家现代化建设作出贡献。"

4月18日，中国东方租赁有限公司取得营业执照，开始营业，至此，具有标志性的中国第一家融资租赁公司诞生。

7月28日，海关总署以［1981］署货字第256号文，下发《关于中外合营中国东方租赁有限公司经营范围和有关监管、征税、统计事项的通知》。

8月，中国第一家国营融资租赁公司——中国租赁有限公司（简称中租）正式设立。

12月13日，全国人大审议通过《中华人民共和国经济合同法》。

1982年

4月18日，中国东方租赁在广州市获准设立分公司。

7月9日，海关总署关税处以［1982］署税字第130号文，向中国东方租赁发出《关于租赁进口设备申请免税问题的复函》。该文明确了企业采取融资租赁方式，利用外资进口先进设备符合减免税政策的，由承租单位向海关总署申请减免税。

11月，浙江租赁有限公司成立。其后，广东国际租赁公司、中国外贸租赁公司、中国华阳租赁公司、电子租赁公司等一批以银行和信托投资机构为投资背景的内资租赁公司相继成立。

1983年

4月14日，荣毅仁为中国东方租赁公司题词："结合中国实际，积极有效地利用外资，办好租赁事业，为企业改造提供优质服务，为全面开创社会主义现代化建设的新局面作出贡献!"

9月20日，国务院发布《中华人民共和国中外合资经营企业法实施条例》。

1984年

7月13日，中国第二家中外合资融资租赁公司——华和国际租赁有限公司在山东省青岛市成立。

8月，中国银行信托咨询公司颁布《国际租赁业务办法》，随后，工商银行、建设银行、农业银行、交通银行等银行陆续颁布了"融资租赁业业务管理办法"。一些银行所属的信托部门以及各省市国际信托投资公司开始兼营融资租赁业务。各省物资机电部门陆续成立的租赁公司也纷纷开展融资租赁业务。

10 月 17 日，中国人民银行颁布《关于金融机构设置或撤并管理的暂行规定》。该规定中明确了“任何部门、任何单位开办金融业务及设置或撤并分支机构，都必须经中国人民银行或其授权单位批准”。规定颁布后，以非银行金融机构为主要投资人设立的内资金融租赁公司，陆续向中国人民银行申请颁发金融机构营业执照。

10 月 20 日，中国共产党十二届三中全会在北京召开。其后，中国融资租赁业的开拓者闵一民、经叔平、雷平一等，开始研究探讨中国融资租赁监管法规的制定。

11 月 10 日，中国环球租赁有限公司在北京市成立。

11 月 13 日，中国国际包装租赁有限公司在北京市成立。

11 月，中国信托公司在国家经委支持下开始起草制定《融资租赁暂行条例》。东方、环球、中租等租赁公司参与了监管法规的研讨，这是中国融资租赁业开拓者们首次做出的立法尝试。后因有关主管部门对融资租赁公司性质及监管未能达成一致意见，条例未能颁布。

12 月 31 日，截至 1984 年年底，中国中外合资租赁公司达到 4 家，年内新签租赁合同额共计超过 1.2 亿美元。

12 月 31 日，时任中国人民银行行长陈慕华和外贸部部长郑拓彬提出，要加强银贸结合。此后，一些由国内银行和外贸公司与外商合资的融资租赁公司陆续设立。

1985 年

2 月 25 日，中国国际有色金属租赁有限公司在北京成立。

4 月 16 日，国际租赁有限公司在上海成立。

5 月 23 日，上海太平洋租赁有限公司成立。公司注册资本为 300 万美金，由上海市对外贸易总公司（27%）、中国租赁公司（25%）、中国工商银行信托投资公司（23%）、株式会社日本租赁公司（20%）和株式会社日本长期信用银行（5%）发起设立。

5 月 24 日，国际集装箱租赁有限公司在北京成立。

6 月 28 日，外经贸部、国家计委、国家经委联合下发［85］外经贸资字第 94 号文——《关于设立中外合营租赁公司审批问题的通知》，明确中外合营的租赁公司或外商独资租赁公司一律由对外经济贸易部审批并颁发批准证书。至此，银行业投资的融资租赁公司与外商投资的融资租赁公司分别审批格局形成。

6 月 30 日，财政部颁布［85］财工字第 29 号文——《关于国营工业企业租赁费用财务处理的规定》。

7 月 15 日，深圳建筑机械租赁有限公司在深圳成立。

7 月 22 日，财政部颁布《关于国营工业企业租赁固定资产有关会计处理问题的规定》(［85］财会字第 45 号文)。文件对与融资租赁业务相关的会计、税收、外币计价、减免关税适用等政策性问题作了初步规定，为融资租赁业务的开展奠定了政策基础。

8 月，由于国家外汇紧缺，中国银行不能按计划执行云南烟草行业已签订的近亿美元的进口合同的贷款计划，中信公司、东方租赁、环球租赁采取融资租赁方式提供了融资服务，使云南烟草顺利履行了进口合同，维护了国家信誉，支持了云南烟草行业的技术改造，为云南烟草行业的发展作出了贡献，也提升了融资租赁的社会信誉。

8 月 22 日，联合租赁有限公司在上海成立。

9 月 25 日，中联国际租赁有限公司在广州成立。

10 月 18 日，北方国际租赁有限公司在大连成立。

10 月 29 日，华中国际租赁有限公司在武汉成立。

12 月 31 日，截至 1985 年年底，中外合资租赁公司总数达到 13 家。年度新签租赁合同额共计超过 4 亿美元。金融机构系统的租赁业务也迅速发展，据统计，仅工商银行系统租赁业务额就高达 20 亿人民币。

1986 年

1 月 6 日，财政部、国家税务总局联合发布《关于延长外商从我国取得的利息及租赁费减征所得税期限的通知》。

1 月 22 日，广东国际租赁公司在广州设立。

4 月 26 日，中国人民银行发布了《关于发布“金融信托投资机构管理暂行规定”的通知》。

5 月 19 日，外经贸部下发［86］外经贸法字第 12 号文——《关于合资企业或合资企业的中外方投资者能否用租赁来的设备作为注册资本投入合资企业问题的通知》，明确规定，通过租赁公司租赁的设备不能作为合资企业的注册资本，界定了股权投资与设备投资的区别。

8 月 23 日，中国人民银行颁布《关于贯彻“金融信托投资机构管理暂行规定”有关问题的批复》。

9 月 5 日，天津国际租赁有限公司在天津市成立。

9 月 19 日，浙江租赁公司正式更名为浙江省租赁有限公司，同年 12 月 19 日核发金融许可证。

12 月 24 日，中国人民银行颁布了《金融信托投资机构资金管理暂行办法》。

1987 年

1 月 1 日，《中华人民共和国民法通则》开始施行。

1 月 19 日，最高人民法院向福建省高级人民法院发出《关于租赁契约在履行期间发生争执新订立协议在办理公证时一方反悔并拒绝签字、领受公证书，应如何处理问题的批复》。

2 月 27 日，广州市国营商业小型企业租赁经营试行办法出台。

5 月 25 日，天津市政府批转市体改办、市商委等四部门《关于国营小型零售商业、饮食服务业企业实行租赁经营的若干规定》。

6 月 23 日，经贸部外资局在大连召集 14 家中外合资租赁公司开会，决定筹备中外合资租赁公司联谊会。会议明确中国东方租赁为联谊会召集人。

8 月 5 日，吉林市小型工业企业租赁经营试行办法出台。

10 月 25—11 月 1 日，北京经济文化管理研究学会举办两期“融资租赁研究班”，在此基础上，该学会魏玉树、刘五一组织租赁界的专家、经济主管部门的负责人员和院校理论研究人员编写了《融资租赁业务讲座》一书，推动了融资租赁知识的普及和业务人员的培训工作。

12 月 30 日，光大国际租赁有限公司在北京成立。

12 月，中信公司租赁部第一次成功地采用杠杆租赁方式，为中国民航引进洛克希德大型货机一架，开创了中国国内金融机构组织开展飞机租赁的先河。

12 月，中国东方租赁有限公司与日本东方租赁株式会社合作，把广州黄埔船厂制造的一艘 18000 吨散装货船首次租到北欧，标的金额为 750 万元人民币。此举开创了中国融资租赁服务出口的先例。

1988 年

3 月 15 日，工商国际租赁有限公司在广州成立。

4 月 23 日，西南国际租赁有限公司在成都成立。

5 月 25 日，中国华阳联合租赁有限公司经中国人民银行批准成立，同年 8 月经工商行政管理局注册登记。

5 月 28 日，《国际融资租赁公约》（Unidroit Convention on International Financial Leasing）在加拿大首都渥太华审议，有 55 个国家参与该《公约》最后文本的审议并签字。中国代表参加了公约文本的起草审议工作，但是最终没有加入该《公约》。虽然目前该《公约》没有生效，但是其内容已作为国际惯例被普遍使用。

6 月 20 日，《最高人民法院公报》公布了“关于贯彻执行《中华人民共和国民法通则》若干问题的意见（试行）的通知”。其中第 106 条明文规定，“国家机关不能担任保证人”。

8 月 23 日，黄河国际租赁有限公司在郑州成立。

9 月 8 日，福建国际租赁有限公司在福州成立。

9 月 13—15 日，24 家中外合资的租赁公司代表在北京裕龙大酒店举行座谈会，宣布成立“中外合资租赁公司联谊会”，并推选中国东方租赁公司为主席会员。

12 月 31 日，截至 1988 年年底，全国中外合资的融资租赁公司达到 24 家，年度新签租赁合同额接近 5 亿美元。

1988 年，中外合资融资租赁公司的租金拖欠问题日益突出。据统计，24 家中外合资的租赁公司的欠租总额约达 3 亿美元，已危及租赁行业的生存和发展。

1989 年

3 月 15 日，友联国际租赁有限公司在北京成立。

3 月 29 日，南京国际租赁有限公司在南京成立。

4 月 24 日，海关总署监管发出《关于武汉货柜有限公司租赁设备不能享受免税待遇的批复》，指出："武汉对外贸易租赁公司购买有关设备进口，再租赁给中外合资的武汉货柜有限公司，能否享受外商投资企业进口货物有关优惠问题，按规定外商投资企业在投资总额内以租赁方式进口的货物可享受税收优惠待遇。由于该批设备是武汉对外贸易租赁公司购买进口，且设备所有权仍属于该租赁公司，因此，该批设备进口时应按一般进口货物办理报关和纳税手续。如果武汉货柜有限公司能出具以实际收入外资数额验资证明的，其当年转租赁进口的有关设备可在实际投入总额内予以退税"。

6 月上旬，中国环球租赁公司在德国召开董事会，经中方董事会成员的努力，公司决定增资 200 万美元。

8 月 20 日，国家外汇管理局以［88］汇管条字第 726 号文，向东方租赁公司及在京其他六家中外合资租赁公司发出《关于国内企业偿付中外合资租赁公司外汇租金的管理规定的通知》。

9 月 14—16 日，中外合资租赁公司联谊会在北京裕龙大酒店召开 1989 年年会。年会上，在立法、税务和外汇管理方面提出了三个专题报告，并进行了换届选举，环球租赁接替东方租赁担任主席会员。会议商定，新的一届主席会员将主要协调解决欠租问题，积极呼吁立法，把完善政策环境作为主要工作方向。

11 月 15 日，国家外汇管理局颁布《关于进行外汇转贷款登记的通知》，并开始实施。

11 月 24 日，南方国际租赁有限公司在深圳成立。

1989 年年底，尽管行业发展中欠租问题日益突出，但中外合资的融资租赁公司合同签约额仍保持在 3.5 亿美元左右。特别应该指出的是，外商投资的融资租赁已成为中国突破西方制裁，引进外资的一个重要渠道。

1990 年

2 月，《租赁实务与会计》一书，由中国东方租赁有限公司徐维鏻、王忆华、王成芝主编，由中信出版社出版。该书全面介绍了国际融资租赁业发展现状，及法律、税收、会计、监管环境和租赁公司机构类型，回顾了中国融资租赁业的发展历程，阐述了融资租赁在国民经济发展中的独特作用，展望了融资租赁的发展未来，指出了当前存在的主要问题，提出了加强对租赁业扶植和管理的政策建议。

2 月 12 日，国家控制社会集团购买力办公室发出《关于不得以租赁方式变相购买销售国家规定的专项控制商品的通知》。

3 月，中国银行常州分行丁建平编著的《实用租赁手册》，由中国标准出版社出版。

5 月 29 日，东方租赁公司、中租公司、中信实业银行租赁部、外贸租赁公司、北京市中级法院参会，会同北京市高院、最高人民法院经济庭等有关专业人士，在京举办租赁法律问题座谈会。

6 月 14 日，《国际商报内参》发表署名文章，指出："由于欠租严重，融资租赁行业面临困境。"

7 月 19 日，国家工商行政管理局发布《关于发布财产租赁合同示范文本的通知》。

7 月 20 日，最高人民法院发布［90］法经函字第 61 号文——《关于中国东方租赁公司诉河南登封少林旅游汽车公司等融资租赁合同纠纷一案的复函》。

10 月 15 日，由中国石化总公司和日本的三家银行和商社合资的实华国际租赁有限公司取得营业执照，开始营业。

12 月 11 日，中外合资租赁公司联谊会在北京裕龙大酒店召开 1990 年年会，呼吁为融资租赁立法；要求各地政府部门履行担保责任。

12 月 14 日，荣毅仁在中国东方租赁有限公司成立 10 周年之际题词："十年租赁，引进外资和技术，成效显著，总结经验，不断提高，为我国社会主义建设事业作出新贡献。"

1991 年

年初，中国环球租赁有限公司业务部经理屈延凯向财政部提出运用租赁机制发展电信事业的建议，并根据财政部工交司费一平司长的指示提交了书面建议，引起财政部、邮电部领导的重视，并开展了调查研究工作。

1 月 8 日，中外合资的远东国际租赁有限公司在沈阳成立。

4月18日，中国东方租赁有限公司举办成立10周年庆祝会。

5月15日，财政部下发［91］财工字311号文，鼓励电信行业采用融资租赁方式引进设备。中国电信行业的融资租赁业务得以迅速开展。

5月30日、6月6日、7月5日，环球租赁有限公司起草的《融资租赁合同条例》（草案），由闵一民呈送全国人大常委会副委员长荣毅仁，先后经荣毅仁、全国人大法工委主任顾明、全国人大副委员长王汉斌批示，认为合同条例属国务院行政法规，建议由法制局汇总转呈国务院。

5月30日，时任全国人大常委会副委员长荣毅仁致函人大法工委主任顾明，提出要尽快为融资租赁立法。

7月8日，国务院法制局批示由国家工商行政管理局负责起草《融资租赁合同条例》。

8月7日，国务院法制局批准由国家工商行政管理局负责起草的《融资租赁合同条例》。

10月17日，国家外汇管理局以［91］汇资债字第008号文对东方租赁公司［91］东字第004号函予以批复，明确东方公司不属于《境内机构对外提供担保管理办法》文件的管理范围。中外合资租赁公司视同外商投资企业，排除在文件所规定的“非银行金融机构”之外，故此，对外借款或担保不需要事前审批，事后办理登记手续即可。

10月，国家行政管理局合同司开始对《融资租赁合同条例》进行立法调研。该司张经司长、李晓宽处长及有关人员为此进行了国内调研工作。

12月，最高人民法院苏庆审判员和李健助理审判员撰写的《略谈审理融资租赁案件中的几个法律问题》一文，在《人民司法》发表。该文推动了最高人民法院《审理融资租赁合同纠纷案件的若干规定》的制订。

1992年

1月18日至2月23日，邓小平南行武昌、深圳、珠海、上海等地，发表了重要讲话。

3月28日，国家工商总局组织东方租赁公司、中租租赁公司、环球租赁公司召开座谈会，就正在起草的《融资租赁合同条例》的有关问题征求意见。

6 月 16 日，浙江省以省长令的形式颁布了《浙江省租赁公司管理办法》，这是中国第一部促进融资租赁发展的地方性法规。该办法的颁布实施，直接推动了浙江省融资租赁业的快速发展。

7 月 17 日—8 月 3 日，由中外合资租赁公司联谊会组团，包括全国人大法工委、国务院法制局、对外经济贸易部、国家工商行政管理局的主管官员，以及中国环球租赁有限公司等有关单位参加的融资租赁立法考察小组，一行八人，考察了德国、法国及中国香港地区融资租赁立法情况。

8 月，中国著名法学专家梁慧星教授撰写的论文——《融资性租赁法性质论》在《法学研究》1992 年第 4 期发表。

11 月 3 日，重庆市中级人民法院宣告重庆针织总厂破产，成为全国大型国有企业在当地政府部门指导下，通过让承租人破产的方式逃避租赁债务的个案案例。

11 月 30 日，财政部发布《企业财务通则》和《企业会计准则》。

12 月 25 日，外经贸部以［1992］外经贸人经函字第 888 号文发布《关于同意外资协会设立租赁分会的批复》，同意外商租赁企业联谊会改为中国外商投资企业协会租赁分会。

12 月 30 日，重庆长江国际租赁有限公司在重庆成立。

12 月 31 日，据统计，截至 1992 年年底，中国融资租赁公司达到 30 家。

1993 年

1 月，北京出版社出版了由环球租赁有限公司的领导及员工集体编写的《怎样和外国人做生意》丛书，第六辑为《如何做融资租赁业务》，时任外经贸部副部长的吴仪为丛书作序。

2 月 2 日，国务院法制局局长杨景宇致函国务院领导，报告融资租赁的立法情况。

3 月 12 日，经贸部［1993］外经贸资一函第 131 号文批复，同意东方租赁公司在原经营范围的基础上增加“房地产租赁”业务。

3 月，山西金融租赁有限公司经中国人民银行批准成立。

3 月，新华社记者王海征针对中外合资租赁公司陷入欠租困境的严峻形势，撰写了《动态清样》（第 602 期和第 606 期）。

3月23日，时任国家副主席荣毅仁致函国务院副总理朱镕基，朱镕基批示："请经贸委研处。"经贸委法规司开始了解融资租赁行业的欠租情况。

4月中旬，中国著名法学专家梁慧星教授再次撰文——《融资性租赁若干法律问题》。

4月14—16日，外商租赁企业联谊会在北京中苑宾馆召开年会，宣布联谊会改名为外商投资企业租赁业委员会，挂靠在中国外商投资企业协会名下，正式名称为中国外商投资企业协会租赁业委员会。环球租赁被推选为主席会员，王桂田任会长。

7月1日，财政部发布的《企业财务通则》和《企业会计准则》开始施行。

7月5日，大业国际租赁有限公司在海口成立。

7月9日，中国人民银行颁布了《关于严格金融机构审批的通知》。中国金融业开始实行分业经营。经中国人民银行批准的金融租赁公司重新办照的仅为十余家，其他未获得中国人民银行重新审批的地方金融租赁公司面临困境。

7月10日，珠海协利租赁有限公司在珠海成立。

8月12日，中国外商投资企业协会高级顾问张荃、何曲配合经贸委，专程赴沈阳、大连进行欠租情况和解决意见的调查和研究，并于10月11日向时任国务院副总理朱镕基汇报。

10月19日，根据中国外商投资企业协会的报告，朱镕基副总理再次批示："请经贸委、人行商处。"

9月2日，江泽民主席签发第10号令，公布《反不正当竞争法》。

9月15日，外商投资企业协会租赁业委员会通过第五期《情况反映》，向荣毅仁副主席和国务院领导反映欠租问题。在中国外商投资企业协会支持下，租赁业委员会在京召开了解决欠租问题专题座谈会，经贸委及相关部门出席，会后协会向国务院领导及有关部门写了专题报告。

11月13日，外商投资企业协会租赁业委员会召集工作会议，向政府部门呼吁解决欠租问题。

11月11—14日，中共十四届三中全会举行。全会通过了《中共中央关于建立社会主义市场经济体制若干问题的决定》。全会指出，社会主义市场经济体制是同社会主义基本制度结合在一起的。建立社会主义市场经济体制，就是要使市场在国家宏观调控下对资源配置起基础性作用。要进一步转换国有企业经营机制，建立适应市场经济要求的“产权清晰”、“权责明确”、“政企分开”、“管理科学”的现代企业制度。

12 月 15 日，国务院发布《关于实行分税制财政管理体制的决定》。

12 月 25 日，国务院发布《关于金融体制改革的决定》。决定指出，金融体制改革的目标是：建立在国务院领导下，独立执行货币政策的中央银行宏观调控体系；建立政策性金融与商业性金融分离，以国有商业银行为主体、多种金融机构并存的金融组织体系；建立统一开放、有序竞争、严格管理的金融市场体系。通过金融体制改革，确立中国人民银行作为独立执行货币政策的中央银行的宏观调控体系；实行政策性银行与商业银行分离的金融组织体系。

12 月 28 日，中国人民银行发布《进一步改革外汇管理体制》的公告。

同年，财政部成立会计委员会和租赁会计准则课题组，在外商投资企业协会租赁业工作委员会的配合下进行大量的调研，受到业界好评。

同期，人大法工委开始《中华人民共和国合同法》的起草工作。最终，《融资租赁合同》作为列名合同，被专章立法。

1994 年

2 月 14 日，国家经济贸易委员会、中国人民银行、财政部和外经贸部下发国经贸发［1994］69 号文——《关于解决拖欠中外合资融资租赁公司租金问题的通知》。明确“谁承租谁还租，谁担保谁负责”的原则，要求尽快解决拖欠合资租赁公司租金问题。

2 月 15 日，国家外汇管理局以［94］汇资函字第 44 号文答复实华国际租赁公司，明确外汇融资租赁应办理外汇转贷款登记。

3 月 26 日，中国人民银行发布《结汇、售汇及付汇管理暂行规定》，外汇管理体制的改革进入实施阶段。

4 月，中央电视台记者赴河北、长春全程拍摄了租赁业委员会屈延凯秘书长去承租企业、法院、政府追讨欠租，要求落实 69 号文件的经过，于 5 月初以《追债记》为题在焦点访谈节目中播出，引起地方政府对解决欠租问题的重视。

4月20日，外商投资企业协会租赁业委员会在北京饭店白云厅举行1994年年会，主要内容是解决租金拖欠，呼吁为融资租赁立法。

6月4日，财政部向民航总局发出《关于对民航运输企业融资租赁飞机残值有关财务处理的通知》。

6月7日，中国外商投资企业协会向政府领导人呈送关于欠租问题的报告。

8月3日，外经贸部以［1994］外经贸人经函字第302号文《关于同意外资协会租赁分会更名的批复》，同意租赁分会更名为“中国外商投资企业协会租赁业委员会”，并要求向民政部办理有关备案手续。

8月4日，国家经贸委和中国人民银行印发《关于督促河北省尽快解决企业拖欠中外合资公司租金问题的会议纪要》。

9月23日，外商投资企业协会租赁业委员会在北京饭店召开欠租问题座谈会，共有70余人参加。

11月7日，中国人民银行发布《关于抓紧解决由金融机构担保的中外合资融资租赁公司租赁项目租金拖欠问题的通知》。

11月18日，新世纪国际租赁有限公司取得营业执照。该公司主要从事电信行业有关设备的融资租赁业务，是中国首家专业融资租赁公司。

11月19日，新世纪国际租赁有限公司取得营业执照，重点从事电信行业的融资租赁。这标志着业内开始出现有明确行业定位的融资租赁公司。

12月19日，国家工商行政管理局制定完成《融资租赁合同条例》，并上报国务院法制局。

1995年

2月24日，三峡国际租赁有限公司在北京成立。

3月20日，中国国际信托投资公司与绍兴市纺织集团公司等发生融资租赁合同纠纷案。

4月3日，国家税务总局发出关于个人出租中国境内房屋取得租金收入税务处理问题的通知。

4月18日，中国第一个地方租赁协会——浙江省租赁行业协会成立。

4月26日，国家税务总局颁布《关于营业税若干问题的通知》（国税发［1995］第076号文）。该《通知》明确规定："《营业税税目注释》中的'融资租赁'，是指经中国人民银行批准经营融资租赁业务的单位所从事的融资租赁业务，其他单位从事融资租赁业务应按'服务业'税目中的'租赁业'项目征收营业税。"

5月10日，《商业银行法》颁布，于7月1日起实施。该法规定"商业银行在中华人民共和国境内不得向非银行金融机构和企业投资"。"本法施行前，商业银行已向非银行金融机构和企业投资的，由国务院另行规定实施办法。"这标志着从法律上规定了银行与非银行金融机构实施分业经营的原则。

5月31日，外商投资企业协会租赁业委员会1995年年会在北京饭店白云厅举行，王桂田会长作工作报告，并向四部委反映欠租问题。

6月1—2日，由外商投资企业协会租赁业委员会发起和承办的"95中国融资租赁国际研讨会"在北京饭店举行，日本、韩国和德国的租赁业界人士出席会议并发言。外经贸部副部长孙振宇应邀出席研讨会并发表重要讲话，指出，融资租赁是中国利用外资的重要渠道，融资租赁已成为仅次于外商直接投资、对外借款的第三种重要的利用外资的方式。

6月30日，江泽民主席签发第50号令，公布《中华人民共和国担保法》。

9月17日，朱镕基副总理等领导人对日本东方租赁公司宫内社长反映东租问题的信作出批示，要求有关部门尽快解决问题。

10月30日，中国立法机关召开了第八届全国人大常委会第十六次会议，首次将融资租赁合同写入了《中华人民共和国民用航空法》，该法第二十七条规定："民用航空器的融资租赁，是指出租人按照承租人对供货方和民用航空器的选择，购得民用航空器，出租给承租人使用，由承租人定期缴纳租金。"这是中国立法机关第一次对融资租赁做出的立法规定。

12月11日，河北省金融租赁有限公司成立。该公司是经中国人民银行、中国银行业监督管理委员会批准成立的全国性非银行金融机构，专业从事国内外金融租赁业务。

12月22日，经外商投资企业协会租赁业工作委员会和主管部门外资司反映和协调下，国家税务总局以国税函［1995］第656号文，下发《关于融资租赁业务征收营业税问题的通知》。该通知明确了"对外贸易经济合作部批准的经营融资租赁业务的外商投资企业和外国企业开展的融资租赁业务，也按融资租赁征收营业税”。

1995年年底，金融机构开始实行分业经营，各银行陆续从各类租赁公司撤股，信托公司也停止了融资租赁的兼营业务，金融租赁陷入停顿状态。

1996年

3月5—17日，在第八届全国人民代表大会第四次会议上，经叔平提出《关于尽快解决企业拖欠中外合资租赁公司租金问题的提案》。

4月7日，财政部、国家税务总局以财工字［1996］第41号文，发布《关于促进企业技术进步有关财务税收问题的通知》。该通知明确规定：“企业技术改造采取融资租赁方法租入的机器设备，折旧年限可按租赁期限和国家规定的折旧年限孰短的原则确定，但最短折旧年限不短于三年。”该通知的发布，有力地促进了融资租赁业的发展。

4月18日，国务院办公厅召开有24个省参加的解决欠租问题的专题会议。

4月23日，国务院办公厅秘书二局根据国务院领导的指示，与中国人民银行、财政部做了大量艰苦的协调工作，提出了“中国银行垫款2亿美元，外债转内债，中央财政从地方财政扣还”的解决方案。朱镕基副总理、李鹏总理于5月5日、5月8日先后作了相应批示。

5月28日，最高人民法院印发［1996］第19号文，发布司法解释——《关于审理融资租赁合同纠纷案件若干问题的规定》，结束了审理及解决融资租赁合同纠纷无法可依的状况。

6月2日，公布《反不正当竞争法》办法。

6月4日，国务院法制局在答复政协常委徐昭隆的提案时，重申融资租赁合同的法律关系，表示最好按新的《合同法》解决问题。

7月4日，由日本政府技术援助信托基金提供财务支持，国际金融公司为重国提供了租赁业“立法与管理”的技术咨询援助，来自美国的咨询专家阿曼波（Sudhir P. Amembal）、吉里耶特（Steven Gliyeart）和国际金融公司官员王健盛在外商投资企业协会租赁业工作委员会的配合下，开始在北京开展工作。

7月16—17日，外商投资企业协会租赁业工作委员会1996年年会在北京饭店白云厅举行。工作报告的题目是“喜迎投资环境改善，促进融资租赁发展”。外经贸部副部长孙振宇应邀出席本次年会并发表重要讲话，题目是“总结经验教训，积极开展业务”。

9 月 18 日，根据国务院秘书二局提出的解决方案和国务院领导的批示，国家经贸委、中国人民银行、财政部、外经贸部、中国银行发布国经贸［1996］第 627 号文——《关于抓紧解决拖欠中外合资融资租赁公司租金问题的通知》。对于解决欠租问题，从此有了可操作的文件。租赁委员会组织会员，积极配合经贸委和地方政府洽谈落实第 627 号文的具体方案，动员会员体谅地方政府困难，抓住中央政策出台的有利时机尽快解决。

9 月 30 日，美国 Amembal, Deane 和 Associates 公司提出咨询报告《中国租赁业的立法与管理》。

12 月 1 日，中国开始接受国际货币基金组织协定第八条款，实行人民币经常项目下的可兑换。提前达到国际货币基金组织协定第八条款的要求，标志着中国外汇管理体制改革取得重大进展。

12 月 5 日，环宇邮电国际租赁有限公司在北京成立。

12 月 17 日，国际著名租赁专家 Sudhir Amembal 在北京举行讲座——《租赁：一项具有创新性的融资新方式》。

12 月 30 日，信德电信国际合作有限责任公司在北京成立。

1997 年

3 月 7 日，惠普租赁有限公司在上海成立。

3 月 13 日，新华社《动态清样》刊登屈延凯反映的有一些地方政府置国家信用于不顾，不愿积极解决历史问题，第 627 号文件在贯彻落实中遇到困难的情况。正在参加全国人大会议的朱镕基副总理当天写下批示：“请国办组织检查落实情况，有问题及时解决，不然老问题解决不了”，“人的生命短促，一生能解决几个问题”？

4 月 18 日，国务院办公厅召开有 24 个省、市参加的解决欠租问题的专题会议，限期落实欠租问题。

4 月 22 日，中国银行发布第 39 号文——《解决中外合资融资租赁公司租金拖欠问题特定贷款管理办法》。

5月7日，国家经贸委、中国人民银行、财政部、对外贸易经济合作部、中国银行发布《关于抓紧解决拖欠中外合资融资租赁公司租金问题的通知》，为解决外商租赁企业所面临的严重欠租问题，向有关省市下达特定贷款指标。

6月，东方租赁公司抓住承租人股份制改造和上市的机会，成功地“逼”承租人漳州陶瓷总厂偿还租金，解决了欠租问题，这是利用此类机会成功解决欠租问题的第一次尝试。此前，福建省高院终审判决维持了漳州中级人民法院“用瓷砖还租金”的一审判决，使东租催租工作面临极大困难。

7月2日，泰国宣布实行浮动汇率，东亚金融危机开始。

7月4日，国家税务总局发出《关于从事信贷、租赁业务的外商投资企业和外国企业计提坏账准备金问题的批复》。

8月7日，外商租赁委员会在北京举行1997年年会，王桂田会长做工作报告。

8月8日，实华国际租赁公司编写的《融资租赁业务问答》一书，由中国石化出版社出版发行。

8月8日，外商租赁委员会在北京饭店举行题为“融资租赁在中国资本市场中的地位和作用”的研讨会。

11月19日，财政部发布《关于不得以融资租赁方式变相销售购买小汽车的通知》。

12月4日，中国家经贸委等五部委再以国经贸［1997］第831号文，就清欠工作中的具体问题下达了《关于执行国经贸［1996］第627号文件有关问题的通知》。

1997年，金融危机之后，新世纪国际租赁在年内利用2.48亿美元的国际银团贷款，开展电信融资业务，凸显了融资租赁公司在金融危机中发挥资金配制和传导机制的作用。该笔业务也是国内融资租赁企业与国际银团贷款进行的最大一笔跨境租赁债权保理业务。

1998年

3月，外商投资企业协会租赁业工作委员会将张稚萍律师起草的胜诉执行难的问题以专题报告的形式提交给李岚清副总理。李岚清副总理、罗干秘书长及最高院领导作了重要批示。

3月23日，中国外商投资企业协会向时任国务院总理朱镕基提交《关于允许将2亿美元清欠贷款跨年度使用，限期完成中外合资租赁公司清欠工作的紧急报告》。

3月25、26日，时任国务院总理朱镕基、副总理温家宝相继批示，同意国办上报的国家经贸委《关于解决拖欠中外合资租赁公司租金特定贷款延期问题的请示》，一批漏报或未办完贷款手续的项目于4月底再次启动，从而维护了租赁公司的合法权益。

4月17日，国家经贸委办公厅下发《关于继续抓紧解决拖欠中外合资租赁公司租金问题的通知》，将特种贷款的期限延长到1998年6月底。

4月18日，亚洲开发银行行长宣布，亚洲金融危机接近尾声。

7月8日，最高人民法院颁布《关于人民法院执行工作若干问题的规定（试行）》。

8月8日，综合开发研究院协同无锡租赁中心市场、上海金海岸租赁市场、济南租赁市场等六家国内贸易局批准的国家级租赁市场，在京召开了主题为“中国租赁业发展理论与实践”的研讨会。国务院发展研究中心名誉主任马洪在研讨会上表示：“租赁业在我国是前景广阔的朝阳产业，当前的经济发展为租赁业提供了巨大的发展空间，租赁业是我国经济发展的必然产物。”

8月18日，外商租赁委员会在北京饭店9层会议室举行1998年年会，王桂田会长作工作报告，对清理租金拖欠工作做小结，并宣布经过10年的努力，清理租金拖欠的工作告一段落。

8月19日，外商租赁委员会在北京饭店举行题为“现代租赁业与中国经济发展”的研讨会。同日，发行《中国外资融资租赁特辑》，以庆祝外商租赁委员会成立十周年。

9月27日，融资租赁专家沙泉开通了现代租赁网。这是业内第一家专业性网站，沙泉表示，该网将逐步发展成为信息量大、专业性强、具有广泛影响力的专业网站。

10月，新疆金融租赁成功发行了国内第一笔总值为1亿元人民币的特种金融租赁债券，用以支持电讯租赁业务的开展。

11月10日，外商租赁委员会在信德电信举行研讨会。研讨会的题目是“风险租赁与融资租赁的创新”。

12月1日，融资租赁业有关人士在信德电信举办的风险租赁研讨会上认为，信德电信推出一种新的融资租赁做法——结构化参与租赁的融资租赁方式，给目前处于困境的融资租赁业提出了新的课题。与会者一致认为，20世纪80年代融资处于初级阶段，主要是开拓融资租赁业务，将这种利国利民利企业的做法引入了中国；90年代，融资租赁因债务问题进入萧条时期，租赁业主要精力集中在处理拖欠债务问题上，融资租赁业处于衰退和整顿期。面对21世纪国民经济发展新动向，融资租赁业界需要以崭新的面貌，安全、灵活的做法，努力应对国内、国际经济发展的新挑战。

1998年年底，经过朱镕基总理在1997年12月、1998年1月、4月、6月的先后四次批示，在财政部、国家经贸委协调督促下，困扰融资租赁业10年的欠租问题，于1998年年底前基本解决。

年内，中国经济学家马洪应内资租赁企业的要求，组织发起了名为“发展我国租赁业”的课题组，对我国内资租赁业发展情况进行调研，并出具了调研报告。以此为基础，屈延凯执笔起草了一份建议报告，并由马洪和中国社科院经济所的王振中修改审定后，发表在1998年第16期的《决策建议》上。与此同时，在内资租赁企业呼吁和专家的建议推动下，国务院内贸主管部门开始研究起草《内资融资租赁公司管理办法》。

据统计，截至1998年年底，外商融资租赁企业累计业务额达60多亿美元，欠租问题基本得以解决的融资租赁公司实际坏账仅为3亿美元，不足5%，外商融资租赁在利用外资、引进设备方面取得的成绩逐渐得到社会认可。

1999年

1月12日，外商投资企业协会租赁业工作委员会秘书长屈延凯、副秘书长兼法律服务部负责人张稚萍应邀出席人大常委会《合同法》的讨论。

2月1日，国家外汇管理局为了堵塞逃、套外汇的行为，进一步强调：凡是负有偿还外债指标的融资租赁公司，在向承租人收取外汇时，应在当地外汇管理局直接办理偿还租金外汇换汇手续。

2月3日，国家有关部门要求，中国租赁公司、中国华阳租赁公司等融资租赁公司要与相关的政府和银行主管部门或股东脱钩。这是国家为深化金融企业体制改革，防止发生金融危机，对金融机构采取的又一防范措施。

2 月 7 日，国务院办公厅转发中国人民银行整顿信托投资公司的方案。

3 月 15 日，九届人大二次会议通过了《中华人民共和国宪法（修正案）》，明确非公有制经济是中国社会主义市场经济的重要组成部分。同时，会议通过《中华人民共和国合同法》。在审议该法过程中，法学专家王家福、经济学家厉以宁、中信常务副总经理张肖等人大常委委员积极支持外商投资企业协会租赁业工作委员会提交的对融资租赁专章提出的修改建议。《合同法》融资租赁专章的颁布填补了融资租赁交易立法的空白，为融资租赁业的开展提供了有力的保障。

4 月中旬，上海市租赁行业协会成立，协会由从事租赁业的企业、生产机械设备企业、流通企业、融资公司和担保公司自愿组成，是一个跨系统的、具有独立法人资格的行业性群众团体组织。

4 月 29 日，外商投资企业协会租赁业工作委员会对“一部分中外合资租赁公司因经营期限到期，如何妥善处理展期经营或清算问题”做了一些调查，提出了解决问题的建议，并于 5 月 17 日向国务院及有关部门领导提交了调查报告。时任中国人民银行行长戴相龙、国家税务总局局长金人庆对此事分别作了批示。

5 月 18 日，中国人民银行总行非银行金融机构管理司在中国外贸金融租赁公司召集部分中外合资租赁公司和非银行金融机构租赁公司开了一个小型座谈会。这是融资租赁同行业但不同性质的租赁公司共同商讨业内重要事项的首次会议。会议主要讨论了两个问题：一个是部分中外合资、合作企业的租赁公司合资、合作合同就要到期，一些外国合作伙伴是否还在中国继续经营，他们撤资后对融资租赁业有什么影响；另一个讨论的主题是中国加入世贸组织（WTO）后对中国融资租赁业有什么影响。与会者提出的一些建设性意见，得到了中国人民银行的认可。

5 月 27 日，中国人民银行召集在合资租赁公司有投资的银行和部分非银行金融机构开会，建议这些单位能从大局出发，继续参加合资租赁公司的经营。

5 月 27 日，国家税务总局流转税司李三江司长、秦卫飞处长根据金人庆局长的批示，与外商投资企业协会租赁业工作委员会秘书长屈延凯、对外经贸大学史燕平副教授交换了对融资租赁业务营业税征收的意见，并明确表示对中外合资租赁公司的外汇转贷租赁业务，仍按租金收入与实际成本（含利息支出）的差额征收营业税。

6月17日，在政府担保项目的欠租问题基本解决之后，中国人民银行发布［1999］第138号文——《关于抓紧清理由金融机构担保的中外合资租赁公司租赁项目租金拖欠问题的通知》。

6月24日，财政部、国家税务总局发布财税字［1999］第183号文——《关于融资租赁业营业税计税营业额问题的通知》。该通知明确规定："出租货物的实际成本，包括纳税人为购买出租货物而发生的境外外汇借款利息支出。"

7月1日，财政部、国家税务总局《关于融资租赁业营业税计税营业额问题的通知》正式执行。

8月10—13日，由中国金融租赁专业委员会主办的"中国租赁业研讨会"在秦皇岛举行。会议认为，中国融资租赁业应从买方租赁向卖方租赁转移、从融资为主向推销为主转移、从放任型经营向可控型经营转移。业内认为，这次会议是中国融资租赁业第一次全国性的重要会议。

8月17日，中国人民银行在全国范围内广泛征求对《金融租赁公司管理办法（草案）》的意见。

9月7日，中国金融租赁业协会筹备委员会在北京组织召开会议。江苏租赁、浙江租赁、中国租赁、外贸租赁、电子租赁、华阳租赁出席了会议。会上对租赁会计准则和融资租赁业税收标准进行了研讨。中国人民银行非银行金融机构管理司财租处、财政部会计司和国家税务总局所得税司的有关领导应邀到会。

10月21日，外商租赁专业委员会举行1999年年会，主题是"抓住机遇，让租赁业以新的活力迎接二十一世纪"。在修改的《章程》草案中规定，学会"会长、副会长、秘书长、副秘书长等职务，也可以由业内资深专家担任"。

10月22日，中国外商投资协会租赁委员会在北京召开《进一步开放和发展我国现代租赁业》政策研讨会。参加会议的有外经贸部、人民银行、国家经贸委、国家内贸局、财政部、国家税务总局、国家工商行政管理局、海关总署、最高人民法院、人大法工委、人大财经委等有关部门，一些在京的非银行金融机构租赁公司也参加了这次研讨会。

12 月 1 日，前国家副主席荣毅仁题词：“大力发展租赁业务为改革开放作贡献。”

12 月 6 日，中国金融学会金融租赁专业委员会在北京成立，浙江金融租赁股份有限公司程东跃总裁担任会长，田青担任常务副会长。

12 月 6 日，属于中国人民银行总行监管的非银行金融机构租赁公司在北京九华山庄召开题为“金融租赁研究会成立大会暨租赁企业资产重组”的研讨会。非银行金融机构成立了自己的行业性组织，在会上研讨租赁公司的出路和发展问题。国家经贸委、人大法工委、财政部、外经贸部、人总行、税务总局、金融学会、投资学会、中信公司和业内专家学者参加了这次会议。

2000 年

3 月初，中国人民银行非银行金融机构管理司副司长欧阳卫民主编的《中国金融租赁业的现状和出路》由中国金融出版社发行。

3 月，全国政协委员张仲景领衔在全国政协会上提交了“尽快开展融资租赁立法工作”的提案。

3 月 28 日，外商投资企业协会租赁业工作委员会向国务院提交了《关于加快我国融资租赁业发展的建议书》，副总理李岚清、国务委员吴仪分别于 4 月 3 日和 4 月 4 日做出批示。

3 月 17—18 日，“中国厂商租赁高级研讨会”在上海召开。会上由租赁业的专家学者以及融资租赁公司的代表介绍了国内外融资租赁的特点与做法；戴尔公司、吉尼公司和卡特比勒公司介绍了如何在中国用租赁服务的方式推销自己的产品；中国租赁网介绍了如何在网上开展电子商务租赁。与会代表还呼吁国家尽快出台有利于租赁发展的政策，如：赋予厂商开展融资租赁的合法性，出台税收优惠政策和统一租赁统计口径等。

4 月 27 日，外商投资企业协会租赁业工作委员会与中国金融租赁研究会、上海市租赁协会、浙江省租赁协会的代表在北京达成共识：尽快成立全国租赁协会。

6 月起，新疆金融租赁公司陆续开始与新疆维吾尔自治区邮电管理局及其各地区（州）电信局，包括现在的中国电信集团新疆维吾尔自治区电信公司及其各地区（州）分公司、中国移动通信公司新疆维吾尔自治区分公司及其分支机构、中国联合通信公司新疆维吾尔自治区分公司及其分支机构（以下简称“新疆联通”）、新疆维吾尔自治区邮政局及其下属各分局达成协议，对其和田—乌鲁木齐、伊犁—乌鲁木齐、阿勒泰—乌鲁木齐等多条通信光缆开办了直接融资租赁和售后回租等业务，总计30多亿元。

6月5日，公安部向最高人民法院执法办公室复函《公安部关于确定机动车所有权问题的复函》（公交管［2000］第98号），明确说明：公安机关办理的机动车登记，是准予或者不准予上道路行驶的登记，不是机动车所有权登记。公安机关登记的车主，不宜作为判别机动车所有权的依据。

6月21日，中国金融租赁研究会邀请中国外商投资企业租赁业委员会、上海租赁协会、浙江租赁协会部分单位，在新疆乌鲁木齐召开金融租赁西部开发座谈会暨洽谈会，探讨租赁如何为西部大开发服务。

6月23日，新疆金融租赁公司为中国西北航空公司办理了两架“空中客车”A310飞机尾款租赁业务，租赁成本为1.74亿元。

6月27日，中化集团和中化（香港）集团完成对远东国际租赁有限公司的股权受让。

6月30日，中国人民银行发布［2000］4号令，公布和施行《金融租赁公司管理办法》。该办法颁布后，浙江金融租赁、河北金融租赁等10家金融租赁公司陆续依据新办法取得非银行金融机构执照。

7月，外商租赁委员会向国家计委财政金融司提交了《关于鼓励发展租赁业，促进国产设备流通的有关政策规定的建议》，并引起了高度重视，曹文练处长征求租赁业委员会及业界同仁的意见并起草了《关于鼓励开展国产飞机和大型设备租赁业务的若干政策》的征求意见稿。

7月7日，国家税务总局以国税函［2000］第514号文，下发《关于融资租赁业务征收流转税问题的通知》。

7月10日，最高人民法院召集金融租赁研究会、外商租赁委员会和部分租赁公司代表以及一些专家学者，对《合同法》租赁章节的司法解释草案进行进一步探讨。

7月19日，中国外商投资企业协会向外经贸部提交了《关于外商投资融资租赁公司主体资格及经营范围》的报告，恳请外经贸部和中国人民银行共同对外商投资租赁公司的主体资格的体制进行说明。

7月24日，金融租赁研究会在北京召开“金融租赁公司管理办法”座谈会。参加会议的有中国人民银行总行非银行金融机构管理司欧阳卫民副司长、张建华处长，《金融时报》、《中国证券报》、《证券时报》、《经济日报》、《中国经济时报》、《中华工商时报》等金融媒体的记者，以及研究会各会员单位的总经理等。会议对管理办法给予高度评价，同时也对如何贯彻管理办法提出了各自的建议。

7月31日，为贯彻落实国务院《关于促进流通业发展的若干意见》的要求，商务部与国家开发银行签订了《流通业发展开发性金融合作协议》，规定在五年时间内，国家开发银行将提供500亿元政策性贷款支持包括租赁业在内的流通业发展。

8月3日，商务部和国家开发银行联合发出了《关于进一步推进开发性金融支持流通业发展的通知》。

8月4日，中国人民银行发出公告，对严重违规经营、已不能支付到期债务的中国华阳金融租赁有限公司实施撤销。同日，由交通银行天津分行原行长杨海田为组长的中国华阳金融租赁有限公司清算组进驻公司。该公司是中国第一家被宣布撤销进入清算程序的金融租赁公司。

8月23日，中国人民银行下发银发［2000］第265号文——《关于清理由金融机构担保的中外合资融资租赁公司租赁项目租金拖欠有关问题的通知》。

8月28日，中国人民银行办公厅下发银办函［2000］第616号文——《关于外商投资融资租赁公司主体资格及经营范围的复函》，确认了外商投资的融资租赁公司的主体资格由对外贸易经济合作部审批和监管。

9月28日，国务院办公厅关于转发国家经贸委《国有大中型企业建立现代企业制度合加强管理基本规范（试行）的通知》（国办发［2000］第64号）。通知第三十条规定，“合理计提固定资产折旧，按照国家统一会计制度规定的有关固定资产划分原则，制定具体的固定资产标准和目标，作为核算的依据”。“根据所列固定资产的具体使用情况，估计各项固定资产预计可使用年限，并根据科技发展、环境及其他各方面情况，选择合理的固定资产折旧方法，作为企业计提折旧的依据。”“固定资产折旧年限和折旧方法一经确定，不得随意变更”，“企业不得不提或少提折旧”。业内专家认为，这是中国固定资产折旧体系的重大改革，说明国家对于设备投资给予鼓励的政策。折旧的方式由税务部门确定改为企业自己选择合理的折旧办法是一个重大的突破，这个政策给租赁行业开拓业务带来了新的契机。

11 月 14 日，外商投资企业协会租赁业工作委员会在北京华彬饭店举行 2000 年年会。主席会员单位环球租赁公司常务副总经理李国成会长做工作报告。外经贸部马秀红部长助理到会并发表讲话，主要内容包括：1. 关于现有合资租赁行业的队伍问题；2. 关于支持租赁行业发展的四大支柱问题；3. 关于中外合资租赁业的业务形式创新问题；4. 行业协会的职能和作用问题。

11 月 15 日，国家税务总局以国税函［2000］第 909 号文，下发《关于融资租赁业务征收流转税问题的补充通知》。

12 月 20 日，中国人民银行发布《关于进一步做好信托投资公司整顿工作有关问题的通知》，对信托公司开展融资租赁等业务作出了更严格的规定。

2001 年

1 月 18 日，财政部颁布《企业会计准则——租赁》。该会计准则是中国第一部与国际接轨的会计准则。

2 月 6 日，财政部通过人民银行，向金融企业（包括金融租赁公司）下发了《关于调整金融企业应收利息核算办法的通知》，内容主要涉及如何处理不良资产的问题。

2 月 6 日，财政部金融司答复中国金融学会金融租赁研究会上报的关于《调整金融企业应收利息核算办法问题》适用于金融租赁公司的建议，同意金融租赁公司也按照该文件的精神调整应收贷款利息。

2 月 13 日，天津国际租赁有限公司完成工商行政注销手续，成为中国第一家注销的中外合资租赁公司。

4 月，经国务院批准，从 2001 年起，金融保险业的营业税税率分三年从 8% 降低到 5%。降税节奏为：2001 年 1 月 1 日—12 月 31 日降为 7%；2002 年 1 月 1 日—12 月 31 日降为 6%；2003 年 1 月 1 日—12 月 31 日降为 5%。这将增加融资租赁公司已签订租赁合同的利润收入，并将融资租赁的征税逐步迈向合理化。

4 月 14 日，对外经济贸易大学国际经济贸易学院以史燕平副教授为核心的租赁研究中心在北京成立。这是中国第一家专门致力于租赁理论与实务问题的研究中心。

4 月下旬，为了进一步开拓现代租赁业务，浙江省租赁有限公司组织了专业人员，与有关租赁公司及在京的部分专家进行调研和咨询。浙江租赁创造的“浙租模式”，引起业内广泛关注。

5 月 9 日—11 日，第 19 届世界租赁年会在香港召开。

5 月 29 日，由外商投资企业协会租赁业工作委员会法律服务部负责人张稚萍任主编，屈延凯、陈烽、乐沸涛任副主编的《融资租赁案例选评》，由人民法院出版社出版发行。

6 月起，租赁公司以融资租赁和创新租赁的方式，为乌鲁木齐铁路局开办三部火车头、七台铁路铺轨捣鼓车、阿拉山口岸哈萨克斯坦—中国国际成品油列车换装线等租赁业务，开创了国内铁路机车融资租赁的先河。

6 月 5 日，外商投资企业协会租赁业工作委员会在北京香山饭店举办为期三天的“租赁会计准则培训班”，培训班邀请财政部会计司会计准则委员会技术研究部王鹏硕士担任主讲。

8 月 14 日，对外经济贸易合作部以 2001 年第 3 号令，发布《外商投资租赁公司审批管理暂行办法》。

8 月 23 日，原广东国际租赁公司破产案审结。该公司原属广东国际信托投资公司，是 16 家非银行金融机构租赁公司之一。广国投破产时该公司也随之破产，这是中国第一家通过破产程序走向破产的内资融资租赁公司。

8 月 22 日，上海市卢湾区法院正式对外界宣布，应日本株式会社第一劝业银行上海分行及香港联亚金融有限公司等七家债权人的申请，上海太平洋租赁公司被裁定进入破产还债程序。

9 月 1 日，外经贸部《外商投资租赁公司审批管理暂行办法》正式施行。

9 月 5 日，外商租赁委员会在新世纪、信德电信的支持下，会同国家发改委、海关总署、财政部、税务局等主管部门的官员赴美国和欧洲进行融资租赁政策环境考察。考察组在美与国际金融公司、惠普租赁公司、美国租赁协会进行了广泛的交流。虽因“9 · 11”事件而未能执行与欧洲租赁协会进行交流的计划，但考察组对美国租赁业的发展以及税收政策对融资租赁业的影响获得了深刻的认识。

11月，裘企阳撰写的专著《融资租赁——理论探讨与实务操作》，由中国财政经济出版社出版。

11月，在中国签订加入WTO议定书后，中国人民银行立即公布六大金融改革措施，其中对金融租赁的规定是："允许设立外资非银行金融机构提供汽车消费信贷业务，享受中资同类金融机构的同等待遇；外资银行可在加入后5年内向中国居民个人提供汽车信贷业务"；"允许外资金融租赁公司与中国公司在相同的时间提供金融租赁服务"。

11月9—10日，由国家计委主办、中国建设银行承办的"中国飞机融资租赁2001年高级研讨会"在上海市举行。

11月15日，由外商投资企业协会租赁业工作委员会、台北市租赁商业同业公会和香港器材租赁协会联合发起和主办、信德电信承办的研讨会——"海峡两岸及香港地区租赁研讨会"在北京饭店举行。

11月16日，外商投资企业协会租赁业工作委员会2001年年会在北京饭店举行，主题报告是"从整体上提高对租赁业的认识程度"。

11月11日，世贸组织总干事穆尔致函世贸组织各成员，宣布中国政府已于2001年11月11日接受《中国加入世贸组织议定书》。该议定书将于2001年12月11日生效。

12月，《金融时报》在证券版开设了"金融与租赁"专题栏目，《中国经营报》也开辟了租赁拍卖专栏，这是媒体首次对融资租赁行业进行专版的专题报道。

12月14日，由外商投资企业协会租赁业工作委员会会员单位信德电信、新世纪、远东以及金融租赁研究会会员单位深租、浙租共同发起和主办的"租赁业界2001年飞机租赁研讨会"在北京国贸饭店举行。出席会议的有国家计委、财政部、中国人民银行、国家税务总局、海关总署、国家外汇管理局等政府部门的代表，航空公司、飞机制造商的代表，以及法律界的代表共计40人。

12月17日，三九集团旗下的深圳金融租赁公司与中国银行深圳分行、中国北方航空公司在深圳签署了一项飞机租赁业务，业务总额达2亿元。

12月26日，浙江省政府宣布，1992年6月16日下发的《浙江省融资租赁管理暂行规定》废止。

12 月 31 日，据外商投资企业协会租赁业工作委员会统计，36 家外商租赁企业年度新签租赁合同额超过 10 亿美元。

2002 年

1 月 16 日，著名租赁专家 Soudhir Amembal 和国际金融公司高级投资官员王建盛等来华考察中国融资租赁业。

2 月 21 日，青岛海事法院根据《合同法》第二百二十九条“租赁物在租赁期间发生所有权变动的，不影响租赁合同的效力”的规定判定，中国农业银行青岛某支行起诉被告青岛公司与福州公司之间签订的光船租赁合同具有法律效力，判令被告福州公司赔偿原告的船舶损失并支付所欠租金。业内认为，这是一个典型的买卖不破租赁案例。

3 月 24 日，外商投资企业协会租赁业工作委员会发起和组织的医疗器械租赁研讨会在北京举行，共有 60 多人出席，其中包括卫生部、财政部、外经贸部的政府部门代表，协和医大、协和医院、安贞医院、北医三院、肿瘤医院、北京第六医院的代表，东软数字、西门子（中国）、GE（中国）医疗、GE 保健融资服务部（东京）、伊藤忠（中国）、伊藤忠（青岛）等制造商的代表。

3 月 28 日，外商投资企业协会租赁业工作委员会向外经贸部寄出“关于汽车租赁的政策建议”。

3—4 月，招商银行、民生银行相继在国内开展融资租赁债权保理业务。

4 月 18 日，光大国际租赁有限公司股权转让协议书在北京签字。出让方为中国光大国际信托投资公司、中国光大外贸总公司、三菱信托银行株式会社、三菱商事株式会社和菱信租赁株式会社；受让方为四川剑南春融信投资有限公司和西南航空香港旅游公司。

4 月 25 日，外商投资企业协会租赁业工作委员会发起和组织的“2002 年工程机械租赁研讨会”在湖北省宜昌市葛洲坝举行，研讨会由上海葛洲坝—日岩设备租赁公司承办。共有 30 多人出席，其中包括来自外经贸部的政府部门代表。

5 月，金融租赁专业委员会在上海举办租赁营业税税收政策研讨会。

5 月 23 日，银监会颁布的《城市商业银行、城市信用合作社财务管理实施办法》第三十七条规定，“银行、信用社不得以融资租赁的方式租入房屋、建筑物等不动产性质的固定资产，也不得以融资租赁的方式租出固定资产”。

5月27日，江苏省租赁有限公司完成重组，经中国人民银行批准公司名称由“江苏省租赁有限公司”更名为“江苏金融租赁有限公司”。

6月6日，中国人民银行颁布了新的《信托投资公司管理办法》，其中第二十四条规定，“信托投资公司所有者权益项下依照规定可以运用的资金，可以存放于银行或者用于同业拆放、贷款、融资租赁和投资，但自用固定资产和股权投资余额总和不得超过其净资产的80%”。

6月6日，外商投资企业协会租赁业工作委员会完成《关于调整租赁业税收政策的建议（修改稿）》，经金融租赁研究会联署同意，送呈财政部和国家税务总局。

6月27日，国家经贸委贸易市场局在北京召开租赁业发展问题座谈会，姚广海副局长主持会议。召开本次座谈会的目的是研究推动内资厂商融资租赁业的开展。

7月18日，北京租赁行业协会成立，李鸿增为首任会长。协会是由北京行政区域内从事租赁业务经营的单位和个人倡议成立，并经北京市社会团体管理办公室10月2日正式核准的社会团体法人单位。

9月8—11日，德国租赁协会代表团访华。德国租赁协会代表团一行共5人，9月8日至北京后，即开始到北京、上海等地对中国租赁业进行考察。代表团于11日考察结束回国。

9月9—12日，德国租赁协会代表团访问北京、上海。先后访问了远东国际租赁、金海岸中国租赁和新世纪金融租赁。9月12日下午，代表团一行离沪抵港，访问香港设备租赁协会。

9月13日，中国外商投资协会租赁业委员会在上海举行业务座谈会，出席座谈会的有来自华中（武汉）、华和（青岛）、远东、国际、IBM、南京、葛洲坝—日岩、信德（北京）等会员单位的代表。租赁业委员会会长姜仲勤、常务副会长屈延凯、副会长黄琼慧和秘书长张贤跃出席了座谈会。

10月14日，中国金融学会金融租赁研究会在兰州锦江阳光酒店举办为期4天的金融租赁高级研讨会。会上邀请国际租赁大师阿曼波先生进行三天的演讲，然后由经营业绩较突出的金融租赁公司介绍经验。参会人员多达 200 人，业内几乎所有的专家学者参加了这次盛会。

11 月 5 日，哈飞股份有限公司发布公告：与西部金融租赁在珠海航展签订合同，以融资租赁方式购买直九系列直升机 15 架、运十二系列飞机 15 架，合同总额约 11 亿人民币。

12 月 10 日，外商投资企业协会租赁业工作委员会在北京举行主题为“苦练内功，完善租赁业的开拓创新机制”的 2002 年年会。外经贸部外资司的领导、国家经贸委贸易市场局流通管理处郑文、国家计委经济政策协调司金融处曹文炼、国家统计局设计管理司部门管理处王立元、海关总署关税征管司王延春等，应邀出席并发表讲话。

12 月 10 日，姜仲勤编著的《融资租赁在中国问题与解答》，由机械工业出版社出版发行。

12 月 12 日，国内第一个融资租赁信托计划面市。该计划由中国对外经济贸易信托投资有限公司推出。信托计划的规模不超过人民币 5000 万元，信托期限为 3 年，信托缴款期从 2002 年 12 月 9 日到 12 月 20 日，预计年收益率为 6%。每一份信托合同最低金额为人民币 5 万元，可按人民币 1 万元的整数倍增加。该信托计划募集到的资金将购买通用电气（中国）有限公司的大型医疗设备，租赁给经过审查符合租赁标准的医院。

2003 年

1 月 1 日，《财政部、国家税务总局关于营业税若干政策问题的通知》（财税［2003］第 16 号）正式执行。该通知统一了金融、外资和内资不同的融资租赁公司营业税的缴纳税金。进一步明确和完善了符合《租赁会计准则》经营租赁界定的融资租赁交易的税种和缴纳税基的适用。

2 月，中国对外经济贸易信托实施了向 GE 公司滚动发行医疗器械融资租赁的信托计划。

3 月 11 日，由陈凤龙总经理带领的台北市租赁商业同业公会代表团，访问了外商投资企业协会租赁业工作委员会。

3 月 6 日，万向董事局主席鲁冠球在第十届全国人大一次会议上提出《关于大力推进租赁行业发展的建议》的第 1833 号提案。

3 月 29 日，由上海市租赁行业协会等主办的“中小企业按揭式创新租赁业务高级研讨会”在沪举行，会议吸引了全国各租赁公司、投融资中介服务机构、银行及企业的高层人士的参与。国家经贸委中小企业司副司长狄娜出席此次会议，并对以“融资租赁和政策性担保相结合”为中小企业服务的创新方式表示肯定。

4月29日，江苏省租赁有限公司向社会法人机构推出了一项共同委托租赁项目，共同委托租赁筹集的资金，用于江苏宁靖盐高速公路交通工程所需通讯、监控系统等机电设备的租赁。项目融资额为1亿元人民币。该项目是中国第一例共同委托租赁项目。

5月15日，外商投资企业协会租赁业工作委员会向国家外汇管理局发出［2003］第1号文——《关于外商投资租赁公司贯彻执行“外债管理暂行办法”有关问题的建议》。

5月19日，外商投资企业协会租赁业工作委员会向商务部外资司发出［2003］第7号文——《关于飞机、船舶、IT设备的融资租赁情况反映》。

6月9日，商务部办公厅以商贸易字［2003］第50号文回函人大代表鲁冠球，对其在十届全国人大一次会议第1833号建议进行答复，表示要制定有关政策，为租赁业发展创造宽松环境。在完善风险管理机制、有效防范和控制租赁风险的前提下，重点解决非金融机构租赁公司开展融资租赁业务的问题。在税收政策等方面，对租赁公司的经营活动提供支持。

6月，上海新世纪租赁公司与上海农业银行合作，成功发行了国内第一单印刷设备融资租赁资产支持信托计划。

8月14日，甘肃省金融租赁学会的成立。这是中国第一家省内成立的融资租赁学会。

10月9—10日，首届中国租赁业论坛在北京市举行，论坛由北京市租赁行业协会主办。这是中国首次以租赁业为主题的大型论坛，吸引了很多境内外的投资者和租赁业界人士，GE、思科、卡特皮勒、英格索兰、ORIX、花旗集团等著名公司的代表均出席。香港设备租赁协会和台北租赁商业同业公会均组成代表团，由各自的会长带队前来参加。

10月17日，中外合资的华通租赁公司和黄河租赁公司分别在沈阳和郑州实现就地股权重组。

12月，根据人大代表的提案，人大常委会将融资租赁立法列入本届人大常委会的立法计划。

12月18日，外商投资企业协会租赁业工作委员会在北京市中国职工之家举行主题为“深入研究租赁模式，提高整体业务水平”的2003年年会。商务部外资司外资处李舸、国家外汇管理局资本项目司外资处梁勇等应邀出席并发表讲话。

12月29日，中国银行业监督管理委员会宣布，已批准上汽通用汽车金融有限责任公司、丰田汽车金融（中国）有限公司和大众汽车金融（中国）有限公司进行筹建。这是中国《汽车金融公司管理办法》及实施细则颁布后，获准筹建的首批3家汽车金融公司。

12月31日，据外商投资企业协会租赁业工作委员会会员统计，到2003年年底，34家外商租赁企业年度新签租赁合同额超过10亿美元。

2004年

1月，曹守晔、钱晓晨、乐沸涛主编的《融资租赁典型案例评析》由人民法院出版社发行。

1月2日，商务部批准美国GE公司在中国设立独资租赁公司。这是进入21世纪后中国内地第一家外商独融资租赁公司。

2月6日，外商投资企业协会租赁业工作委员会会长访问卫生部，与卫生部规划财务司陈啸宏司长、赵自林副司长、规划财务司财务与资产管理处盂建国处长等，就开展医疗器械租赁的问题交流情况。

3月，根据十届全国人大常委会立法规划的要求，全国人大财经委员会成立《融资租赁法》起草组，启动融资租赁立法工作。起草组成员来自全国人大财经委、商务部、银监会、最高法院等十余个部门。

3月8日，全国政协委员、工商联副主席唐万里在全国两会上表示，应尽快完善租赁经营机构的建设，解决金融租赁公司的资金瓶颈。

3月12日，金融租赁专业委员会2004年工作会议暨租赁业务研讨会在京召开。

3月14日，十届全国人大二次会议审议通过了第四次宪法修正案，“公民的合法的私有财产不受侵犯”、“国家尊重和保护人权”等内容写入宪法。它适应了保护私有财产的客观需要，扩大了私有财产的保护范围，进一步完善了私有财产保护制度。加强对公民的合法的私有财产的保护，有利于坚持和完善基本经济制度，促进非公有制经济发展；有利于保障公民权利的实现，推进依法治国；有利于调动广大人民群众的积极性和创造性，全面建设小康社会。

4 月 7 日，外商投资企业协会租赁业工作委员会访问中华医院管理学会，就开展医疗器械租赁的问题交流情况。

4 月 27 日，为在中国的代理商提供融资租赁业务的卡特彼勒（中国）融资租赁有限公司，经商务部批准在北京成立。这是继通用电气之后在华成立的第二家外资融资租赁公司。

6 月 12 日，中国（上海）国际租赁营销研讨会的部分内资企业与会代表在呼吁书中强烈呼吁：1. 银监会在规范经营、加强监管的同时，应尽快解决长期困扰金融租赁公司发展的资金来源问题；2. 商务部报请国务院尽快颁布内资租赁公司从事融资租赁业务和设立内资融资租赁公司的管理办法；3. 要求财税部门尽早解决租赁业务环节中的重复纳税、税种不一和税负不公平的问题，公平租赁业竞争环境；4. 恳请立法部门尽快推进《融资租赁法》立法进度，积极组建全国性的租赁行业协会，规范行业经营，促进行业发展。

7 月 9 日，国家信访局以信复字［2004］第 916 号文对屈延凯《公平竞争环境，发展内资融资租赁业》的呼吁书进行回复，并告知已将此信报送中央领导同志参阅。

8 月 18 日，上汽通用汽车金融有限责任公司正式成立，这是中国第一家汽车金融业务公司。同时，银监会也批准了福特在中国开设汽车金融公司的申请。自此，世界四大汽车制造厂分别在中国设立汽车金融公司的申请都已经得到了银监会的批准。

8 月 30 日，全国人大财经委《融资租赁法》起草领导小组召开座谈会，听取商务部、银监会、最高人民法院、国资委、财务部、国家税务总局、国家工商总局、外管局、交通部、民航总局和海关总署关于涉及各自部门融资租赁工作的情况介绍以及立法建议。

10 月 18 日，《海关总署关于调整国内航空公司进口飞机增值税政策的通知》发布，通知规定："自 2004 年 10 月 1 日起，对国内航空公司进口空载重量在 25 吨以上的客货运飞机，减按 4% 征收进口环节增值税。"该项政策"仅适用于从事航空运输业的航空公司，其他行业的企业和个人进口的飞机仍按法定税率 17% 征收进口环节增值税"。

10 月 22 日，商务部与国家税务总局下发《关于从事融资租赁有关问题的通知》，内资企业开展融资租赁业务试点工作正式启动。

10月24日，西部金融租赁有限公司收到了《中国银行业监督管理委员会甘肃监管局行政处罚决定书》。

10月，《融资租赁法》起草组拿出了融资租赁法纲要。2005年4月底制定出《融资租赁法（草案）》（征求意见稿），并在全国范围内广泛征求意见。

12月10日，外商投资企业协会租赁业工作委员会举行了主题为“提高认知，开拓市场，迎接新的挑战”的2004年年会。

12月11日，商务部外资司胡景岩司长宣布，自本日起，审批外商独资租赁公司的工作正式开始。

10月29日，《融资租赁法纲要》（征求意见稿）开始在全国范围广泛征求意见。

12月30日，商务部、国家税务总局联合发文：《商务部、国家税务总局关于确认万向租赁有限公司等企业为融资租赁试点企业的通知》（商建发［2004］第699号），批准第一批共9家内资企业开展融资租赁业务试点。至此，中国融资租赁业形成了金融、内资、外资三足鼎立的局面。

12月，史燕平撰写的《融资租赁及其宏观经济效应》获得第十二届“安子介国际贸易研究奖”优秀著作三等奖。这是中国第一部获得全国性奖项的融资租赁专著。

2005年

1月21日，商务部第1次部务会议审议通过《外商投资租赁业管理办法》，决定自2005年3月5日起施行。

2月17日，商务部颁布《外商投资租赁业管理办法》。

2月24日，中国银监会新疆监管局对新疆金融租赁有限公司下发《关于新疆金融租赁有限公司停业整顿的决定》，责令其即日起停业整顿。

3月14日，中国银行业监督管理委员会上海监管局下达《关于责令新世纪金融租赁有限责任公司停业整顿的决定》。

3月31日，云南省租赁行业协会成立，陈敖为首任会长。

4月18日，由上海市租赁行业协会和上海市信息服务业协会主办，上海金海岸企业发展股份有限公司承办的“首届中国租赁行业信息化工作研讨会”在上海浦东召开。

6月1日，国家食品药品监督管理局发布《关于融资租赁医疗器械监管问题的答复意见》（国食药监市［2005］第250号），称“融资租赁公司开展的融资租赁医疗器械行为属经营医疗器械行为的范畴，食品药品监督管理部门应适用《医疗器械监督管理条例》及相应规章对融资租赁医疗器械行为进行监管”。

7月13日，外商投资企业协会租赁业工作委员会以［2005］第5号文，向国家食品药品监督管理局发出《关于外商投资企业协会租赁业工作委员会会员单位从事医疗器械融资租赁的说明函》。

8月24日，外商投资企业协会租赁业工作委员会在北京举行“融资租赁法研讨会”。全国人大财经委经济室副主任李命志、张雪松，商务部外资司服务贸易处处长陈季纬等出席了会议。

8月25日，中国银行业监督管理委员会颁布银监发［2005］第60号文件——《关于调整金融租赁公司业务范围的通知》。

8月底，对外经济贸易大学租赁研究中心史燕平教授《融资租赁原理与实务》一书出版。

9月10日，天津市租赁行业协会成立，杨海田为首任会长。

10月21日，国家外汇管理局颁布《关于完善外债管理有关问题的通知》。根据商务部颁发的《外商投资租赁业管理办法》，外商投资租赁公司的风险资产总额（风险资产总额=总资产-现金-银行存款-国债-委托租赁资产）不得超过其净资产总额的10倍。外商投资租赁公司借入外债形成的资产应全部计为风险资产。外汇管理局在受理外商投资租赁公司外债登记、外债结汇申请时，应严格审核此类公司提供的经会计师事务所审计的资产负债表和相关数据，并计算风险资产占净资产的倍数。对超出上述规定的，不予办理外债登记，也不予办理结汇。

11月1日，外商投资企业协会租赁业工作委员会向国家食品药品卫生监督管理局发出［2005］第12号文——《关于允许外商投资融资租赁公司从事医疗器械融资租赁免除医疗器械经营许可证的建议》，同时抄报全国人大财经委经济室、商务部外资司和中国外商投资企业协会。

12月10日，外商投资企业协会租赁业工作委员会在北京饭店举行2005年年会和主题为“支持《融资租赁法》的立法，为进一步改善投资环境而努力”的年度业内经验交流会。

2006 年

年初，中国出口信用保险公司推出首个海外租赁保险项目承保，为通讯行业以租赁方式进入国际市场提供保险。

1 月 12 日，北京、上海、天津、浙江、江西、云南 6 家地方协会和部分租赁企业负责人在京研究如何推动中国租赁协会的申报工作，与会者商定，成立中国租赁协会筹备组，委托天津租赁协会负责筹备工作的具体事宜。

2 月 17 日，外商投资企业协会租赁业工作委员会向商务部报送［2006］第 2 号文——《关于请商务部与国家食品药品监督局协调融资租赁免除医疗器械经营许可证的建议》。

2 月 18 日，外商投资企业协会租赁业工作委员会向卫生部吴阶平医学基金会发出［2006］第 3 号文——《关于请吴阶平医学基金会协调融资租赁公司免除医疗器械经营许可证的建议》。吴阶平医学基金会有关人士在阅读了外商投资企业协会租赁业工作委员会的建议以后，答复如下：（1）国家食品药品监督局因严重的腐败问题受到查处，内部已完全乱套，目前无暇顾及；（2）租赁业委员会的意见是正确的，搞医疗的人不可能很快理解融资租赁，以后再出了麻烦，可以请他们（吴阶平医学基金会）帮助出面调解。

2 月 25 日，财政部发布《企业会计准则第 21 号——租赁》（财政部财会［2006］第 3 号文）。

3 月 16 日，《融资租赁法》立法起草组在北京成立。组长为全国人大财经委副主任郭树言，副组长是财经委委员王文泽、商务部副部长马秀红、银监会副主席唐双宁。起草组领导小组成员包括人大财经委、最高人民法院、国资委、财政部、税务总局、工商总局、外汇局等部门。这表明，《融资租赁法》不仅已列入人大财经委的立法规划，而且已正式启动。

3 月，交银金融租赁公司程东跃主编的《融资租赁风险管理》由中国金融出版社出版发行。

4 月，对外经济贸易大学租赁研究中心主任史燕平教授应邀访问德国科隆大学（Universitat zu Koln）商学院的租赁研究院，并与其主任亨茨曼教授进行了有关租赁风险控制的学术交流。同时，该院专职研究员还向史教授介绍了欧洲租赁协会支持该研究院成立的过程及如何通过设立基金来支持租赁研究院的研究工作。

4月12日，针对首批内资融资租赁公司经营与监管中出现的一些问题，商务部、国家税务总局联合下发《关于加强内资融资租赁试点监管工作的通知》，通知规定，违规的企业有可能被取消融资租赁业务试点资格。

4月下旬，《融资租赁法》起草组对《融资租赁法（草案）》（征求意见稿）作了进一步的修改和完善，形成了《融资租赁法（草案）》（二次征求意见稿）。

4月7日，外商投资企业协会租赁业工作委员会向会员单位发出［2006］第4号文——《关于减免税设备进行融资租赁的问题》。

4月16日，北京东方联合设备租赁有限公司与黑龙江科技学院共建研究生创新基地揭牌仪式在北京举行。这是中国首次商学联合为租赁业培养具有实际操作能力的租赁专科研究生。

4月20日，经商务部和国家税务总局批准，第二批11家内资企业开展融资租赁业务试点。

4月26日，远东国际租赁有限公司首期租赁资产支持收益专项资产管理计划（简称“远东首期”）获得中国证监会正式批准，这是国内首支融资租赁资产证券化产品。

5月17日，商务部第5次部务会议审议通过《关于外商举办投资性公司的补充规定》。

5月26日，商务部出台《关于外商举办投资性公司的补充规定》，允许被认定为地区总部的投资性公司从事经营性租赁和融资租赁业务。

6月5日，《融资租赁法》起草工作小组下发《融资租赁法（草案）》（二次征求意见稿）。

6月14日，北京一中院受理中国华阳金融租赁有限责任公司申请破产一案。经审查，一中院认为申请人中国华阳金融租赁有限责任公司因经营管理不善，严重违规经营，不能清偿到期债务呈连续状态，符合法定破产条件。

7月7日，民生银行与中国外商投资企业协会在京召开“现代商业银行与租赁业合作论坛”，这是中国第一次银行和租赁业共同举办的银租合作研讨会。

7 月 17 日，北京市第一中级人民法院宣告负债总计约为人民币 23 亿元的中国华阳金融租赁有限责任公司破产。

9 月 20—21 日，由中国金融学会金融租赁专业委员会主办、上海君实商务咨询有限公司承办，为期两天的“中国航空租赁峰会 2006”，在北京中国大饭店举行。此次会议的主要目的是推动中国航空租赁行业的发展，加强航空租赁行业内国内外企业的交流与合作。

9 月 22 日，人大财经委员会委员，《融资租赁法》起草组副组长王文泽在第四届中国租赁论坛上指出，按照《融资租赁法》，融资租赁行业由商务部主管，融资租赁行业应设立一级行业协会。

10 月 8—11 日，党的十六届六中全会通过了《中共中央关于构建社会主义和谐社会若干重大问题的决定》。

10 月 18 日，外商投资企业协会租赁业工作委员会向商务部领导送呈［2006］第 9 号文——《关于组建融资租赁业一级行业协会的建议》。外商投资企业协会租赁业工作委员会向会员单位发出［2006］第 10 号文——《关于修改〈章程〉和选举理事单位的通知》。

10 月，人大财经委员《融资租赁法》起草组形成了第三次征求意见稿。

11 月 20 日，西部金融租赁向兰州市中级人民法院提起行政诉讼，请求撤销甘肃银监局对其作出的责停业整顿的行政处罚决定。这是中国首家因不服处罚向其主管部门提起行政诉讼的融资租赁企业。

12 月 5 日，中国外商投资企业协会召开年会，通过了新的《章程》，并根据新的《章程》完成了换届选举。同时举行了主题为“继往开来，再创辉煌”的 2006 年年会。

12 月 15 日，中国银行通过竞标以 9.65 亿元美元现金收购新加坡飞机租赁有限责任公司 100% 已发行的股本，完成了中国银行上市后第一宗国外收购的交易。SALE 成为中国银行集团旗下的第 205 家附属公司，也是中国第一家拥有国际航空租赁公司的银行，为该行扩展全球性融资租赁业务搭建了平台。

12 月 28 日，重新修订的《金融租赁公司管理办法》经银监会第 55 次主席会议通过，定于 2007 年 3 月 1 日起施行。

据中国租赁联盟测算，截至2006年年底，全国融资租赁合同余额约80亿元人民币，租赁业务涉及装备制造、冶金、电力、医疗、印刷、航空、铁路、城市公共交通等众多行业。

2007年

1月4日，商务部与国家税务总局联合发文（商建函［2006］第202号），批准第三批共4家内资企业获得开展融资租赁业务的资质。至此，全国共有26家内资企业进入试点行列。

1月23日，中国银行业监督管理委员会颁布重新修订的《金融租赁公司管理办法》。

2月，中国农业银行与新世纪融资租赁公司合作开展了国内第一笔无追索融资租赁债权保理业务。

3月1日，银监会修订的《金融租赁公司管理办法》正式实施。

3月18日，浙江万向集团董事长鲁冠球向全国人大提交《关于尽快审议并出台融资租赁法的建议》。

5月31日，国家税务总局发出《关于从事房地产开发的外商投资企业售后回租业务所得税处理问题的批复》。

6月5日，融资租赁立法国际研讨会在北京召开。研讨会由全国人大财经委和通用电器（中国）有限公司共同举办。会上，中外专家就《融资租赁法（草案）》涉及融资租赁交易的内容与合同法有关内容及相互关系，将行为法、组织法、管理法放在一起的可行性等议题进行了探讨。

6月7日，上海市高级人民法院出台的《关于道路交通事故损害赔偿责任主体若干问题的意见》规定：以融资租赁方式购买的机动车发生交通事故造成他人损害的，由承租人承担赔偿责任。

6月12日，中国银监会副主席蔡鄂生在“银行租赁国际研讨会”上发表题为“开展银赁合作，迎接租赁业的美好未来”的讲话。

6月21日，外商投资企业协会租赁业工作委员会召开“融资租赁流转税政策及改革趋势研讨会”，共有60多家的单位代表参会。会议的代表一致认为增值税政策由生产型向消费型过渡是个必然趋势。

6月28日，中国机械工业企业管理协会租赁专业委员会在北京举行成立大会。

7 月 8—11 日，中国龙工融资租赁业务工作会议在福建省龙岩市召开，来自全国各地龙工代理商 200 多位代表参加会议。

7 月 31 日，外商投资企业协会租赁业工作委员会在商务部东华门办公区举办“物权法与融资租赁法律事务研讨会”，共有 36 家单位的 50 多位代表参会。根据代表们的联名倡议，将外商投资企业协会租赁业工作委员会起草的《关于完善机动车登记制度的建议》，报送公安部交通管理局、全国人大法工委、国务院法制办等相关部门。

8 月 7 日，中国银监会办公厅发布《非银行金融机构行政许可事项实施办法》，对金融租赁公司、汽车金融公司、信托公司、财务公司等非银行金融机构设立的条件、操作流程、期限、申请人权益等作了进一步明确。

8 月 7 日，商务部 国家税务总局联合发文，确认新纪元租赁有限公司等四批融资租赁试点企业。至此，全国共有 26 家内资企业进入试点行列。

8 月 9 日，中国银监会公布《非银行金融机构行政许可事项实施办法》，对金融租赁公司法人机构的设立作出了具体规定。

8 月 13 日，全国人大财经委以人财文字［2007］第 9 号文件的形式，向全国人大常委会报送了《关于提请全国人大常委会尽快安排审议融资租赁法（草案）的报告》。报告指出：“鉴于该法律草案基本成熟，我委提请全国人大常委会尽快安排审议融资租赁法草案，如果实在不行，希望安排在明年进行审议。”

8 月 18—19 日，外商投资企业协会租赁业工作委员会召开“租赁会计准则培训与市场营销研讨会”，财政部会计司制度二处处长王鹏、世纪优易管理咨询有限公司管理合伙人周剑振及中国外商投资企业协会租赁业工作委员会常务副会长屈延凯进行培训授课。

8 月 27 日，外商投资企业协会租赁业工作委员会应中国节能协会节能服务产业委员会（EMCA）的邀请，组织了相关会员单位，参加了该委员会组织的“电机系统节能与融资租赁研讨会”。

8 月下旬，郝昭成、高世星主编的《融资租赁的税收》出版。这是国内关于融资租赁税收的第一本专著。

9 月 5 日，中国银监会批准中国建设银行与美国银行合资筹建金融租赁公司的申请。

9 月 6—8 日，第二届中国机械设备融资租赁论坛在北京举行。

9月9日，由中国租赁协会发起人创办的“中国租赁联盟”正式启动工作，由联盟创办的“中国租赁联盟网”也正式开播。

9月13—14日，“第二届中国航空租赁高峰会议2007”在京召开，中国银监会主席刘明康到会讲话。

9月15日—12月25日，全国各省市自治区开展“土地执法百日行动”，重点整治以租代征、违反土地利用总体规划扩大工业用地规划、未批先用的行为。9月19日，中国银监会批准中国工商银行筹建全资金融租赁公司的申请。

9月24日，中国银监会批准交通银行筹建全资金融租赁公司的申请。

9月24日，浙江省保险行业协会在修订的行业自律公约实施细则中规定，租赁车辆均执行“营业出租租赁客车费率”。对此，全省汽车租赁业愤愤不平，112家汽车租赁公司联名向浙江保监局和浙江保险行业协会等部门提出申诉，强烈要求租赁车辆按非营运车费率承保。是日，申诉得到较为满意的回复。

10月1日，《物权法》正式实施。

10月11日，中国银监会批准中国民生银行筹建国内合资金融租赁公司的申请。

10月17日，中国外贸金融租赁公司宣布，其与中信银行、中信信托联合发行的国内首款租赁信托产品在全国范围内公开发行。

10月23日，中国银监会批准招商银行筹建全资金融租赁公司的申请。

10月30—31日，第五届中国租赁论坛在北京新世纪日航饭店举行。商务部部长助理黄海到会讲话。

10月15—21日，中国共产党第十七次全国代表大会召开。主题是“高举中国特色社会主义伟大旗帜，以邓小平理论和‘三个代表’重要思想为指导，深入贯彻落实科学发展观，继续解放思想，坚持改革开放，推动科学发展，促进社会和谐，为夺取全面建设小康社会新胜利而奋斗”。

11月，屈延凯主编的《如何投资和经营融资租赁公司》，由当代中国出版社出版发行。

11月28日，工商银行金融租赁有限公司在天津开业。这是国内首家获得银监会开业批准的创新型金融租赁公司，公司注册资本为20亿元人民币。

11月28日，《中华人民共和国企业所得税法实施条例》经国务院第197次常务会议通过予以公布。

12月4—5日，中国外商投资企业协会租赁业工作委员会举办“2007中国融资租赁发展论坛”。共有86家单位的136名代表、32位嘉宾及全国人大常委会民法室、全国人大财经委、最高人民法院、商务部、国家工商行政管理总局、国家发展和改革委员会、国务院法制办公室、国家食品药品监督管理局、财政部会计司、海关总署等有关机构180余人出席会议。

12月7日，海关总署以税管函［2007］第263号发布《海关总署关于融资租赁售后回租有关问题的复函》。

12月12日，北京神州汽车租赁有限公司在北京人民大会堂举行开业庆典暨新闻发布仪式，宣布正式进军中国汽车租赁市场。

12月14日，银监会批准长城资产管理公司收购重组新疆金融租赁有限公司。

12月28日，由交通银行独资设立的交银金融租赁有限责任公司在上海开业。公司注册资本为20亿元人民币。

2008年

1月1日，新的《企业所得税法》及《企业所得税法实施条例》颁布实施。

1月31日，交银金融租赁有限公司与云南煤化工集团在昆明签订了“十亿元人民币融资租赁合作”协议。

2月，海关总署以《海关总署税管函［2007］第263号》复函方式明确规定，减免税设备在监管期不可以做回租，除非承租人补缴剩余监管期的关税和进口环节增值税。

2月，中国银监会发布了重新修订的《金融租赁公司管理办法》，允许商业银行作为主要出资人组建金融租赁公司后，国内几家主要商业银行立即着手申请组建的金融租赁公司。到2008年上半年，获准成立的工银租赁、建银租赁、交银租赁、招银租赁和民生租赁相继开业。

2月19日，由中国长城资产管理公司注资5.19亿重组的新疆长城金融租赁有限公司举行揭牌仪式并正式营业。新疆长城金融租赁有限公司前身为原新疆金融租赁有限公司。由于受“德隆危机”影响，中国银监会责令原新疆金融租赁有限公司自2005年2月24日起停业整顿。2006年8月，原新疆金融租赁有限公司最大债权人中国长城资产管理公司正式向自治区人民政府、原新疆金融租赁有限公司停业整顿工作组提交了对该公司实施重组的申请。同年12月，自治区人民政府、原新疆金融租赁有限公司停业整顿工作组初步确定中国长城资产管理公司为该公司唯一重组方。

3月6日，全国人大代表、万向集团董事局主席鲁冠球向人民代表大会提交“全国人大及其常委会尽快审议融资租赁法草案”的建议。全国政协委员、招商银行行长马蔚华向全国政协大会提交了“建议加快融资租赁相关立法进程和加大财税政策支持力度”议案。

3月26日，建信金融租赁公司完成了华能澜沧江小湾水电租赁项目。3月28日第一笔融资款6.33亿元人民币已顺利支付，余下近8亿资金分十期起租，到2018年3月27日截止。这笔业务金额大、时间跨度长、交易结构复杂，法律和技术要求十分严格，这为公司服务建行的电力客户，以至未来的飞机、船舶等复杂交易打下了坚实的基础。

3月28日，交通部发出关于规范国内船舶融资租赁管理的通知。通知规定，从事国内船舶融资租赁活动的出租人应依法取得国家有关主管机关批准的融资租赁经营资格；承租人应取得交通主管部门批准的国内水路运输经营资格；出租人和承租人之间应按照国家有关规定签订船舶融资租赁合同。

4月，荷银租赁公司以设备售后回租的方式，为天津地铁公司提供20亿元人民币的融资租赁，中国出口信用保险公司天津分公司为该项目作了信用担保。业内专家认为，利用外资和售后回租的方法服务于城市基础设施建设，释放企业被占用的资金，将固定资产变现成流动性强的现金，实现了盘活存量资产，优化资产结构的目标。

5月29日，经中国银监会批准，由国家开发银行持股95%的深圳金融租赁公司更名为国银金融租赁公司，其注册资金为74.85亿人民币，成为国内注册资本最大的金融租赁公司。

5月，由沙泉主编的融资租赁实务操作培训教材《融资租赁经营指南》完成编写。这是业内第一部系统的视频课件式教材。

6月，业内广为关注的《融资租赁法》曾于2007年8月由全国人大财经委正式向人大常委会报送审议。起草小组的有关人员曾满怀信心地表示，该法有望能尽早出台。但报送的《融资租赁法（草案）》未被列入全国人大的立法审议日程。这标志着历时四年之久的融资租赁立法工作陷入困境。

6月6日，新疆亚中融资租赁股份有限公司对农村农民开办大型农机（收割机）直接融资租赁业务，得到新疆广大农民的积极回应，引起了国、内外农业机械制造厂商和经销商的普遍关注。

6月20日，经财政部和银监会批准，中国华融资产管理公司向华融金融租赁股份有限公司增资9.58亿元人民币，注册资金变更的工商登记手续是日完成。公司增资后，注册资金由5.16亿元增至14.74亿元，资本充足率大幅提升。

8月31日，民生金融租赁公司、中国船级社、福建国航远洋运输集团三方战略合作协议暨“十八艘巴拿马型散货船融资租赁正式启动仪式”在上海举行。船舶融资租赁是国际上重要的租赁业务，也是我国倡导和鼓励的拓展航运企业融资渠道的重要方式。

9月3日，上海市政府对以融资租赁方式新增的固定资产给予一定财政补贴，表明上海政府开始用财政手段支持融资租赁事业的发展。

9月8—10日，由中国建筑业协会机械管理与租赁分会主办的第四届全国建筑施工机械租赁大会在长沙召开。会上发布了“2008年全国建筑施工机械租赁50强企业”和“2008年建筑施工机械租赁品牌”，并授牌表彰。

9月27日，商务部和国家税务总局联合发文，批准中国水电建设集团租赁控股有限公司等11家内资企业开展融资租赁试点。这是继2004年12月后的第五批融资租赁试点企业。至此，融资租赁试点企业达到37家。

9月29日，中国航空工业集团采取融资租赁方式为奥凯航空购买的国产新舟60飞机投入运营，开创了国产飞机以融资租赁方式投入商业运营的先河。

10月13日，国际统一私法协会通过了《租赁示范法草案》，这是继《国际融资租赁公约》、《国际融资租赁统一规则》后又一重大国际法律文件 。

10月28日，全国二十多名关心租赁事业的专家学者编写的第一部中国租赁蓝皮书——《中国融资租赁业发展报告2008》正式发布。报告从融资租赁、实物租赁、服务租赁以及法规建设、理论研究、实际推动、行业大事、法规名录、企业名录等多个方面，对2007年中国租赁业的总体发展情况进行综合分析。报告以电子版的方式在网上发布，读者只要在互联网上点击域名 zgzllps. com，就可浏览、查阅和下载报告的全部内容。

10月19日，由中航国际租赁公司向奥凯航空租赁的首架新舟60支线飞机在天津首航，正式开始国内航线的飞行，从而实现国产民用飞机在国内航线的突破。

11月12—13日，由中国航空运输协会与中国金融学会金融租赁委员会联合举办的第三届中国航空租赁高峰会议在北京召开。本届峰会在世界性经济危机蔓延、经济增长放缓的背景下召开，旨在交流国内外开展航空租赁的成功经验，共同探讨中国航空租赁业的未来动向，通过交流与合作，打造更富竞争力的航空租赁环境。

11月18日，“第六届中国租赁业论坛”在天津市滨海新区召开。本次论坛的主题是“可持续发展与融资租赁的制度创新”。论坛针对租赁行业的特点和国际租赁业的发展趋势，致力于建立企业与政府部门、国内与国际租赁业以及企业之间对话、交流、合作的平台，对促进中国租赁业的发展和完善市场体制建设将起到重要作用。

11月19—20日，外商租赁专业委员会主办的“2008中国融资租赁发展论坛”在京召开。本次论坛以“纪念改革开放三十周年，推动融资租赁业又好又快发展”为主题，不仅回顾了改革开放以来我国融资租赁业的发展历程，而且也对增值税改革、国际金融危机对我国融资租赁业发展的影响等业界关心的热点问题进行了深入交流。

11月24日，工银金融租赁有限公司与武汉地铁集团有限公司签约，武汉地铁一号线核心设备的所有权以20亿元暂时“卖”给了工行。根据协议，武汉地铁集团将武汉地铁一号线核心运营设备（包括机车等）的所有权，以20亿元人民币的价格（初定15年）让渡给工银金融租赁公司。在此期间，武汉地铁集团仍然保留经营、使用权，但需向金融租赁公司支付租金，到期后可按残值回购所有权。

12月7日，“中国租赁消费高层研讨会”在中央党校召开。中央党校、中央政策研究室、国务院研究室、国务院发展研究中心、国家发改委、科技部、商务部、银监会、工业和信息化部等有关部门的领导及专家，就中国租赁业的现状、前景及未来走势进行了分析和探讨。

12月9日，外商租赁专业委员会组织部分金融租赁公司、内资试点融资租赁公司、外商投资融资租赁公司对增值税转型改革后，承租企业和租赁公司的税收适用问题进行了专门研讨，并准备向国家有关部门提出政策建议。

12月11日，国际统一私法协会第63届年会在罗马召开，大会投票选举了该组织的新一届理事会理事，中国政法大学国际法学院院长莫世健教授作为中国推荐的候选人成功当选，任期为2009年1月1日至2013年12月31日。国际统一私法协会与中国租赁业一直保持着合作关系。

12月27日，在全国人大财经委的指导下，中国外商投资企业协会租赁业工作委员会与中国旧货协会设备租赁及二手设备专业委员会召开融资租赁法律问题座谈会。

12月31日，昆明市发布《关于昆明市加快融资租赁业发展的实施意见》。

据中国租赁联盟统计，截至2008年年底，融资租赁业继续迅速发展，全国70家已正式开展融资租赁业务的企业全年融资租赁业务总量约为1550亿元。其中，金融租赁11家公司约为630亿元；外商租赁34家公司约为500亿元；内资租赁25家公司约为320亿元。

2009年

1月初，经商务部批准，投资总额和注册资本均为1000万美元的宁波国骅融资租赁有限公司落户宁波鄞州区。

1月6日，上海国投推出一款融资租赁信托计划，将所募资金投资于上海黄浦投资集团实施的部分项目。该款信托计划的总规模为5600万元人民币，信托期限为1年，其中个人投资者即自然人人数小于等于50人，机构投资者则不做限定。该信托到期后，收益将做一次性分配。

1月初，天津市租赁协会会同天津市社团局、天津市企业联合会等20家社团组织，向全市社会团体发出《“保增长、渡难关、上水平”——致全市社会团体倡议书》，倡议全市社会团体积极行动起来，树立迎难而上的信念，按照“保增长、渡难关、上水平”的总体要求，充分发挥各自的特点和优势，不断提高服务水平，为促进我市经济社会发展发挥更大的作用。

1月14日，由北京市商务局、北京市投资促进局、北京市贸促会举办的“北京国际商务新春招待会”在北京凯宾斯基饭店举行。当天，由北京商务局卢彦局长向斗山（中国）融资租赁有限公司代表颁发了增资至2000万美元的注册资本批准证书。

2月5日，天津市市委常委、副市长崔津渡主持召开天津市租赁业发展座谈会，听取了天津市租赁行业协会以及长江租赁、工银租赁几家融资租赁公司的工作汇报，责成市金融办、市商务委员会、市财政局等部门，进一步采取措施，支持租赁业发展。租赁业著名专家李鲁阳、高占星及二手设备租赁委员会的负责人专程到会，对天津租赁业的进一步发展提出了建议。

2月上旬，商务部发布了《关于由省级商务主管部门和国家级经济技术开发区负责审核管理部分服务业外商投资企业审批事项的通知》。按该《通知》的规定，原由商务部批准设立的上述行业的外商投资企业，其变更事项由省级商务主管部门和国家级经济技术开发区依法审批，其中包括外商融资租赁公司。

3月5日，温家宝总理在政府工作报告中提出，“要培育消费热点，拓展消费空间。完善汽车消费政策，加快发展二手车市场和汽车租赁市场，引导和促进汽车合理消费”。

3月6日，天津市政府金融办宣布“租赁业研究专项工作小组”正式成立，专项工作小组由市金融办、市商务委、市财政局、银监局、市租赁行业协会及8家融资租赁公司组成。

3月20日，国务院办公厅发布这一规划，规划中明确要发展包括汽车租赁在内的现代汽车服务业。

3月中旬，招银金融租赁有限公司与大唐华银电力股份有限公司合作，开展一笔2亿元人民币的售后回租业务。业务流程是，大唐华银电力公司向招银金融租赁转让金竹山扩建一期部分火力发电设备，盘活存量资产，换取当期现金流入，同时，以回租的方式继续对发电设备进行运营管理。

3月28日，上海市政协、市租赁行业协会和国际投资促进会上海分会共同举行“推动融资租赁市场发展，促进上海经济平稳增长”论坛，全国政协副主席厉无畏出席并作“转变观念，拓宽领域，大力推进融资租赁市场发展”主题报告，市政协主席冯国勤致辞，副市长艾宝俊介绍了本市融资租赁业发展情况和思路。

4 月 13 日，《文汇报》在头版头条发表署名文章：《上海融资租赁应趁势破题 动足脑筋“借鸡下蛋”》。文章指出：对上海的先进制造业而言，包括国产支线飞机、大飞机、电站设备、船舶、港口与海洋装备、轨道交通设备等，都能借助融资租赁的力量。产业结构升级离不开大量的资金投入，而融资租赁通过促进销售使制造企业获得结构升级所需的资金。通过大力发展融资租赁业，上海可以加速制造业的结构升级，进而提高上海经济服务全国、进军国际的能力。

4 月 14 日，国务院在国发［2009］第 19 号文《国务院关于推进上海加快发展现代服务业和先进制造业 建设国际金融中心和国际航运中心的意见》中指出，“允许大型船舶制造企业参与组建金融租赁公司，积极稳妥鼓励金融租赁公司进入银行间市场拆借资金和发行债券”。

4 月中旬，重庆银海融资租赁有限公司 2009 年第一次临时股东会会议召开。会议审议通过了《关于增加公司注册资本的议案》，决定公司注册资本由 1.8 亿元增加至 3 亿元。

4 月 20 日，由中国银监会和世界银行集团国际金融公司中国项目开发中心联合主办、德阳市商业银行承办的中小企业融资租赁国际研讨会在太平洋国际饭店隆重召开。银监会副主席蔡鄂生，世界银行集团国际金融公司中国项目开发中心、中国银行业协会、各省（市、自治区）银监局及部分银行业金融机构、融资租赁公司代表参加了研讨会。

4 月 21 日，由奇瑞公司和徽商银行共同投资组建的奇瑞徽银汽车金融有限公司上海宣布正式开业。这不仅标志着奇瑞成为国内首家拥有金融公司的自主品牌汽车企业，是国家允许中资银行和自主企业合资建立的首家汽车金融公司。

4 月 30 日，东方航空与交银金融租赁公司在上海签订《飞机买卖协议》和《飞机租赁协议》，用两架自有飞机空客 A340 售后回租方式，来盘活现有的固定资产近 6 亿元。

5 月 8 日，天津组装的首架空客 A320 飞机升空，这是津产空客首次在天津滨海国际机场第二跑道上进行试飞。这架空客 A320 飞机上印有“四川航空”的标志，因为该架飞机 6 月份将交付给奇龙航空租赁有限公司，并由该公司租赁给四川航空公司投入商业运营。

5 月 8 日，上海市政府颁布《上海市政府贯彻国务院关于推进上海加快发展现代服务业和先进制造业建设国际金融中心和国际航运中心意见的实施意见》，上海市政府将发展融资租赁，扩展租赁公司的营业范围作为战胜当前国际金融危机影响的重要举措。

5月29日，中联重科澳大利亚—新西兰有限公司、中联重科融资租赁（澳大利亚）有限公司在澳大利亚昆士兰州黄金海岸市正式开业。这是中国首家在海外注册的融资租赁公司。

6月初，云南省公路开发投资公司与深圳国银金融租赁公司、国家开发银行云南省分行三方在昆明举行昆石高速公路融资租赁合同签字仪式。昆石高速公路融资采用的是固定资产售后回租模式，云南省公路开发投资公司将昆石高速公路37.48亿元的固定资产解出质押后，转让给国银金融租赁公司，再由公司在5年内以同期银行利率加上租赁费逐年等额回购。

6月初，“日新租赁（中国）有限公司”正式更名为“恒信金融租赁有限公司”。恒信金融租赁有限公司注册资本2.025亿美金，是目前国内注册资金规模最大的外商融资租赁公司。

6月初，华融金融租赁股份有限公司就与山河智能机械股份有限公司签署协议，决定就工程机械产品融资租赁开展合作，合作规模为4500万元。

6月22日，工银金融租赁公司与天津空客在津签署了关于开展航空租赁的合作协议。根据协议，工银租赁在今后5年内，可为接收天津总装空客A320系列飞机的航空公司提供总金额为200亿元人民币的意向性租赁支持，能帮助航空公司顺利接收70架空客A320系列飞机。

6月24日，招银金融租赁有限公司与中国恒天集团有限公司在京签订全面战略合作协议，双方将在直租、回租及供应商租赁等领域展开合作，合作总额度为20亿元。

7月初，中国工商银行董事会正式同意，向旗下的工银金融租赁有限公司增资30亿元等值人民币。

7月，经国务院批准，银监会发布了《消费金融公司试点管理办法》，并启动北京、天津、上海、成都四地开展消费金融公司的试点。

7月6日，中国银行业协会金融租赁专业委员会在京正式成立。专业委员会是由银监会监管的12家金融租赁公司共同发起成立的。工商银行副行长、工银租赁董事长李晓鹏当选为第一任金融租赁专业委员会主任。

7月6日，银监会非银部副主任陈琼称，截至2009年5月底，由银监会监管的 12 家金融租赁公司资产达到 948 亿元，租赁资产达到 855 亿元。

8 月初，民生金融租赁股份有限公司与中国长江航运（集团）总公司与在签署了战略合作协议书。长航集团总经理朱宁、民生金融租赁股份有限公司总裁周巍分别在合作协议书上签字。

8 月 18 日，中国人民银行网站发布［2009］第 14 号公告，允许符合条件的金融租赁公司和汽车金融公司发行金融债券。这意味着金融租赁公司及汽车金融公司再添新的融资渠道。

8 月 31 日，中国人民银行和中国银行业监督管理委员会联合制定并发布了《中国人民银行、中国银行业监督管理委员会公告》，允许符合条件的金融租赁公司和汽车金融公司发行金融债券，并明确规定了申请发行金融债券的具体条件。

9 月 19 日，由中国银行业协会、中国外商投资企业协会租赁业工作委员会、上海市商务委员会、上海市金融服务办公室联合主办的“中国融资租赁高峰论坛”在上海举行。

9 月 22 日，国务院办公厅发布《国务院关于进一步促进中小企业发展的若干意见》，提出要完善融资租赁政策、大力发展融资租赁。这是国务院首次从国家层面给予融资租赁明确的政策支持。

9 月 28 日，湖北省开出以银租合作方式为中小企业提供融资渠道第一单。湖北农行营业部透露，该行已对融众国际融资租赁公司发放贷款 5000 万元，支持该公司向光谷激光公司和华工团结公司购置激光设备的融资租赁业务。

10 月初，天津东疆保税港区首家外资专业融资租赁公司——先锋国际融资租赁有限公司完成注册。先锋国际融资租赁由美国瑞德国际投资基金有限公司投资，该公司曾在北京设立新世纪国际租赁有限公司。

10 月 10 日，中国租赁蓝皮书——《中国融资租赁业发展报告 2009》正式发布。10 月 17 日，天津滨海新区创业风险投资引导基金有限公司与美国的硅谷银行、美国太平洋基金和欧洲创业租赁公司商定，共同出资组建中国创业融资租赁公司。

10 月 23 日，上海市食品药品监督管理局发布《关于医疗器械经营许可审批事项的补充通知》（沪食药监流通［2009］第 679 号），对融资租赁公司开展医疗器械融资租赁业务的审批程序、验收标准及其他事项进行了规范，并降低了融资租赁公司开展融资租赁业务的验收标准。

11 月初，交银金融租赁与宁波海运签订了 29800 吨散货船“明州 62”轮的《融资租赁合同》，公司通过融资租赁方式融资 19620 万元，租赁期限 7 年，按季支付租金，每期租金 836 万元，实付租金按中国人民银行同期贷款基准利率调整。

10 月 29 日，CCTV 新闻联播以“金融创新领跑天津经济”为题，报道了天津融资租赁的发展。

11 月 23 日，天津渤海租赁公司与天津空中客车飞机公司签署了一笔 36 亿元的融资租赁合同。合同的主要内容是：渤海租赁以 36 亿元人民币的标的收购现正进行飞机组装的空客厂房，然后再以 15 年的期限返租给空客公司继续使用。这样，空客公司用售后回租的方式盘活了 36 亿元的资金，渤海租赁则获得一笔长达 15 年回报的租赁业务。

11 月 26 日，黑龙江省商务厅与中国环球租赁公司黑龙江分公司达成 50 亿元人民币战略合作协议，配合黑龙江省“八大经济区”建设和“十大工程”项目的实施。

12 月，为完善房产税、城镇土地使用税政策，堵塞税收征管漏洞，财政部、国家税务总局下发了《关于房产税城镇土地使用税有关问题的通知》（财税［2009］第 128 号），规定自 2009 年 12 月 1 日起执行。

12 月，国银金融租赁公司向俄罗斯 S7 航空公司出租的 2 架全新空客 A320 飞机顺利完成交付，这标志着国银金融租赁公司已正式进入俄罗斯航空租赁市场。年内，中联重科租赁、长江租赁等融资租赁公司也利用自己的优势，积极开拓国际租赁市场。

12 月，从 2009 年 2 月开始，天津高法就如何妥善审理融资租赁纠纷问题进行深入调研，于 2009 年 8 月向最高人民法院提交了《关于完善天津滨海新区融资租赁业发展法规环境的意见》。经过争取，最高法院在 12 月初批准，给予天津法院在审理天津滨海新区有关融资租赁纠纷案件“先行先试”的特殊司法政策。

12 月 10—11 日，中国二手设备市场发展论坛暨第七届租赁业论坛在北京新世纪日航饭店举行。论坛将首次发布《中国工程机械二手设备市场调研报告》。

12 月 25 日，商务部、国家税务总局下发了《关于确认第六批融资租赁试点企业的通知》，确认山推租赁有限公司等 8 家内资企业为第六批融资租赁试点企业。至此，全国获准开展融资租赁业务试点的企业共六批 45 家。

2009 年年底，渤海租赁有限公司的资本金已由年初的 13 亿元人民币增至 62 亿元人民币。就融资租赁企业的资本规模而言，渤海租赁排在国银金融租赁（74.85 亿人民币）之后，居全国第二位。

12 月，面对国际金融危机和国内经济形势重大变化的影响，中国融资租赁业仍保持迅速发展的势头。据中国租赁联盟统计，到 2009 年年底，120 家各类融资租赁公司融资租赁合同余额约 3700 亿元，比上年的 1500 亿元增长 1.4 倍。

2010 年

1 月 8 日上午，浙江大学融资租赁高级研修班在浙大紫金港校区国际会议中心开班。该项目依托浙江大学商学研究院、美国杜兰大学等高校和国际投资促进会、上海市租赁行业协会等行业组织，是国内首家由国内外正规办学机构与行业协会联合开办的国际学历教育办学项目。全国政协副主席厉无畏出席开班仪式并作主旨演讲。

1 月 13 日，银监会发布《关于金融租赁公司在境内保税地区开展融资租赁业务有关问题的通知》，正式批准符合条件的金融租赁公司可以在境内保税地区设立项目公司，以 SPV 方式开展飞机、船舶、工程机械等租赁业务。

1 月 13 日，中国人民银行征信中心与世界银行集团国际金融公司中国项目开发中心，在北京联合举办融资租赁登记国际研讨会。同日，《中国银监会关于金融租赁公司在境内保税地区设立项目公司开展融资租赁业务有关问题的通知》（银监发［2010］第 2 号）发布，对金融租赁公司在境内保税地区设立项目公司开展融资租赁业务的有关问题进行了规范。

1 月 19 日，中国第四大航空企业海航集团收购澳大利亚 Allco 公司飞机租赁业务正式签约，海航集团通过其全资香港子公司以 1.5 亿美元单独完成此项收购。收购的飞机租赁业务原隶属于澳大利亚上市公司 Allco，该公司共拥有和管理 68 架商用飞机，包括自有 31 架、管理 37 架。

1 月 26 日，国银金融租赁与空中客车公司在法国图卢兹签署飞机租赁与融资业务合作谅解备忘录。未来 5 年，国银租赁将提供总金额 40 亿美元的融资及租赁服务，提供给接收空客机型（包括空客天津总装线组装的飞机）的全球航空公司。此外，双方将在飞机租赁和融资、资产管理和飞机再处置等方面开展深层次合作和交流。

1月，深圳发展银行推出融资租赁保理业务，其功能是，在租赁公司将融资租赁服务产生的未到期应收租金转让给银行的基础上，银行为租赁公司提供应收账款账户管理、应收账款融资、应收账款催收和承担应收账款坏账风险等的一系列综合性金融服务。

1月28日，商务部召开了研究融资租赁有关问题的专题工作会议。会议由商务部市场建设司组织，研究讨论了融资租赁业发展的有关问题。部长助理房爱卿做了总结讲话。

2月8日，经财政部及银监会批准，华融金融租赁公司完成新一轮增资的工商登记手续。增资后，公司注册资金由14.7405571亿元增加至20亿元，资本充足率进一步得到提升。

3月1日，台湾富邦金融控股公司宣布，旗下富邦金控创投公司与中国中信集团公司旗下中信资产管理有限公司（CITIC Asset Management Corporation Ltd.）合资成立中信富通融资租赁有限公司，成为两岸金融MOU生效以来两岸金融机构合作的首例。双方合资融资租赁公司总部设立于北京，资本额为5亿元人民币。

3月初，中国银监会发出银监复［2010］第98号文规定，中国银监会关于批准兴业银行股份有限公司筹建金融租地选择在天津，注册资金20亿人民币。

3月，继中石油金融租赁公司、兴业银行金融租赁公司获批之后，光大银行金融租赁公司也获准筹建并正式营业。

3月8日，经国务院批准，中国银监会、国家发展改革委、工业和信息化部、财政部、商务部、中国人民银行和国家工商总局联合制定的《融资性担保公司管理暂行办法》正式发布施行。依照该《办法》规定，融资性担保公司自有资金可投资信用等级较高的固定收益金融产品，对股票、基金、房地产等的投资不得高于净资产20%。融资性担保公司不得进行存贷业务，担保余额不得超过净资产10倍，担保赔偿准备金为责任余额1%。

3月15日，交银租赁收到上海银监局《关于同意交银金融租赁有限责任公司变更注册资本及公司章程的批复》，同意交银租赁公司注册资本由 20 亿元人民币增加到 40 亿元人民币，同时核准了公司修改后的章程。

3 月 18—19 日，由中国融资租赁发展论坛组委会联合德国商会举办的“2010 年第二届中国融资租赁论坛”在北京王府半岛饭店举行。国家有关部门领导、西门子融资租赁公司等著名融资租赁企业家、国内外金融企业到会，就中国融资租赁业的发展问题进行交流和探讨。

3 月 19 日发布的规定包括，对于具有稳定物流和现金流的企业，可发放应收账款质押、仓单质押贷款。对于租赁演艺、展览、动漫、游戏，出版内容的采集、加工、制作、存储和出版物物流、印刷复制，广播影视节目的制作、传输、集成和电影放映等相关设备的企业，可发放融资租赁贷款。

3 月 30 日，财政部、海关总署和国家税务总局联合发布了《关于在天津市开展融资租赁船舶出口退税试点的通知》，并宣布，经国务院批准，对融资租赁企业经营的所有权转移给境外企业的融资租赁船舶出口，在天津市实行为期 1 年的出口退税试点。

3 月 31 日下午，民生金融租赁公司由美国湾流公司购买的一架 G450 型公务机抵达天津滨海国际机场，专为这笔业务所设立的公司——民生桂竹公务机租赁有限公司投入运营。这是国内首家公务机单机租赁公司。

3 月末，由工银租赁在北京天竺综合保税区设立的单机公司——工银租赁（北京）有限公司，取得工商营业执照。

3 月，长吉图经济区取得朝鲜罗津港 10 年租用权。罗津港是朝鲜罗先自由贸易区最大港口，该地区有铁路可通往俄罗斯与中国。该不冻港有三个码头，年吞吐量 400 万吨。

4 月，交银金融租赁有限责任公司已获准在全国银行间债券市场公开发行总规模不超过 20 亿元人民币的金融债券。

5 月 1 日，第三部中国租赁蓝皮书——《中国融资租赁业发展报告 2010》发布。统计显示，截至 2009 年年底，全国在册运营的融资租赁公司约 117 家，融资租赁合同余额约为 3700 亿元，比上年 1550 亿元增长 139%。其中，金融租赁 12 家，约 1700 亿元，比上年增长 300%；内资租赁 45 家，约 1300 亿元，比上年增长 106%；外商租赁 60 家，约 700 亿元，比上年增长 40%。

5 月 18 日，国家税务总局印发了《融资租赁船舶出口退税管理办法》，对《财政部海关总署国家税务总局关于在天津市开展融资租赁船舶出口退税试点的通知》（财税［2010］第24号）进行了具体规定。

5月27日，华融金融租赁股份有限公司在全国银行间债券市场成功发行10亿元金融债券，这是国内金融租赁行业发行的第一支金融债券，其开创了金融租赁公司通过金融债券方式进行市场化直接融资的先河。

5月29日，甘肃省政府与中国信达资产管理公司签订战略合作框架协议。此前，信达资产管理公司完成了对西部金融租赁的重组，更名为信达金融租赁有限公司，该公司作为信达资产公司在甘控股的非银行金融机构，也于是日正式揭牌。

6月10日，商务部发布通知，就设立外资公司审批权限等问题做进一步说明。通知规定：允许类总投资3亿美元和限制类总投资5000万美元以下的外商投资企业的设立及其变更事项，由省、自治区、直辖市、计划单列市、新疆生产建设兵团、副省级城市（包括哈尔滨、长春、沈阳、济南、南京、杭州、广州、武汉、成都、西安）商务主管部门及国家级经济技术开发区负责审批和管理。

6月18日，光大金融租赁公司在汉开业。这是首家落户武汉的全国性金融租赁公司，也是第二批获准设立的4家金融租赁公司中首家获准开业的金融租赁公司。

6月，上海浦东新区为促进融资租赁业发展，研究完成了“关于浦东新区促进融资租赁业发展的意见”和“关于浦东新区促进融资租赁业发展的财政扶持办法”两个文件。

6月21日，中国人民银行、银监会、证监会、保监会发布《关于进一步做好中小企业金融服务工作的若干意见》，明确指出要大力发展融资租赁业务。扎实推进扩大商业银行设立金融租赁公司试点工作。支持金融租赁公司按照“商业持续”原则，开展中小企业融资租赁业务创新。完善融资租赁公示登记系统，加强融资租赁公示系统宣传，提高租赁物登记公信力和取回效率，为中小企业融资租赁业务创造良好的外部环境。加强对融资租赁业务的指导监督，促进融资租赁行业规范化，管理统一化，合同统一化，在规避风险的同时保证融资租赁有序、规范发展。

6月27日，中联重科融资租赁（俄罗斯）公司在俄签订了融资租赁第一单业务——两台ZD320－3型推土机，这样，俄罗斯成为中联融资租赁公司继澳大利亚、中国香港、意大利后开展海外融资租赁业务的第四个国家和地区。

7 月 28 日，昆仑金融租赁公司在重庆开业，重庆市委副书记、市长黄奇帆与中国石油天然气集团公司党组成员、总会计师王国樑为昆仑金融租赁有限责任公司揭牌。中石油称，昆仑金融租赁公司经银监会批准，由该集团和重庆机电集团联合组建，注册资金 60 亿元；中石油投资 54 亿元，占 90% 股份，是目前国内首家由产业类企业控股的金融租赁公司，也是仅次于国银租赁（74 亿元注册资金）的国内第二大金融租赁公司。业内对银监会批准中石油组建金融租赁公司有不同看法。

8 月，天津渤海租赁和工银租赁联手，完成了对武汉四座长江大桥的售后回租业务。该项联租业务的总标的为 30 亿人民币，其中，渤海租赁出资 18 亿元，工银租赁出资 12 亿元，租期为 15 年。

8 月 19 日，经中国人民银行上海总部批准，国银租赁获得国内银行间同业拆借市场准入资格。拆入、拆出最高限额为 80 亿元人民币，拆入最长期限为 3 个月。2010 年 10 月 13 日，中国人民银行正式下发《关于民生金融租赁股份有限公司进入全国银行间同业拆借市场的批复》，同意民生租赁在银行间市场开展人民币同业拆借业务，最高拆借限额为 32 亿元人民币。2010 年 11 月 25 日，招银租赁也正式获得人民银行上海总部批文，取得全国银行间同业拆借市场资格。

8 月 23 日，由中国外商投资企业协会租赁业委员会主办，中国节能协会节能服务产业委员会、西门子财务租赁有限公司协办的“运用融资租赁服务节能减排业务推广会”在西门子大厦举办。

8 月 31 日，兴业金融租赁有限责任公司获准开业，注册资本为 20 亿元人民币，由兴业银行独资设立。

9 月 8 日，国家税务总局发布《关于融资性售后回租业务中承租方出售资产行为有关税收问题的公告》，对融资性售后回租业务中承租方出售资产行为有关税收问题作出规定。文件明确：根据现行企业所得税法及有关收入确定规定，融资性售后回租业务中，承租人出售资产的行为，不确认为销售收入，对融资性租赁的资产，仍按承租人出售前原账面价值作为计税基础计提折旧。文件还明确：租赁期间，承租人支付的属于融资利息的部分，作为企业财务费用在税前扣除。

9 月 10 日，多个国家的 11 家租赁协会参加了国际电话会议，对国际会计准则理事会（IASB）和美国财务会计准则理事会（FASB）提出的承租人会计处理模式修订意见进行讨论。IASB 正在着手修订或制定的具体准则项目将在 2011 年 6 月 30 日之前完成，其中关于租赁会计准则的修订是：对于租期一年以上的租赁，承租人将不再区分融资租赁和经营租赁，均计入资产负债表。

9 月 29 日，中信富通融资租赁有限公司在京举行揭牌仪式。这是 2010 年 1 月两岸金融监管备忘录（MOU）生效后金融业合作的首例，也标志着改革开放后创建第一家租赁公司的中国中信集团在二十多年后重返融资租赁市场。

9 月 29 日，由中国农业银行全额投资的农银金融租赁有限公司在上海开业，这是农行上市后在境内设立的第一家全资子公司。农业银行董事长项俊波和上海市委常委、副市长屠光绍为之揭牌。

10 月 21 日，天津市政府制定的《关于促进我市租赁业发展的意见》下发执行。这是近年来中国第一个地方性租赁文献。20 世纪 90 年代，浙江省曾制定一个《浙江省融资租赁管理暂行规定》，对促进该省融资租赁业的发展起到了推动作用，后因某些规条款与国家规定相悖而废止。天津的这一文献则是根据国家现行有关规定和天津实际情况，从促进本市租赁业发展的角度制定的“意见”。

10 月 25 日，中华人民共和国海事局发布《关于融资租赁船舶登记有关事项的通知》（海船舶［2010］第 524 号），对船舶融资租赁合同的形式、内容、抵押权设定、融资租赁船舶登记的管辖、注销登记等方面进行了明确。

11 月 15 日，江苏金融租赁有限公司成功地在银行间债券市场发行了 5 亿元金融债，从而成为国内第三家发行金融债的融资租赁公司。江苏租赁本期债券发行总额为 5 亿元人民币，期限五年，票面年利率 4.00%，计息方式为附息浮动。

11 月 17 日，浦东新区单机单船（SPV）融资租赁试点工作取得实质性进展。上海银监局宣布，上海的两家金融租赁公司成为首批获得中国银监会批复，允许其在境内保税地区设立项目公司开展融资租赁业务的金融租赁公司。其中上海交银金凤凰飞机租赁有限公司与春秋航空公司的飞机租赁项目已率先落地，其项目标的是从法国空客公司购买的一架 A320 民航客机，该机已飞抵浦东国际机场。

11 月 19 日，天津市领导干部金融与知识金融工具应用培训班如期举行。中国人民银行天津分行行长林铁钢，在培训班上作了题为《货币政策与金融调控》的讲座。中国租赁联盟召集人、天津市租赁协会会长杨海田，作了题为《中国融资租赁业的发展与天津现状》的主题讲座。渤海租赁董事长刘铁民、工银租赁执行总经理胡建江在培训班上发言，介绍了融资租赁的功能和操作程序。

12月1—3日，由中国外商投资企业协会租赁业工作委员会和中国银行业协会金融租赁专业委员会主办的2010中国融资租赁年会在北京饭店召开。

12月1—3日，中国外商投资企业协会和中国银行业协会联合主办的“2010年中国融资租赁年会”在北京召开。年会分别设立了三个论坛和专题研讨会，与会的政府相关部门领导和专家、学者以及融资租赁行业的代表就融资租赁行业的现状和发展趋势以及融资租赁法律法规和税收环境、国际租赁会计新准则等进行了深入研讨，同时，还举行了海峡两岸融资租赁业发展的专题研讨会。

12月6—8日，全球租赁峰会及租赁产品采购年会在广州南沙经济技术开发区开幕。美国、日本、韩国、澳大利亚等租赁机构的采购团派出了采购队伍赴会采购。展会期间，商务部、中国贸促会、国家发改委、中央党校、银监会等相关部委的专家、学者就中国租赁业发展与中国制造、中国服务、扩大内需，促进消费等热点话题进行了专题研讨。

12月10—11日，“第二届中国二手设备行业发展论坛暨第八届中国租赁业论坛”在北京举行。本次论坛的主题是“融资租赁及二手设备行业的可持续发展”。以科学发展、业务创新带动该行业的可持续发展，以标准化促进全行业素质的提升。

12月31日，自2009年2月商务部发布《关于由省级商务主管部门和国家级经济技术开发区负责审核管理部分服务业外商投资企业审批事项的通知》之后，外商融资租赁公司迅速增加，到2010年年底，正式登记注册、已上报商务部备案并处在业务运转状态下的外商融资租赁公司已超过120家。

12月31日，据中国租赁联盟统计，到2010年年底，全国融资租赁合同额约为7000亿人民币，约比上年的3700亿增长89%。其中，金融租赁3500亿元，增长106%；内资租赁2200亿元，增长54%；外资租赁1300亿元，增长86%。

2011 年

1 月 13 日，由海航集团设立的海航燕山飞机租赁基金落户天津东疆保税港区。该基金首期出资 10 亿元，总规模达 50 亿元。首期即可支持设立 15—20 家单机公司。全部募集到位后，将吸引形成 400 亿—500 亿元的投资规模。这是中国第一只专门投资于飞机租赁的基金。

1 月初，中国人民银行在全国范围内约谈各家金融租赁公司并下达口头通知，要求这些公司实行租赁投放规模控制，并试点租赁投放数据每日上报监管部门，对超规模的租赁公司按月实行类似银行差别存款准备金的惩罚措施。试点将从 9 家银行系金融租赁公司开始，随后推向持有银监会牌照的所有金融租赁公司。

1 月初，远东国际租赁正式启动“远东 50 亿包装产业助力计划”。根据此计划，远东国际租赁将投入 50 亿资金，助力中国包装产业的健康发展。

1 月中旬，由张巨光和沙泉合著的《工程机械融资租赁实务和风险管理》一书，在机械工业出版社出版。

1 月 19 日，商务部和国家税务总局联合下文，第七批开展融资租赁业务试点的内资企业获批。至此，由商务部和国家税务总局审批与监管的内资融资租赁试点企业已达七批 53 家。

1 月 21 日，四川首家民营融资租赁公司——四川宜邦融资租赁有限公司在成都香格里拉酒店举行开业庆典。该公司是继成都工投融资租赁有限公司、成都金控融资租赁有限公司之后四川地区设立的第三家融资租赁企业，同时也是目前四川省唯一一家非国有参股的中外合资的融资租赁公司。

1 月 29 日，中央一号文件《中共中央国务院关于加快水利改革发展的决定》发布。文件提出将“探索发展大型水利设备设施的融资租赁业务”。这是融资租赁被首次写入中央一号文件。

2011 年春节前夕，天津市市长黄兴国通过主管副市长崔津渡，向各租赁公司广大干部职工致以春节的问候，希望租赁业来年取得更好成绩。天津市委市政府对融资租赁业的发展高度重视。2010 年，该市出台了《关于扶持租赁业发展的办法》；黄兴国市长、崔津渡副市长等多次对天津市租赁行业协会的文件进行批示；市委书记张高丽等主要领导通过听取工作汇报、召开现场办公会等方式直接推动融资租赁业发展。

2月9日，国务院法制办公室决定，将财政部、海关总署报请国务院审议的《中华人民共和国船舶吨税暂行条例》（征求意见稿）全文公布，广泛征求社会意见。

2月12日，中国核工业集团公司与工银租赁核电项目融资租赁签约仪式在京举行。过去，中核集团核电核燃料项目的建设资金主要以银行信贷为主，这次核电融资租赁是中核集团核电项目融资租赁的第一单，也是国内核电项目的第一单，业内认为具有重要的示范意义。

2月28日，由中远太平洋公司在天津港保税区设立的佛罗伦（天津）融资租赁有限公司正式运营。公司注册资本为5000万美元，初始阶段管理资产超过20亿美元，未来可达到70亿美元。

3月1日，江苏省再保融资租赁有限公司在南京正式开业。该公司注册资本为6000万美元，是目前江苏省规模最大的外资租赁企业之一。其控股股东江苏省信用再担保有限公司为江苏四大金融支柱企业之一。在开业仪式上，江苏省再保融资租赁公司与3家中小企业签约了3亿多元的融资租赁协议。中国银行江苏省分行、工商银行江苏省分行、江苏银行等3家银行与再保融资租赁公司签订战略合作协议。

3月3日，商务部发布《关于外商投资管理工作有关问题》的通知。指出，要加强服务业领域外商投资的审核管理，对于融资租赁、国际快递、广告、拍卖以及增值电信等涉及专项规定管理的行业，小额贷款、市场调查、信用评级、保安服务等敏感行业，以及创业投资、股权投资及管理等涉及大额资金流入的行业，省级商务主管部门要切实履行职能，严格审批，与同级行业主管部门密切配合，加强沟通，遇到问题及时向商务部报告。

3月8日，农银金融租赁公司与江苏香塘集团有限公司标的为1.4亿元人民币的直接融资租赁合作项目在太仓市签约。江苏香塘集团有限公司是中国农业银行太仓市支行的AA^{+}重点客户。本次租赁项目是为其旗下两家化纤相关产业企业融资1.4亿元人民币用于购置新增生产设备，租赁期限为五年。

3月9日，四川省首家由商务部和国家税务总局联合批准的内资融资租赁试点企业——成都工投融资租赁有限公司举行开业庆典，它的成立，填补了四川内资融资租赁的空白。

3 月 10 日，昆仑金融租赁有限责任公司与重庆市轨道交通（集团）有限公司融资租赁项目签约仪式，为轨道交通建设融资 20 亿元。此次融资租赁为售后回租方式，融资租赁的 20 亿元资金将全部用于重庆轻轨集团目前正在建设的轨道交通 3 号线建设。集团通过这样的方式，避免因为设备投资而占用大量流动资金，盘活了物化资产。

3 月，兴业金融租赁有限责任公司与昆明滇池投资有限责任公司成功合作，开展以管网资产支撑的 6 亿元六年期融资租赁业务，顺利实现了资金的全额投放。这笔融资业务的开展，不仅为昆明滇投筹集到了融资项目启动资金，也为昆明市政建设灵活利用金融产品，盘活城市污水管网、泵站等资产，以争取更多资金支持提供了新的思路。

3 月初，青岛科泰重工机械有限公司与莱茵达国际融资租赁有限公司在青岛签约，成为战略合作伙伴，为实现科泰重工快速发展的需要，满足客户的多样化需求，开通了融资租赁渠道。

3 月 11 日，由中国社会科学院金融研究所、中国社会科学院融资租赁研究基地联合举办的“中国融资租赁业发展现状及前景展望”高层论坛在深圳举行，与会专家对中国融资租赁业的发展现状做了回顾，并对融资租赁业的发展提出了自己的建议。

3 月 23 日，审计署发布的京沪高速铁路建设项目 2010 年跟踪审计结果显示，个别施工单位及个人转移挪用公款和建设资金 1. 87 亿元及其他相关问题，涉嫌违法违纪。公告中披露，中铁一局、三局、四局、八局、十一局、十二局、十三局、十七局、十八局、十九局、二十四局和北京建工集团等 16 家施工单位在设备租赁、沙石料采购等业务中，使用虚开、冒名或伪造的发票 1297 张入账，金额合计 3. 24 亿元。

3 月 28 日，国税总局以 2011 年第 24 号文发布关于非居民企业所得税管理若干问题的公告，其中，就“融资租赁和出租不动产的租金所得税务处理问题”进行了具体规定，该规定于 2011 年 4 月 1 日起施行。

3 月 30 日，远东宏信有限公司在香港证券交易所主板挂牌上市，股票代码为“03360. HK”。远东宏信发行价为 6. 29 港元/股，发行规模为 8. 16 亿股，共募资 51. 3264 亿港元。远东宏信在港上市成功，使其成为中国融资租赁业首家上市公司，也由此产生了第一支融资租赁 H 股股票。

4 月 2 日，中银航空租赁宣布，向海南航空公司长期出租 5 架全新空客 A330—200 型货机。由此，中银航空租赁将成为向中国内地及港澳地区出租 A330—200 型货机的最大飞机租赁公司。本批飞机将于 2012—2013 年间交付，由海航集团旗下子公司扬子江快运承担运营。

4 月 2 日，交通运输部下发《关于促进汽车租赁业健康发展的通知》，提出，此后 5—10 年，中国将初步形成龙头企业引领、经营主体多元、网络覆盖全国、经营行为规范、市场秩序良好、服务标准与国际先进水平接轨的汽车租赁服务体系，基本满足经济社会发展和人民群众对汽车租赁业的需求。

4 月 7 日，上海综合保税区 2011 年企业大会召开，期间，又有 5 家融资租赁公司在该区获得营业执照，标志着保税区致力于中国最大融资租赁功能区建设取得新进展。2010 年下半年，上海综合保税区正式启动融资租赁功能。

4 月 7 日，昆仑金融租赁有限责任公司与重庆轻轨建设集团签下 20 亿元融资租赁合同，成为这个公司自 2010 年 7 月开业以来的单笔最大额度合同。开业以来，该公司已签订完成租赁合同 178 亿元，资产总额达到 145 亿元。

4 月中旬，兴业金融租赁有限责任公司与常德市经济投资有限公司签订 5 亿元人民币的融资租赁合同，用于常德市新河水系统综合治理工程。这是兴银租赁在常德市办理的第一笔节能减排信用业务，也是常德市第一笔融资租赁业务。

4 月初，台湾工业银行旗下的融资租赁公司大陆总部——台骏国际租赁有限公司正式落户苏州，这是两岸经济合作框架协议（ECFA）后第一家进驻大陆的台资融资租赁公司。台骏国际租赁有限公司坐落在苏州工业园区金鸡湖畔，注册资本为 3000 万美元。

4 月 8—10 日，由中国工程机械工业协会工程机械租赁分会主办、厦门海翼融资租赁有限公司承办的“中国工程机械租赁行业发展论坛暨中国工程机械工业协会工程机械租赁分会 2011 年年会”在厦门召开。本次年会聚焦行业发展热点问题，来自国内外工程机械租赁企业、制造商、金融公司、咨询机构、行业媒体等约百人出席了年会。这是起重、路面、桩工、混凝土、机电等知名机械设备租赁企业的一场盛大聚会。

4 月 15 日，重庆谈石融资租赁有限公司正式开业。谈石融资租赁由香港谈石金融与重庆渝富资产管理有限公司合资组建，注册资金 1000 万美元。

4月24日，太重集团召开的工程机械战略研讨会上，中国工程机械工业协会秘书长苏子孟表示，现中国工程机械无论是产量还是销量，都已居世界首位。在工程机械的国内外总销量中，有40%是通过融资租赁实现的。中国租赁联盟召集人杨海田介绍说，当前，国内外许多著名的工程机械制造商，如国内的三一重工、徐工集团，在华的国外企业如卡特彼勒、斗山重工、小松重工等，都建立了自己的融资租赁公司，在运用融资租赁方式进行产品销售中，普遍取得良好成果，如中联重科，通过融资租赁实现的产品销售已超过50%。

4月29日，中国租赁业研究中心在天津东疆保税港区正式揭牌。中心挂靠滨海综合发展研究院，办公地设在东疆保税港区。中心聘请国家有关部委、租赁行业组织、重点租赁企业的知名专家学者，就天津和全国租赁行业发展中亟须解决的问题进行研究，提出政策建议和改革方案。中心还将定期举办专家会议，编辑出版《中国融资租赁业发展报告》，建设“中国租赁联盟”网，主办“中国租赁业年会”，致力于打造专家、企业、政府三方密切交流合作的平台，推进中国租赁业的健康快速发展。

4月29日，《中国融资租赁业发展报告2010》发布。根据该报告统计，截至2010年年底，全国在册运营的融资租赁公司约182家，比上年的117家增加65家，融资租赁合同余额约为7000亿元，比上年3700亿元增长89%。其中，金融租赁17家，约3500亿元，比上年增长106%；内资租赁45家，约2200亿元，比上年增长54%；外商租赁约120家，约1300亿元，比上年增长86%。

5月6日，山重融资租赁有限公司与交通银行在京签署35亿元保理业务合作协议，用以扩大山重租赁融资租赁业务，支持山东重工集团产品销售。此次博览会旨为租赁企业提供国际交流与商品采购的平台。

5月，中国环球租赁有限公司入驻黑龙江，主要定位在医疗设备融资租赁和售后回租，同时在大专院校交通运输工具、大型成套机电设备、工程机械、物流基础设施等领域不断拓展业务。

5月10日，2011年中国国际租赁产业博览会在济南开幕。此次博览会全国巡展在继济南之后，还陆续在重庆等城市举办，为租赁企业提供国际交流与商品采购的平台。

5月10日，国务院正式批复天津市上报的《天津北方国际航运中心核心功能区建设方案》。在批复的方案中，明确鼓励天津东疆保税港区推进租赁业务先行先试。内容包括：1. 准予金融租赁公司在东疆保税港区设立项目子公司（如单机公司、单船公司等）；2. 鼓励租赁企业在东疆保税港区开展飞机租赁业务创新，根据飞机租赁业务发展需要，统筹安排飞机引进指标，按规定纳入国家批量采购计划，优先安排利用外债指标规模；3. 对国内租赁公司或租赁公司设立的项目子公司，经国家有关部门批准从境外购买空载重量在 25 吨以上并租赁给国内航空公司使用的飞机，减按 4% 征收进口环节增值税；4. 对在东疆保税港区注册的融资租赁企业，或在东疆保税港区设立的项目子公司满足条件的融资租赁出口货物，实行出口退税政策。

5 月 25 日，中国银行业协会、天津市人民政府在万丽天津宾馆联合举办"第二届中国金融租赁高峰论坛"。此次高峰论坛以"全球化视角下的融资租赁"为主题，邀请相关政府部门领导，国内外著名租赁公司、商业银行负责人，跨国企业高管以及业内专家学者、中介机构代表 500 余人聚集一堂，倾听权威解读，交流发展理念，借鉴国际经验，共同探讨当前复杂国际经济金融形势下融资租赁的应对之道。

5 月 27 日，中国融资租赁有限公司与众泰控股集团战略合作协议签约仪式在浙江省杭州市举行，众泰汽车通过融资租赁这一形式，将获得中国融资租赁公司 5 亿元的融资租赁业务支持，用于进一步打开新能源汽车的销售租赁市场。

5 月 27 日，江苏宁沪高速公路股份有限公司董事会宣布，其附属公司江苏广靖锡澄高速公路有限公司与江苏交通控股有限公司等 6 方订立《江苏金融租赁有限公司增资扩股合同》。增资后，江苏金融租赁有限公司的注册资本为 20 亿元，股东各方的分红及行使表决权的比例为：交通控股 32%，扬子大桥 14.61%，广靖锡澄 11.7%，南京银行 31.5%，国际金融 10%，苏州物资 0.19%。

6 月初，鑫桥联合控股（香港）有限公司与东疆保税港区管委会与签署合作协议，鑫桥联合（天津）融资租赁有限公司正式设立。同时，鑫桥联合控股（香港）有限公司还将通过境外股东设立全资的外商投资融资租赁公司，注册资本将超过 1 亿美元。

6 月 7 日，由台湾工业银行在大陆投资的第一家子公司——台骏国际租赁公司在苏州工业园区开业营运。台骏国际租赁公司额定资本 3000 万美元，以设备租赁为业务重心，为苏州及长三角地区的台商及中小企业提供融资服务。该公司是ECFA后台商第一家在大陆设立的融资租赁企业。

6月10日，财政部和国家税务总局联合下发的《关于跨境设备租赁合同继续实行过渡性营业税免税政策的通知》中明确，自2010年1月1日起至合同到期日，对跨境设备租赁老合同所取得的收入，继续实行免征营业税的过渡政策。

6月22日，武汉市发布市人民政府办公厅《关于印发促进资本特区融资租赁业发展实施办法的通知》。该办法从鼓励在资本特区投资、营造行业发展环境、支持融资性租赁公司多渠道融资、税收政策、计提风险准备金等多个方面，对促进该市资本特区融资租赁业的发展作出了较具体的规定，是继天津市之后第二个较完整的地方性租赁法规。

6月25日，2011年中国国际租赁产业博览会在重庆国际会展中心拉开帷幕。迈巴赫、劳斯莱斯幻影、LOTUS NYO跑车、兰博基尼等百余款豪车吸引了众多奢侈品爱好者前来欣赏。

6月28日，全国部分法院融资租赁司法解释论证会在天津市召开。最高人民法院副院长奚晓明出席会议并讲话，最高人民法院民事审判第二庭，部分高级、中级人民法院商事审判法官以及专家学者40余人参加了会议。

6月，经中央机构编制委员会办公室批准，商务部对部分内设司局的名称和主要职责进行了调整，将内资租赁的审批和监管部门由市场体系建设司改为流通业发展司，至月底，两个司的交接工作已基本完毕。

6月28日，民生金融租赁股份有限公司与美国湾流宇航公司在京召开合作签约仪式与战略发布会。发布会上，民生租赁宣布，未来3—5年，将向湾流公司意向订购50架湾流公务机，涉及G650、G550、G450、G280等湾流全系列公务机，意向采购价值将达26亿美元。

7月初，农业部农业机械化技术开发推广总站在浙江宁波召开农机租赁服务试点工作座谈会，决定在宁波市开展全国农机融资租赁服务试点。与会专家一致认为，发展农机租赁，广大“三农”通过融资租赁的方式获得和使用农业生产所需设备，有利于降低农民生产成本，提高生产效率，培育农业的机械化、专业化和产业化发展。

7月10日，兴业银行董事会通过决议，决定向全资子公司兴业金融租赁增资30亿元人民币，其中2011年增资15亿元，2012年在满足资本管理要求的前提下，继续增资 15 亿元。

7 月 20 日，《2011 年 1—6 月中国融资租赁业发展报告》由天津滨海综合发展研究院中国租赁业研究中心编写完毕并对外发布。统计显示，在 2011 年上半年中，中国融资租赁业发展速度明显放缓。

7 月 24 日，交银租赁与深圳巴士集团、东部和西部公交公司、中国普天、五洲龙、比亚迪正式签署大运会新能源车示范运行融资租赁合同，合同涉及新能源车为 1133 辆，占大运会 2011 辆新能源示范车的半数以上，成为国内迄今为止规模最大的新能源车融资租赁合同。

8 月 16 日，商务部新组建的流通发展司召开关于融资租赁业发展座谈会，重点就《十二五期间促进融资租赁业发展的指导意见》进行讨论。京、津、沪、浙四省市主管部门、行业协会以及中联重科、万向租赁等企业参加了会议。流通发展司司长向欣表示，为了促进我国融资业的发展，该指导意见将很快出台，同时着手组建全国统一的租赁协会，成立融资租赁专家组。

8 月 21 日，由上海市台联和上海市政协港澳台侨委联合主办的沪台租赁业合作与发展研讨会在沪举行。两岸租赁业专家学者、企业界人士、相关业务部门人士到会交流。上海市政协主席冯国勤出席开幕式并致辞。

8 月，卫生部发布的《乡镇卫生院管理办法（试行）》，对乡镇卫生院的规划设置、业务管理、财务管理等方面提出要求，其中，明令禁止乡镇卫生院用融资租赁方式引进装备。

9 月 2 日，南京银行发布公告称，该行向江苏金融租赁有限公司增资逾 3.61 亿元的计划已获中国银监会批复核准。此次增资前，南京银行持有江苏金融租赁有限公司 6.3 亿股，持股比例为 31.5%。

9 月 13 日，“2011 中国国际租赁产业博览会暨 2011 年中国租赁业年会”在南京市国展中心召开，这是中国包括融资租赁和经营租赁在内的首届中国租赁年会。年会上，商务部流通发展司司长向欣，国务院研究室综合司司长陈文玲，中国租赁蓝皮书主编杨海田，中国社会科学院经济研究所所长裴长洪等从不同角度对中国租赁业当前的发展态势及面临的问题进行了深入分析，提出许多政策性建议。

近年来，新疆亚中租赁公司把握“三农”政策服务方向，立足新疆，积极开展“三农”投融资服务。截至 2011 年 9 月，公司已先后受理和开展了各类小麦、玉米、谷物、甜菜收割机，棉花、番茄、花生采摘机、大中马力拖拉机等十余种农业机械的融资租赁，围绕“农民运输协会”、农机合作社和转型经济的农民劳务大工相继开展了近500台套大型运输、工程车辆和农机融资租赁业务。“三农”融资租赁各类设备投资总额达4亿余元。

9月14日，中国国际商会租赁委员会正式揭牌，成为继中国外商投资企业协会租赁专业委员会、中国金融学会租赁专业委员会后的第三家全国性租赁专业委员会。委员会秘书处设在北京中国国际商会设立，办公地设在天津，上海、北京、浙江、云南等各家地方租赁协会指派异地工作人员参加秘书处和办公室工作，同时，在欧洲、美国、日本和港澳台等地区的租赁组织设立联络处，重点推动国际租赁业务的发展。

9月26日，恒信租赁有限公司与中国银行、农业银行、交通银行以及工商银行签订协议，根据这一协议，恒信将从这些银行获得20亿元中长期银团贷款授信。在此不久之前，恒信还与国开行等签订了约12亿元的银团贷款授信协议。

10月10日，上海浦东发展银行收到中国银行业监督管理委员会《关于上海浦东发展银行筹建金融租赁公司的批复》（银监复［2011］第421号），批准该行与中国商用飞机有限责任公司和上海国际集团有限公司联合筹建金融租赁公司。

10月20日，民生金融租赁股份有限公司与巴西航空工业公司签署购机意向书，意向订购20架巴西航空工业公司喷气式公务机，产品范围涵盖巴西航空工业公司全系列公务机机型。民生金融租赁将于未来5年时间内，陆续将意向订单转为确认定单。

10月26日，天津渤海租赁于2011年上半年获得证监会批准，对已经停牌的“ST汇通”股票进行重组，2011年10月26日正式以“渤海租赁”的名义上市，成为业内首家A股主板上市公司。

10月30日，“中国租赁业研究中心专家聘任仪式暨《天津滨海新区融资租赁发展三年规划》专家论证会”在天津滨海新区万丽泰达酒店举行。天津滨海新区在《天津滨海新区融资租赁发展三年规划（2011—2013）》中，提出了融资租赁业发展的三年目标：力争到2013年，实现滨海新区融资租赁合同额达到5000亿元，增速超过50%，注册企业达到60家，注册资本金600亿元。在全国率先建成第二资金供应渠道、第二产品销售渠道、第二社会消费渠道。

11月初，在山东省举办的首届产融结合推介会上，长城融资租赁有限公司与中信银行、招商银行签订了10亿元的战略合作协议。

11月，台湾中华开发金融控股公司宣布，中华开发国际租赁有限公司在昆山开发区设立，该公司首期注册资本2000万美元。

11月11日，潍坊市两家租赁公司——汇银租赁有限公司和云顶（山东）融资租赁有限公司分别在坊子和寒亭正式运营，引起业内广泛关注。福田雷沃重工所属的汇银租赁有限公司是今年获批的内资融资租赁试点企业，注册资金2亿元人民币，云顶（山东）融资租赁有限公司是外商投资企业，注册资金1000万美元。

11月23日，交银金融租赁与中国商用飞机有限责任公司在上海签署了30架C919订购协议。这是C919大型客机自2011年10月以来收获的第三笔订单。在此之前的10月19日和10月21日，中国工商银行工银金融租赁有限公司和四川航空分别与商飞签署了45架和20架C919启动订单协议。

11月28日，徐州市首家融资租赁公司——江苏银河汇租赁有限公司成立。

11月30日，天津市政府和天津市高级法院联合召开新闻发布会，市金融办等有关部门《关于做好融资租赁登记和查询工作的通知》和天津市高级人民法院《关于审理融资租赁物权属争议案件的指导意见》正式发布实施。

12月8日，厦工股份公告称，公司拟与厦门海翼投资有限公司共同对子公司——厦门海翼融资租赁有限公司增资，增资后注册资本金由4亿元增加到6亿元。其中：厦工占35%股权，增资7000万元；厦门海翼投资有限公司占65%股权，增资1.3亿元。

12月8日，中国融资租赁30年庆祝晚会在北京国际饭店举行，会上对30年来在促进中国融资租赁业发展上作出贡献的单位和个人进行了表彰。

12月12日，商务部和国家税务总局两次联合下文，批准13家内资租赁企业开展融资租赁业务试点，至此，内资融资租赁企业达到八批66家。

12月，自2010年外资融资租赁公司的审批权下放到省市商务委和国家级开发区后，外资融资租赁公司大幅增加，到2011年年底，登记在册和运营中的企业已突破200家，比上年新增约80家。

12月，皖江金融租赁、北部湾金融租赁和浦发金融租赁三家融资租赁公司经银监会批准筹建。这三家公司除浦发金融租赁由浦发银行为主出资筹建外，其他两家的主出资人均为非银行企业。

12月15日，商务部发布《商务部关于“十二五”期间促进融资租赁业发展的指导意见》，提出“十二五”期间将创新融资租赁企业经营模式，优化融资租赁业发展布局，拓宽企业融资渠道，进一步促进融资租赁业的发展。

12月，注册在天津东疆保税港区的“燕山航空租赁产业基金”开始运作。基金以航空租赁业和航空上下游产业链为重点投资方向，于2011年10月底取得了国家发展改革委股权投资基金备案，基金总规模达50亿元人民币，目前，首期资金已经到位并已开始运行。

12月，截至2011年年底，在天津东疆保税港区注册的单一项目租赁公司总计超过200家，除了工银、民生、建信、招银、华彬等租赁企业在东疆设立单机、单船公司外，先锋国际、环宇、中水电融通、中飞租融资、北车（天津）投资等小总部型租赁企业也相继在东疆注册，致力于开展单一项目融资租赁业务。

12月底，据中国租赁业蓝皮书统计，进入2011年以来，由于国家采取货币紧缩政策，有关监管部门开始对金融租赁企业实行规模控制，内外资租赁企业从银行获得资金的难度也相应加大，年底全部融资租赁合同余额未能达到普遍预计的万亿元大关，为9300亿元人民币，比上年的7000亿增长32.9%，与“十一五”期间每年的倍增式增长形成明显对比。

2012年

1月6日海航集团正式宣布，皖江金融租赁有限公司在2011年12月31日正式获得银监会的开业批复，并于当天完成了工商注册手续。皖江金融租赁注册资本为30亿元人民币，注册地在安徽省芜湖市。海航旗下的天津渤海租赁有限公司、芜湖市建设投资有限公司和美的集团有限公司分别持有55%、33%和12%的股权。

1月31日，商务部流通发展司召请京津沪三市商务委、租赁协会和有关企业，就《内资融资租赁试点企业暂行管理办法》（征求意见稿）进行讨论。内资企业开展融资租赁业务试点始于 2004 年年底，其间，商务部和国家税务总局曾发布 3 个管理文件，此次提交的讨论稿对原来的文件进行了修正和补充。

2 月 6 日，甘肃省公航旅集团与国银金融租赁公司合作，以古永、永山两条高速公路路面资产及附属设施融资租赁筹措了 12 亿元资金，重点解决兰州新城至永靖沿黄快速通道等项目资本金严重不足的问题。自此，公航旅利用中期票据、短期融资券、企业债券、融资租赁等方式进行多元化融资的融资方式已经全面形成。

2 月 23 日，华夏银行发布董事会决议公告，拟出资设立一家金融租赁公司。据公告，拟设金融租赁公司注册地点在云南省昆明市，华夏银行拟出资不超过 30 亿元，持股比例不低于 82%。

2 月 27 日，为了促进厦门市成长型中小企业加快发展，拓宽企业融资渠道，由厦门市经济发展局主办，嘉实（厦门）融资租赁有限公司具体承办的"厦门市融资租赁业研讨会暨中小企业融资租赁项目推介会"在嘉实公司举行。

2 月 28 日，宁波市政府发布《宁波市人民政府关于全市金融支持实体经济发展的若干意见》，提出稳步开展厂商租赁、直租、售后回租等融资租赁业务，探索单船单机融资租赁业务。

3 月 13 日，中国租赁蓝皮书——《2011 年中国融资租赁业发展报告》在中国租赁联盟网正式发布。

3 月 6 日，中国银行业监督管理委员会天津监管局以津银监复［2012］第 90 号文，同意工银金融租赁有限公司变更注册资本，在 50 亿人民币基础上再增资 30 亿。

3 月 21 日，在由中国工程机械工业协会工程机械租赁分会主办的"中国工程机械租赁业颁奖庆典"上，山重融资租赁有限公司荣膺"工程机械租赁行业十大最具竞争力品牌"，同时荣获 2011 年度"工程机械租赁行业 50 强企业"称号。

3 月 23 日，第七届中国河南国际投资贸易洽谈会"河南省融资租赁合作交流洽谈会"在郑州举行。河南省委常委、常务副省长李克，中国外商投资企业协会常务副会长邵祥林，商务部投促局局长刘殿勋等出席会议。

3 月 27 日，北仑区委常委、北仑区（开发区、梅山保税港区）融资租赁产业促进领导小组与大连铭源控股集团有限公司签订投资合作协议，设立中外合资融资租赁公司，公司注册资本为1亿美元。

4月1日，中国国际商会与天津滨海新区政府签署合作备忘录，同时宣布中国国际商会租赁委员会在滨海新区正式挂牌办公。天津市委副书记、滨海新区区委书记何立峰会见中国贸促会副会长、中国国际商会副会长张伟一行，对合作备忘录的签署表示祝贺，对中国国际商会租赁委员会挂牌办公表示祝贺。

4月初，力诺太阳能电力集团与西门子财务租赁有限公司签订合作协议。西门子为山东力诺集团20MW光伏发电站提供了西门子SINVERT太阳能光伏逆变器，此次合作采用了一项全新的融资租赁销售模式，在西门子工业自动化集团为客户提供SINVERT太阳能光伏逆变器产品的同时，西门子财务租赁有限公司为客户提供设备租赁服务。

4月2日，商务部流通发展司发出《关于开展第九批内资融资租赁试点工作的通知》，8月初，北京中车信融汽车租赁有限公司等14家企业获批试点。

4月初，最高人民法院民二庭召开融资租赁司法解释征求意见会，就《关于审理融资租赁合同纠纷案件若干问题的解释（第四稿）》征求部分行业协会及融资租赁公司的意见。

4月16日上午，农银金融租赁有限公司、中国农业银行洛阳分行、伊电集团总公司签订2×60万千瓦火电机组融资租赁项目协议，为伊电集团提供6.05亿元资金支持。

4月18日，由五道口金融学院首任理事长吴晓灵召集的高端人才培养座谈会在中国人民银行会议室召开，银行、证券、保险、基金（筹）、期货、信托、融资租赁、银行间市场交易商协会等金融相关行业协会的负责人和五道口金融学院有关领导出席了本次座谈会。

5月11日，浦银金融租赁股份有限公司在上海举行了开业仪式。浦银金融租赁由浦发银行、中国商用飞机有限责任公司和上海国际集团有限公司共同发起设立的全国性非银行金融机构，注册资本为27亿元人民币，其中浦发银行出资18亿元人民币，持股比例为66.67%；中国商用飞机有限责任公司出资6亿元人民币，持股比例为22.22%；上海国际集团有限公司出资3亿元人民币，持股比例为11.11%，是国内首家由商业银行、制造企业和综合化金融控股集团共同发起设立的金融租赁公司。

5 月 17 日，由国家开发银行安徽分行主办的“租赁业务研讨会暨签约仪式”在合肥举行，熔盛机械总裁姚广山代表公司与国银租赁领导签约，合作总额度为 20 亿元人民币。国银租赁公司还特与熔盛机械合作，在全国范围内联合推出“租赁宝”，满足终端客户生产经营的需要，为熔盛机械持续发展提供保障。

5 月中旬，建行广东韶关市分行与建信金融租赁股份有限公司合作，成功为某电力集团办理了 4 亿元的融资租赁业务，期限三年，为客户节约财务成本近 1260 万元，也创造了可观的存款沉淀和中间业务收入。

5 月 23 日，恒嘉国际融资租赁有限公司董事长乔卫兵在第十五届北京科博会“中国金融论坛”上说，2011 年中国融资租赁行业融资总量达到 9300 亿，超过上市公司 IPO 和债券 6800 亿的融资总额。

5 月 28 日，上海现代融资租赁有限公司与江苏现代威亚有限公司举办合作签约仪式，并成功签署融资租赁战略合作协议，正式开展合作项目。

5 月中旬，工银金融租赁完成了第二次增资计划，注册资金从 50 亿元人民币增至 80 亿。为适应业务发展需要，工银租赁曾于 2009 年将资本金由 20 亿元增至 50 亿，现工银租赁再次增资至 80 亿元，与深圳国银租赁（注册资金 80 亿元，总资产也超过了 1000 亿元）相并列，成了目前中国最大的融资租赁企业。

5 月 28 日，北京市国家税务总局发布《关于营业税改征增值税非试点纳税人纳税申报有关事项的通知》，对试点后纳税人在纳税申报表方面面临调整的事宜作出规定。

5 月 30 日，宁波市召开全市金融工作会议。到会者每人领到一份《关于加快我市融资租赁业发展的若干意见》（征求意见稿）。这份材料共列七条，主旨是鼓励宁波融资租赁业的发展。

5 月 31 日，第三届中国金融租赁高峰论坛在天津宾馆万丽酒店召开。论坛由中国银行业协会、天津市人民政府和中国外商投资企业协会主办，论坛的主题为“助力实体经济发展——租赁的角色与使命”。最高法院副院长奚晓明、中国银监会副主席蔡鄂生、国家发改委副主任张晓强、天津市人民政府副市长崔津渡、中国银行业协会专职副会长杨再平等出席本次论坛。

6 月 6 日，天津商业大学与中国国际商会租赁委员会、天津市租赁业协会合作成立的“天津商业大学中国融资租赁研究与教育中心”正式揭牌。天津市金融工委书记李国林，天津商业大学校长刘书瀚，中国国际商会租赁委员会主席、天津市租赁行业协会会长杨海田，中国国际商会租赁委员会常务副主席郭英会，以及天津市租赁行业协会轮值会长、渤海租赁有限公司总经理王人风等出席仪式。

6月7日—7月12日期间，首届中国工程机械融资租赁用户生存状况发布会召开，针对中国工程机械市场低迷持续状况，探索走出市场低谷的新途径。

6月8日起，央行宣布下调金融机构人民币存贷款基准利率。金融机构一年期存款基准利率下调0.25个百分点，一年期贷款基准利率下调0.25个百分点；其他各档次存贷款基准利率及个人住房公积金存贷款利率相应调整。

6月11日，由天津滨海新区政府和国际商会租赁委员会共同主办的2012年天津滨海新区融资租赁发展论坛在梅江会展中心举行。天津市副市长崔津渡、商务部流通发展副司长张蜀东等出席论坛。论坛深入讨论了滨海新区融资租赁发展的多方面问题，从不同的角度探讨滨海新区的融资租赁业务情况。

6月11日，在天津滨海新区融资租赁发展论坛上，中国信保天津分公司与天津市租赁行业协会签署战略合作协议，双方约定将加强合作，共同支持天津国际融资租赁业的发展。

6月18日下午，苏州轨道交通建设又添新的筹资渠道。在苏州轨道交通融资签约仪式上，苏州市政府与昆仑金融租赁有限责任公司签订战略合作框架协议，合作总金额将达100亿元人民币。根据协议，昆仑租赁将向苏州市轨道交通、城市燃气水务等重大基础设施以及电子信息等优势产业提供融资租赁服务。

6月19日，天津渤海租赁有限公司与宝坻经济开发区售后回租项目签约。这次签约的售后回租项目，是天津渤海租赁有限公司向宝坻经济开发区购买园区中的七条道路及附属管网系统资产，并出租给宝坻经济开发区使用的方式，为园区融资1.3亿元，周期为三年。

6月21日，由越秀集团出资设立的广州资本规模最大的融资租赁公司——广州越秀融资租赁有限公司完成工商注册。

6月22日，工银租赁与中国航空工业集团合资企业哈尔滨安博威飞机工业有限公司，签署 10 架莱格赛 650 大型公务机的销售协议，其中包括 5 架飞机的确认订单和 5 架飞机的意向订单，首架公务机计划于 2013 年年底交付。

6 月 25 日，江苏省内资产规模最大的租赁公司——江苏金融租赁公司和世界银行集团成员国际金融公司（IFC）签署长期贷款协议，公司将取得 IFC 提供的 3.15 亿人民币贷款，用于发展及改善中小企业融资环境。这标志着江苏租赁的发展进一步得到国际金融机构的认可。

6 月 25 日，四川宜宾市珙县通过融资租赁引进的第一批共 9 台环卫车辆已到位，第二批次 12 台环卫车辆也将陆续到达。环卫车辆有街道洗扫车、人行道冲洗车、垃圾清运车、轮胎清洗车等，主要用于县城区机械化清洗清扫保洁。

6 月 26 日，经中国工商银行云南省分行积极推介和引荐，昆明市政府和中国南车投资租赁有限公司联合举行工银金融租赁有限公司、南车投资租赁有限公司、昆明轨道交通有限公司《轨道首期工程项目联合融资租赁合作协议》签约仪式。

6 月 26 日，ST 长油公告称，公司计划将 2 艘船舶以售后回租的方式向招银金融租赁有限公司融资 4 亿元，租赁期限为八年。

6 月 27 日，渤海租赁股份有限公司公告，因业务开展需要，公司全资子公司天津渤海租赁有限公司向中原信托有限公司申请人民币 3 亿元的一年期信托贷款，贷款利率为同期贷款利率基准上浮 35%，上述贷款由公司为天津渤海租赁有限公司提供连带保证责任。上述事宜经公司 2012 年 6 月 26 日召开的 2012 年第三次临时董事会会议审议并获得全票通过。

6 月 28 日，国机重工集团公司与新疆生产建设兵团建设工程（集团）有限责任公司（兵团建工集团）在乌鲁木齐签署了战略合作协议。双方将在工程机械、工程承包、融资租赁等业务领域发挥各自优势，共同发展，互利共赢。

6 月 28 日下午，华融金融租赁股份有限公司与兰溪市人民政府签署战略合作协议，建立长期全面战略合作关系。

6 月下旬，农行庆阳分行协助大唐集团刘园子煤矿成功办理 1.8 亿元农银融资租赁业务。这笔业务既是该市银行业首笔、也是该省农行首笔融资租赁业务。

6 月 29 日，农银金融租赁有限公司与中国商飞公司在上海签署 45 架

C919 大型客机订购协议，农银租赁成为 C919 大型客机第 12 家用户，至此，C919 大型客机订单总数达到 280 架。

7 月 3 日，大连高新园区与市国资委在高新园区举行了大连装备（融资）租赁项目签约仪式。作为高新园区首家内资融资租赁公司，该项目的成功落户，对进一步完善园区金融服务体系、优化产业发展环境，促进融资租赁业的集聚，将发挥重要的示范带动作用。项目落户后，5 年内可完成营业额超百亿元，全口径税收约 6.5 亿元。

7 月 5 日下午，宁波海事局举办首届“海事、金融与航运”研讨会，来自辖区船舶融资的主要银行、保险公司、融资租赁公司、航运企业、航运交易所的 30 余位负责人到会交流。

7 月 8 日，易汇资本（中国）融资租赁有限公司在北京正式宣布进入国内汽车融资租赁业务，其前身是百得利（中国）融资租赁有限公司，公司成立于 2010 年，注册资金为 4000 万美元，是经商务部批准的第一家全国性的汽车融资租赁外商企业。

7 月 9 日，成都市经信委召开了全市融资租赁机构座谈会，成都市多家融资租赁机构参会并发表了意见和建议。从会议上获悉，为支持开展融资租赁，对成都市中小企业向融资租赁公司租赁生产设备的，按中国人民银行同期基准利率的 15% 给予最高 100 万元的设备租赁费用补助。

7 月 11—12 日，中国工程机械工业协会工程机械租赁分会主办的“首届中国工程机械融资租赁用户生存状况发布会（挖掘机行业）暨 2012 年国际工程机械融资租赁峰会”在北京召开。

7 月 12 日，北京石景山万达广场举行了一场隆重的交车仪式，现场北京君奥达斯柯达 4S 店向联通租赁集团有限公司交付了三百辆斯柯达租赁车，标志着斯柯达品牌再次大批量进入北京中高端车租赁市场。

7 月 13 日，工银金融租赁有限公司与全球豪华公务机公司 VistaJet 在北京联合宣布，双方达成 2.1 亿美元的公务机融资租赁交易，用于为庞巴迪公司生产的 5 架环球快车 6000 型公务机提供融资租赁。

7 月 26 日，财政部、海关总署、国家税务总局联合下发《关于在天津东疆保税港区试行融资租赁货物出口退税政策的通知》，根据《国务院关于天津北方国际航运中心核心功能区建设方案的批复》（国函［2011］第 51 号）的规定，决定在天津东疆保税港区试行融资租赁货物出口退税政策。

7 月 30 日，国务院召开的常务会议决定，鼓励金融机构对技术改造项目提供多元化融资便利，支持企业采用融资租赁等方式开展技术改造，扩大企业技术改造直接融资规模。这一消息在融资租赁业界引起很大反响。

8 月 5 日，交银金融租赁有限责任公司成功操作国内首单“洋山保税登记船舶”融资租赁项目，交银瀚辉上海丹阳船务“冠海朝阳”轮项目成功落地。

8 月 10 日，由越秀集团发起成立的广州越秀融资租赁有限公司正式挂牌，首期注册资本达到 9800 万美元，是广州市资本规模最大的融资租赁公司，并计划在 2013 年增资至 1.96 亿美元。

8 月 13 日，广汇汽车租赁与中兴汽车签订了合作协议，就汽车金融租赁业务进行全面合作，覆盖了中兴汽车旗下所有经销商共 380 家。

8 月 19 日，民生金融租赁与中国船东协会签订了战略合作协议。根据合作协议，中国船东协会将优选会员单位推荐给民生金融租赁，而民生金融租赁也将优先考虑与被推荐客户开展融资租赁等金融服务。双方也将进一步深化航运产业链与金融领域的各项合作，创新发展。

8 月 23 日，四川金路集团股份有限公司控股子公司岷江电化与山东国际信托签订了《固定资产转让合同》及《融资租赁合同》。根据合同规定，岷江电化将其电石机器设备转让给信托，信托受让上述设备后再返租给岷江电化，租赁期为 60 个月。租赁期满后，岷江电化可以向信托支付名义价款 1 元人民币将上述设备购回。

8 月 23 日，四川石化与昆仑租赁订立融资租赁合同。四川石化同意自昆仑租赁租入由四川石化按人民币 30 亿元代价转让予昆仑租赁的租赁资产。

8 月 22—23 日，商务部在杭州市召开全国典当与融资租赁行业工作会议。商务部副部长姜增伟表示，改革开放以来，中国的典当与融资租赁业取得较快发展，行业规模持续增长，服务领域持续拓展，经营模式不断创新，在促进经济发展、满足企业融资需求、便利居民生活等方面发挥了重要作用，有效促进解决实体经济和中小企业融资难问题，成为中国多元化融资市场体系的重要组成部分。

8 月 24 日，为期两天的“中国·井冈山融资租赁高端研讨会”在井冈山顺利闭幕。来自北京、上海、天津、广东等地区的国内融资租赁行业部分龙头企业的负责人，围绕“新形势下融资租赁公司业务创新与风险防范”的主题，就国内融资租赁企业如何进行业务创新，优化政策环境，如何应对世界范围的经济衰退，开辟新的业务领域和业务模式，谋求融资租赁业的发展，管控经营风险等内容进行深入探讨。

8月30日，工银金融租赁有限公司与空中客车公司签署购机协议，订购50架A320系列飞机，其中20架为装配新型发动机的A320neo飞机。由此，工银租赁成为空客A320neo这一全球销售增长速度最快的单通道飞机的首家中国客户。

8月30日，民生金融租赁股份有限公司与中国银行在北京签订了战略合作协议，双方将在本外币跨境综合授信，以及商业银行与投资银行业务相结合方面开展深度合作。

8月31日，国家电网公司特高压重大施工装备租赁合同签字仪式在江苏举行。首批18家各省送变电公司与特高压重大施工装备租赁公司签署装备租赁合同。

9月5日，商务部流通发展司发出《关于开展第十批内资融资租赁试点工作的通知》。

9月11日，《环球时报》报道：中国企业已获得朝鲜清津港30年租用权。清津是朝鲜咸镜北道的道府，为朝鲜第三大城市，是朝鲜东海岸北部重要的港口和工业城市。

9月12日，恒信金融租赁有限公司在香港完成离岸人民币11.45亿元定期银团贷款。该笔贷款为迄今最大的定息离岸人民币“点心”贷款，也是首次由内地的非银行金融机构完成的离岸人民币银团贷款。

9月13日，郑州市轨道交通有限公司与工银金融租赁有限公司签订了20亿人民币的融资租赁合同。市委常委、副市长张建慧等参加签约仪式。

9月19日，建信金融租赁股份有限公司与中国商用飞机有限责任公司在京签订《C919客机用户协议》。据悉，建信金融租赁公司将在C919客机满足客户运营要求的情况下，向中国商飞公司采购50架C919客机，其中确认订单26架，意向订单24架。该协议的采购和确认数量均是C919客机目前的最大订单。

9月19日，新疆首届融资租赁服务实体经济投资论坛在乌鲁木齐市举行。据了解，本次论坛由中国外商投资企业协会租赁业工作委员会、新疆生产建设兵团金融办主办，兵团企业家联合会、新疆新北路桥集团股份有限公司、新疆鼎源融资租赁有限公司承办。来自疆内外的 8 家融资租赁企业汇聚一堂，共同研究破解中小企业融资难的问题，为中小企业发展实体经济助一臂之力。

9 月 28 日，中国租赁行业第一部大型辞书《中国融资租赁业年鉴（2012 卷）》由中国社会科学出版社正式出版发行。年鉴共分综述、分述、论述、重点文献、重点企业、历史年表、租赁词汇、论著名录、企业名录九个部分，总计 35 万字。中国租赁联盟召集人、年鉴主编杨海田表示，从 2013 年开始，编委会将每季度发布一次《中国融资租赁业发展报告》，《中国融资租赁业年鉴（2013 年卷）》将于 2013 年 5 月底出版。

10 月 25 日，由天津东疆保税港区管委会和中国航空运输协会通用航空委员会共同主办的“中国航空金融发展（东疆）国际论坛”在津开幕。论坛的主题是“中国飞机租赁产业的创新实践与未来展望”，主要围绕国家飞机租赁产业创新区政策效果和实践经验，中国飞机租赁创新模式和未来挑战，飞机融资、资产交易、证券化，政府部门联动和税收外汇配套政策支持等问题展开讨论。

10 月 30 日，交通银行召开第六届董事会第十七次会议，会议审议通过关于增资交银金融租赁有限责任公司的决议、关于增资交银国际信托有限公司的决议等事项。拟向交银金融租赁有限责任公司增资 30 亿元。

11 月 6 日，浦东新区金融局与财政局下发了《关于印发浦东新区促进金融业发展财政扶持办法实施细则的通知》。此次出台的扶持办法、系列细则与之前的标准相比并未有非常明显的提高，但调整了机构类型，及所适用的补贴标准。

11 月 15 日，由中国道路运输协会主办的第四届中国汽车租赁发展论坛在广州召开。这次会谈会集政府相关主管部门、汽车租赁企业、自驾游协会组织以及乘用车生产企业等众多的相关单位，主题为“创造汽车租赁业健康发展环境”。

11 月 22 日，大庆装备制造集团销售公司乍得项目部拿下乍得合同额高达 3544 万美元的潜油电泵租赁合同。

12 月 1 日，天津、浙江、湖北正式启动融资租赁业营业税改征增值税试点。自 2012 年 1 月 1 日，上海市率先启动“营改增”试点以后，北京、江苏、安徽、福建、广东、厦门、深圳等省市试点如期实行。至此，全国十个地区已全部进入“营改增”行列。

12 月 4—5 日，由中国外商投资企业协会和中国银行业协会主办的“2012 年中国融资租赁年会”在京召开。全国人大财经委员会副主任委员吴晓灵在讲话提出，内资和外资融资租赁企业应和金融租赁企业一样，应定位为金融机构，实施非审慎监管。会上，对 2012 年对行业发展作出积极贡献的企业和个人进行了表彰。

12 月 6 日，财政部发布了《关于企业以售后回租方式进行融资等有关契税政策的通知》，对金融租赁公司开展售后回租业务，承受承租人房屋、土地权属的，照章征税。对售后回租合同期满，承租人回购原房屋、土地权属的，免征契税。

12 月 18 日，天津滨海新区东疆保税港区管委会与大唐集团资本控股有限公司签署合作协议，大唐融资租赁有限公司正式揭牌成立。大唐租赁注册资金为 10 亿元人民币，主要经营电力及相关设备融资租赁业务。

12 月 31 日，财政部等四部委发布《关于制止地方政府违法违规融资行为的通知》，要求地方各级政府从大局出发，充分认识制止违法违规融资行为的重要性和紧迫性，统一思想，加强领导，切实担负起加强地方政府性债务管理、防范财政金融风险的责任，规范政府及所属机关事业单位、社会团体、融资平台公司行为。

12 月 31 日，据中国租赁蓝皮书《2012 年中国融资租赁业发展报告》统计，2012 年，中国融资租赁业呈现出加快发展的态势。截至年底，在册运营的各类融资租赁公司（不含单一项目融资租赁公司）约 560 家，比年初的 296 家增加约 264 家，增长 89.2%；行业注册资金约为 1850 亿元人民币，比上年的 1358 亿元增加了 36.23%；融资租赁合同余额约为 15500 亿元人民币，比上年年底 9300 亿元增加约 6200 亿元，增长幅度为 66.7%。

—·企业名录·—

2012年金融租赁企业名录

（以注册时间为序）

企业	注册时间	注册地	注册资金
国银金融租赁有限公司	1984	深圳	80
华融金融租赁有限公司	1984	杭州	25
江苏金融租赁有限公司	1985	南京	20
中国外贸金融租赁有限公司	1986	北京	15.07
山西金融租赁有限公司	1993	太原	5
河北省金融租赁有限公司	1995	石家庄	5
工银金融租赁有限公司	2007	天津	80
建信金融租赁有限公司	2007	北京	45
交银金融租赁有限公司	2007	上海	40
民生金融租赁有限公司	2007	天津	50.95
招银金融租赁有限公司	2007	上海	40
长城国兴金融租赁有限公司	2008	乌鲁木齐	15.19
光银金融租赁有限公司	2010	武汉	8
兴业金融租赁有限公司	2010	天津	35
信达金融租赁有限公司	2010	兰州	11
农银金融租赁有限公司	2010	上海	20
昆仑金融租赁有限公司	2010	重庆	60

续表

企业	注册时间	注册地	注册资金
皖江金融租赁有限公司	2011	芜湖	30
北部湾金融租赁有限公司	2011	南宁	10
浦银金融租赁有限公司	2011	上海	27

注：

1. 名录上的企业系截至 2012 年 12 月底在册运营中的企业；
2. 注册资金指截至 2012 年 12 月底的本金；
3. 注册资金单位为亿元人民币；
4. 注册时间指企业正式获得批准设立的时间；
5. 注册地指企业本部的注册地址。

2012 年内资租赁企业名录

（以获批时间为序）

企业	注册时间	注册地	注册资金
万向租赁有限公司	2004	杭州	2.0
天津津投租赁有限公司	2004	天津	0.82
西北租赁有限公司	2004	西安	2.0
青海昆仑租赁有限责任公司	2004	西宁	3.0
中航国际租赁有限公司	2004	上海	20.0
长江租赁有限公司	2004	天津	38.3
联通租赁集团有限公司	2004	杭州	2.0
长行汽车租赁有限公司	2004	杭州	1.7
上海融联租赁股份有限公司	2004	上海	1.0
远中租赁有限公司	2006	沈阳	2.0
中联重科融资租赁（北京）有限公司	2006	北京	15.02
华泰现代租赁有限公司	2006	北京	1.7
上海电气设备租赁有限公司	2006	上海	5.0
安吉租赁有限公司	2006	上海	1.4
安徽兴泰租赁有限责任公司	2006	合肥	6.0
福州宏顺设备租赁有限公司	2006	福州	2.3
江西省海济租赁有限责任公司	2006	南昌	0.8
浪潮租赁有限公司	2006	济南	2.0
长城融资租赁有限责任公司	2006	济南	1.4

续表

企业	注册时间	注册地	注册资金
重庆银海租赁有限公司	2006	重庆	8.5
华远租赁有限公司	2007	北京	2.0
浙江元通汽车租赁有限公司	2007	杭州	0.4
中国铁路工程机械租赁中心	2007	北京	1.8
融世华租赁有限公司	2007	济南	0.8
新纪元租赁有限公司	2007	吉林	2.0
国泰租赁有限公司	2007	济南	30.0
中国水电建设集团租赁控股有限公司	2008	北京	2.8
新力搏交通装备投资租赁有限公司	2008	北京	3.0
中国北车集团租赁有限责任公司	2008	北京	3.0
首汽租赁有限责任公司	2008	北京	0.6
新疆亚中融资租赁股份有限公司	2008	乌鲁木齐	1.7
新疆新能租赁有限公司	2008	乌鲁木齐	2.0
浙江裕华设备租赁有限公司	2008	杭州	2.0
厦门海翼融资租赁有限公司	2008	厦门	2.0
江苏徐工工程机械租赁有限公司	2008	徐州	0.45
天津渤海租赁有限公司	2008	天津	62.5
尚邦租赁有限公司	2008	天津	7.0
山重融资租赁有限公司	2009	北京	9.2
福建融信设备租赁股份有限公司	2009	福州	1.7
大新华船舶租赁有限公司	2009	上海	17.0
成都工投融资租赁有限公司	2009	成都	1.8
唐山庞大乐业租赁有限公司	2009	唐山	1.7
重庆市交通设备租赁有限公司	2009	重庆	10.0
丰汇租赁有限公司	2009	北京	1.7
中原租赁有限公司	2009	郑州	1.7
山工租赁有限公司	2011	济南	2.0

续表

企业	注册时间	注册地	注册资金
汇银租赁有限公司	2011	潍坊	2.0
中投租赁有限责任公司(原友联国际)	2011	北京	10.0
吉运租赁（集团）股份有限公司	2011	北京	1.7
上海金易达租赁有限公司	2011	上海	2.0
上海中兴租赁有限公司	2011	上海	2.0
福建海峡设备租赁有限公司	2011	厦门	1.7
成都汇银设备租赁有限公司	2011	成都	2.0
天津天保租赁有限公司	2011	天津	10.0
天津泰达租赁有限公司	2011	天津	2.0
融鑫汇（天津）租赁有限公司	2011	天津	2.0
旺世设备租赁有限公司	2011	北京	2.0
银丰租赁有限公司	2011	北京	2.0
京能源深设备有限公司	2011	北京	2.0
金鼎租赁有限公司	2011	北京	2.0
上海益流设备租赁有限公司	2011	上海	2.0
江苏烟草金丝利租赁有限公司	2011	南京	2.0
中能租赁有限公司	2011	太原	2.0
江西省鄱阳湖融资租赁有限公司	2011	南昌	2.0
陕西德银租赁有限公司	2011	西安	2.0
新疆鼎源设备租赁有限公司	2011	乌鲁木齐	1.7
北京中车信融汽车租赁有限公司	2012	北京	2.0
东森海润租赁有限公司	2012	北京	2.0
荣达租赁有限公司	2012	北京	2.0
联通物产租赁有限公司	2012	浙江	0.5
天津佳永租赁有限公司	2012	天津	1.7
河北融投租赁有限公司	2012	河北	5.0
上海国金租赁有限公司	2012	上海	3.0

续表

企业	注册时间	注册地	注册资金
浙江物产融资租赁有限公司	2012	杭州	1.7
浙江省铁投租赁有限公司	2012	浙江	2.0
海宁康安建筑机械租赁有限公司	2012	浙江	0.05
福州广江苑工程设备有限公司	2012	福建	1.7
青岛中投融资租赁有限公司	2012	青岛	1.8
武汉光谷融资租赁有限公司	2012	武汉	1.75
广汇汇通租赁有限公司	2012	北京	2.0

注：

1. 名录上的企业系商务部和国家税务总局批准的所有开展融资租赁试点的企业；
2. 注册资金指截至 2012 年年底的企业注册资金，单位为亿元人民币；
3. 注册时间指商务部和国家税务总局下文批准的时间；
4. 注册地指企业本部注册地址。

2012年外资租赁企业名录

（以获批时间为序）

企业	注册时间	注册地	注册资金
中国东方租赁有限公司	1981	北京	3000
中国环球租赁有限公司	1984	北京	8507
中国国际包装租赁有限公司	1985	北京	300
国际集装箱租赁有限公司	1986	北京	1000
光大国际租赁有限公司	1987	成都	600
中国康富国际租赁有限公司	1988	北京	4000
华通国际租赁有限公司	1988	沈阳	500
南京国际租赁有限公司	1989	南京	1000
远东国际租赁有限公司	1991	上海	101200
扬子江国际租赁有限公司	1992	上海	2500
新世纪国际租赁有限公司	1992	北京	1500
珠海协利租赁有限公司	1993	珠海	1000
大业国际租赁有限公司	1993	北京	2000
新华闻国际融资租赁有限公司	1995	北京	1000
三井住友融资租赁（中国）有限公司	1996	北京	4000
环宇邮电国际租赁有限公司	1996	北京	1500
上海葛洲坝—日商岩井设备租赁公司	1996	上海	1000
美联信金融租赁有限公司	1998	北京	1500
实华国际租赁有限公司	2000	北京	1000

续表

企业	注册时间	注册地	注册资金
上海金海岸融资租赁有限公司	2001	上海	1000
北京华泰融资租赁有限公司	2002	北京	3204
医学之星（上海）租赁有限公司	2003	上海	13000
通用电气（中国）融资租赁有限公司	2004	上海	2000
卡特彼勒（中国）融资租赁有限公司	2004	北京	8500
西门子财务租赁有限公司	2004	北京	2000
恒信金融租赁有限公司（原日新）	2004	上海	20250
日立租赁（中国）有限公司	2005	北京	5000
广友租赁（上海）有限公司	2005	上海	1000
德益齐租赁（中国）有限公司	2005	上海	3605
信德电信国际合作有限责任公司	2005	北京	2000
益莱储（天津）租赁有限公司	2005	天津	2000
仲利国际租赁有限公司	2005	上海	6000
富士施乐租赁（中国）有限公司	2005	上海	6000
方正国际租赁有限公司	2005	北京	2000
欧力士融资租赁（中国）有限公司	2005	上海	1000
法兴（上海）融资租赁有限公司	2005	上海	1000
拉赫兰顿融资租赁（中国）有限公司	2005	上海	6000
马尼托瓦克（中国）租赁有限公司	2006	上海	1000
卓越国际租赁有限公司	2006	北京	2000
华润租赁有限公司	2006	上海	2500
东瑞盛世利融资租赁有限公司	2006	上海	4750
荷银租赁（中国）有限公司	2006	北京	1000
福建中船融资租赁有限责任公司	2006	福州	1000
厦门金原融资租赁有限公司	2006	厦门	3590
苏皇租赁（中国）有限公司	2006	北京	7775
麦格理租赁（中国）有限公司	2006	北京	1000

续表

企业	注册时间	注册地	注册资金
奇龙航空租赁有限公司	2006	北京	1000
东联融资租赁有限公司	2006	东莞	1000
量通租赁有限公司	2006	广州	1000
上海同岳租赁有限公司	2006	上海	1000
中铁租赁有限公司	2006	上海	4000
大洋国际租赁（上海）有限公司	2007	上海	500
斗山（中国）融资租赁有限公司	2007	北京	11340
德众国际融资租赁有限公司	2007	天津	3500
中集车辆融资租赁有限公司	2007	深圳	2000
斯赛租赁（深圳）有限公司	2007	深圳	420
浙江锦盈融资租赁有限公司	2007	杭州	1298
法巴安诺融资租赁（中国）有限公司	2007	北京	2815
思科系统（中国）融资租赁有限公司	2007	北京	5440
鑫桥联合融资租赁有限公司	2007	北京	6000
浙江汇金租赁股份有限公司	2007	杭州	2000
龙工（上海）融资租赁有限公司	2007	上海	1000
太山融资租赁有限公司	2007	上海	3000
小松（中国）融资租赁有限公司	2007	上海	3602
科誉高瞻融资租赁（中国）有限公司	2007	上海	2000
浙江成晟融资租赁有限公司	2007	杭州	9000
和运国际租赁有限公司	2007	上海	1000
盛世利（中国）租赁有限公司	2007	上海	1000
现代融资租赁有限公司	2007	上海	8000
日立建机租赁（中国）有限公司	2007	上海	16100
嘉实（厦门）融资租赁有限公司	2008	厦门	2000
汉德思邦克(上海)融资租赁有限公司	2008	上海	1000
华融（厦门）融资租赁有限公司	2008	厦门	1250

续表

企业	注册时间	注册地	注册资金
永正（厦门）融资租赁有限公司	2008	厦门	1000
融众国际融资租赁有限公司	2008	武汉	1000
湖北长江国际融资租赁有限公司	2008	武汉	1605
广东资雨泰融资租赁有限公司	2008	广州	10000
华彬国际租赁有限公司	2008	北京	5000
合成统一融资租赁（中国）有限公司	2008	苏州	1000
苏州富邑融资租赁有限公司	2008	苏州	1000
南京南华融资租赁公司	2008	南京	1605
中恒国际租赁有限公司（原柳工租赁）	2008	北京	13408
兴银融资租赁（中国）有限公司	2008	上海	3000
三菱日联融资租赁（中国）有限公司	2008	上海	3000
成都神钢建机融资租赁有限公司	2008	成都	2000
国际商业机器租赁有限公司	2008	上海	2000
河北创联融资租赁有限公司	2008	石家庄	7538
浙江香溢租赁有限责任公司	2008	杭州	3204
上海腾飞融资租赁有限公司	2009	上海	1450
厦门弘信博格融资租赁有限公司	2009	厦门	1000
忠泰（厦门）融资租赁有限公司	2009	厦门	1000
中联重科融资租赁（中国）有限公司	2009	天津	28000
先锋国际融资租赁有限公司	2009	天津	1000
广东信成融资租赁有限责任公司	2009	广州	1000
广东汇赢融资租赁有限公司	2009	广州	1000
广东富邦融资租赁有限公司	2009	广州	8020
中鸿国际融资租赁有限公司	2009	天津	1000
博策国际租赁（天津）有限公司	2009	天津	2000
国地融资租赁有限公司	2009	天津	1000
华商国际租赁（天津）有限公司	2009	天津	2000

续表

企业	注册时间	注册地	注册资金
华浦国际租赁有限公司	2009	上海	1000
晋商国际融资租赁有限公司	2009	北京	3000
聚信国际租赁有限公司	2009	上海	3616
宁波国骅融资租赁有限公司	2009	宁波	1000
中瑞汇丰国际融资租赁有限公司	2009	北京	10000
中国融资租赁有限公司	2009	大连	2000
莱茵达国际融资租赁有限公司	2009	上海	3000
湖南中宏融资租赁有限公司	2009	长沙	3000
仲津国际租赁有限公司	2010	天津	1500
亿达国际租赁（天津）有限公司	2010	天津	4999
成都金控融资租赁有限公司	2010	成都	3000
天津融盛达融资租赁有限公司	2010	天津	1000
炎煌融资租赁（天津）有限公司	2010	天津	9900
广东邦家租赁有限公司	2010	广州	1000
东方信远融资租赁有限公司	2010	天津	20000
大丰港融资租赁有限责任公司	2010	北京	1000
朗业（天津）国际租赁有限公司	2010	天津	2000
金美融资租赁有限公司	2010	北京	1000
天津银德融资租赁有限公司	2010	天津	1000
易汇资本（中国）融资租赁有限公司	2010	天津	4000
华联国际租赁（天津）有限公司	2010	天津	10000
约翰迪尔融资租赁有限公司	2010	天津	1000
天津三友融资租赁有限公司	2010	天津	1000
广东合众创盈融资租赁有限公司	2010	广州	1500
中飞租融资租赁有限公司	2010	天津	5000
佛罗伦（天津）融资租赁有限公司	2010	天津	5000
中信富通融资租赁有限公司	2010	北京	7330

续表

企业	注册时间	注册地	注册资金
百利丰国际租赁（天津）有限公司	2010	天津	4999
烟台国信投资有限公司	2010	烟台	2000
北京京城国际融资租赁有限公司	2010	北京	3076
江苏省再保融资租赁有限公司	2010	南京	6000
汉唐融资租赁（江苏）股份有限公司	2010	南京	1605
上海三营融资租赁有限公司	2010	上海	2030
上海翔森融资租赁股份有限公司	2010	上海	1000
钧益（上海）融资租赁有限公司	2010	上海	4360
融鑫融资租赁（上海）有限公司	2010	上海	1700
中润融资租赁（上海）有限公司	2010	上海	1567
创富融资租赁（上海）有限公司	2010	上海	3000
盛通融资租赁（上海）有限公司	2010	上海	1500
信都国际租赁有限公司	2010	上海	2000
上海达丰机械租赁有限公司	2010	上海	1700
上海华建融资租赁有限公司	2010	上海	1000
上海金舜租赁有限公司	2010	上海	4762
新利恒租赁有限公司	2010	上海	1000
中煤环能国际融资租赁有限公司	2010	北京	2000
英顺国际租赁有限公司	2010	北京	1000
北京兆真国际租赁有限公司	2010	北京	1000
特雷克斯融资租赁（中国）有限公司	2010	北京	1000
北京中远大昌汽车服务有限公司	2010	北京	1797
北京恒嘉国际融资租赁有限公司	2010	北京	1000
展硕融资租赁有限公司	2010	北京	1000
乾和融资租赁有限公司	2010	北京	1000
美旗融资租赁有限公司	2010	北京	10000
诚通融资租赁有限公司	2010	北京	4000

续表

企业	注册时间	注册地	注册资金
美旗亚太融资租赁有限公司	2010	北京	3300
宏通嘉信汇金国际租赁有限公司	2010	北京	1000
国融（国际）融资租赁责任有限公司	2010	济南	3210
中和融资租赁有限公司	2010	济南	1000
山东普惠融资租赁股份有限公司	2010	济南	1090
港联融资租赁有限公司	2010	邢台	32100
河南安和融资租赁有限公司	2010	郑州	1100
裕融租赁有限公司	2010	苏州	2000
浙江中金租赁股份有限公司	2010	杭州	2018
江苏银业融资租赁有限公司	2010	南通	10166
厦门市百应融资租赁有限公司	2010	厦门	1250
四川宜邦融资租赁有限公司	2011	成都	1700
一银租赁（苏州）有限公司	2011	苏州	2000
波地融资租赁公司	2011	苏州	1000
台骏国际租赁有限公司	2011	苏州	3000
维信融资租赁（江苏）有限公司	2011	苏州	1000
苏州中国东方丝绸市场融资租赁有限公司	2011	苏州	4812
重庆谈石融资租赁有限公司	2011	重庆	1000
云顶融资租赁有限公司	2011	潍坊	1000
山东三和融资租赁有限公司	2011	潍坊	2000
擎天融资租赁（天津）有限公司	2011	天津	1217
德仁融资租赁有限公司	2011	吴江	1500
致杰国际融资租赁有限公司	2011	天津	1518
德泰（天津）融资租赁有限公司	2011	天津	5000
嘉年亚太融资租赁有限公司	2011	天津	1890
中际船舶融资租赁（天津）有限公司	2011	天津	1518
永丰金国际租赁有限公司	2011	南京	2000

续表

企业	注册时间	注册地	注册资金
台新融资租赁（中国）有限公司	2011	南京	2000
江苏永高融资租赁有限公司	2011	南京	2000
中金高盛（天津）融资租赁有限公司	2011	天津	13000
华胜天成（中国）融资租赁有限公司	2011	天津	2000
宁波富博融资租赁有限公司	2011	宁波	1000
新民信国际租赁有限公司	2011	天津	1000
万宝行（中国）融资租赁有限公司	2011	天津	1026
国恒融资租赁有限责任公司	2011	青岛	3406
青岛国融融资租赁有限公司	2011	青岛	1600
英大汇通融资租赁有限公司	2011	天津	10013
新世纪运通融资租赁有限公司	2011	天津	1000
东银融资租赁（天津）有限公司	2011	天津	1740
汇信融资租赁（天津）有限公司	2011	天津	1000
江苏银河汇租赁有限公司	2011	徐州	1000
宝力融资租赁有限公司	2011	天津	3093
索罗门国际租赁（天津）有限公司	2011	天津	1000
良启明（天津）租赁有限公司	2011	天津	5800
天津鑫海融资租赁有限公司	2011	天津	1000
恒运国际租赁有限公司	2011	天津	1565
西尔融资租赁（天津）有限公司	2011	天津	5000
中华开发国际租赁有限公司	2011	昆山	2000
天津天成融资租赁有限公司	2011	天津	1000
中基宝通（天津）融资租赁有限公司	2011	天津	1570
鼎泰融资租赁有限公司	2011	天津	2000
天津锦联融资租赁有限公司	2011	天津	1500
吉龙融资租赁（天津）有限公司	2011	天津	11600
亚皇融资租赁（天津）有限公司	2011	天津	1600

续表

企业	注册时间	注册地	注册资金
昊盈融资租赁有限公司	2011	天津	7851
德尔国际租赁有限责任公司	2011	天津	10000
融瀚时代国际租赁有限公司	2011	天津	1000
康正（天津）融资租赁责任有限公司	2011	天津	3000
银恒（上海）融资租赁有限公司	2011	上海	1567
盛达融资租赁（上海）有限公司	2011	上海	1567
上海德天融资租赁有限公司	2011	上海	1567
环宇融资租赁（上海）有限公司	2011	上海	1567
中瑞融资租赁（上海）有限公司	2011	上海	1567
亚桥融资租赁（上海）有限公司	2011	上海	1800
上海融星租赁股份有限公司	2011	上海	1567
乐天融资租赁（中国）有限公司	2011	上海	3900
帝增（上海）融资租赁有限公司	2011	上海	4702
汉资融资租赁（上海）有限公司	2011	上海	1600
中鼎融资租赁（上海）有限公司	2011	上海	1567
奔涌金控融资租赁（上海）有限公司	2011	上海	1567
龙惠融资租赁有限公司	2011	上海	5015
上海崇和船舶融资租赁有限公司	2011	上海	2000
博凯（上海）融资租赁有限公司	2011	上海	3000
恒宇（上海）融资租赁有限公司	2011	上海	1000
上海明方融资租赁有限公司	2011	上海	1567
上海挚信融资租赁有限公司	2011	上海	3000
久阳融资租赁（上海）有限公司	2011	上海	1650
中沃融资租赁（上海）有限公司	2011	上海	1701
中嘉融资租赁（上海）有限公司	2011	上海	1685
融通融资租赁（上海）有限公司	2011	上海	2568
赞华（中国）设备租赁有限公司	2011	北京	1000

续表

企业	注册时间	注册地	注册资金
北京红旗融资租赁有限公司	2011	北京	1000
西安宝信融资租赁有限公司	2011	西安	3547
德信融资租赁有限公司	2011	济南	3000
山东巴特利融资租赁有限公司	2011	济南	1000
盈华融资租赁有限公司	2011	深圳	1605
深圳永泰融资租赁有限公司	2011	深圳	3210
深圳市华康信融资租赁有限公司	2011	深圳	4815
广东宏泰融资租赁有限公司	2011	佛山	1000
恒泰国际融资租赁有限公司	2011	珠海	1200
珠海富明融资租赁有限公司	2011	珠海	1523
广东融捷融资租赁有限公司	2011	广州	1000
广东中泰融资租赁有限公司	2011	广州	1924
弘高融资租赁有限公司	2011	长沙	1043
湖南信和融资租赁有限公司	2011	长沙	1000
子西融资租赁有限公司	2011	福州	1123
厦门市汇玖融资租赁有限公司	2011	厦门	1495
海峡融资租赁有限公司	2011	厦门	1605
陆地港（福建）融资租赁有限公司	2011	泉州	1500
正信融资租赁有限公司	2011	乌鲁木齐	1000
广聚融资租赁有限公司	2011	杭州	1000
汇轩融资租赁（杭州）有限公司	2011	杭州	4980
荣年融资租赁（中国）有限公司	2011	海宁	1500
湖北鼎中融资租赁有限公司	2011	武汉	3000
湖北国中融资租赁有限公司	2012	武汉	5000
湖北昊华融资租赁有限公司	2012	武汉	5000
中信逸百年融资租赁有限公司	2012	武汉	1605
湖北华康远达融资租赁有限公司	2012	襄阳	2728

续表

企业	注册时间	注册地	注册资金
中融瑞银融资租赁有限公司	2012	天津	7886
智信（中国）融资租赁有限公司	2012	天津	1000
利城国际融资租赁（中国）有限公司	2012	天津	3000
景翔国际融资租赁（中国）有限公司	2012	天津	2000
中侨融资租赁有限公司	2012	天津	1000
蓝辰融资租赁有限公司	2012	天津	10000
东方英丰租赁有限公司	2012	天津	6500
中融汇金融资租赁有限公司	2012	天津	3177
中合盟达融资租赁有限公司	2012	天津	1583
中融昌盛融资租赁有限公司	2012	天津	3154
中杰国际融资租赁有限公司	2012	天津	3000
中康国际融资租赁有限公司	2012	天津	2000
永利国际融资租赁有限公司	2012	天津	1000
耕企国际租赁有限公司	2012	天津	1000
凤仪（中国）融资租赁有限公司	2012	天津	3165
鑫泰国际融资租赁（中国）有限公司	2012	天津	1000
金宝鼎国际融资租赁有限公司	2012	天津	29900
宜信惠琮国际融资租赁有限公司	2012	天津	1583
狮桥融资租赁（中国）有限公司	2012	天津	1000
康信（天津）融资租赁有限责任公司	2012	天津	1000
中融国金国际租赁有限公司	2012	天津	1000
首信融资租赁有限公司	2012	天津	2367
宏坤国际融资租赁有限公司	2012	天津	2000
汇鑫国际融资租赁有限公司	2012	天津	2000
锦绣前程（天津）融资租赁有限公司	2012	天津	5000
康楠（天津）融资租赁有限公司	2012	天津	1000
康盛（天津）融资租赁有限责任公司	2012	天津	4000

续表

企业	注册时间	注册地	注册资金
康兴（天津）融资租赁有限公司	2012	天津	1000
联创（天津）融资租赁有限公司	2012	天津	2000
美加（天津）融资租赁有限公司	2012	天津	1577
圣元华国际融资租赁有限公司	2012	天津	3155
台新融资租赁（天津）有限公司	2012	天津	2000
天津汇银国际融资租赁有限公司	2012	天津	1000
天津聚鑫融资租赁有限公司	2012	天津	2000
天津泰融融资租赁有限公司	2012	天津	3500
天津永翔融资租赁有限公司	2012	天津	1000
祥龙融资租赁（天津）有限公司	2012	天津	1200
粤融国际租赁有限公司	2012	天津	5000
佳谊国际租赁有限公司	2012	天津	1000
中盛（天津）融资租赁有限责任公司	2012	天津	1600
大摩融资租赁（天津）有限公司	2012	天津	3000
大通国际融资租赁（天津）有限公司	2012	天津	1000
大唐融资租赁有限公司	2012	天津	15777
恒汇国际融资租赁（天津）有限公司	2012	天津	2000
基石融资租赁（天津）有限公司	2012	天津	29999
中煤国际租赁有限公司	2012	天津	2000
海纳天成（天津）融资租赁有限公司	2012	天津	1000
博然（天津）融资租赁有限公司	2012	天津	1000
百川锦泰（天津）融资租赁有限公司	2012	天津	1000
瑞泽国际融资租赁有限公司	2012	天津	1600
泓旭国际融资租赁有限公司	2012	天津	1600
天津昌威国际融资租赁有限公司	2012	天津	1500
美联信融资租赁（天津）有限公司	2012	天津	1000
瀚鸿融资租赁（天津）有限公司	2012	天津	10000

续表

企业	注册时间	注册地	注册资金
德润融资租赁股份有限公司	2012	天津	6320
上银融资租赁（中国）有限公司	2012	上海	2000
银洲（上海）融资租赁有限公司	2012	上海	10000
久保田（中国）融资租赁有限公司	2012	上海	2012
坤谷国际融资租赁有限公司	2012	上海	3210
万丰融资租赁有限公司	2012	上海	1605
仲信国际租赁有限公司	2012	上海	4975
汇亚国际融资租赁股份有限公司	2012	上海	3210
富成融资租赁有限公司	2012	上海	2000
平安国际融资租赁有限公司	2012	上海	5055
国弘（上海）融资租赁有限公司	2012	上海	1000
千惠融资租赁（上海）有限公司	2012	上海	1000
中皓融资租赁（上海）股份有限公司	2012	上海	4815
利信融资租赁（上海）有限公司	2012	上海	3000
财和融资租赁（上海）有限公司	2012	上海	1666
君明融资租赁（上海）有限公司	2012	上海	2000
恒河融资租赁（上海）有限公司	2012	上海	1587
上海和誉融资租赁有限公司	2012	上海	2000
乾元融资租赁有限公司	2012	上海	1650
上海港发融资租赁有限公司	2012	上海	1700
上海力池融资租赁有限公司	2012	上海	1800
上海海晟融资租赁有限公司	2012	上海	2000
上海永汇融资租赁有限公司	2012	上海	1605
上海华星融资租赁有限公司	2012	上海	1605
上海金江融资租赁有限公司	2012	上海	1000
上海宏泰融资租赁有限公司	2012	上海	5000
上海坤达汇融资租赁有限公司	2012	上海	5000

续表

企业	注册时间	注册地	注册资金
上海南朗融资租赁有限公司	2012	上海	1605
上海真辰融资租赁有限公司	2012	上海	1605
上海徽融融资租赁有限公司	2012	上海	4173
上海康信融资租赁有限公司	2012	上海	8094
上海诚达融资租赁有限责任公司	2012	上海	4815
龙仕达融资租赁（上海）有限公司	2012	上海	1717
华富融资租赁（上海）股份有限公司	2012	上海	1605
华港（上海）融资租赁有限公司	2012	上海	1800
住友重机械(中国)融资租赁有限公司	2012	上海	2000
金盛融资租赁（上海）有限公司	2012	上海	1605
泰利融资租赁有限公司	2012	上海	1680
万邦嘉泰融资租赁（上海）有限公司	2012	上海	1605
澳绰融资租赁（上海）有限公司	2012	上海	1605
宏菱融资租赁（上海）有限公司	2012	上海	1605
汇京融资租赁有限公司	2012	北京	1605
道生国际融资租赁股份有限公司	2012	北京	8025
汇泰融资租赁有限公司	2012	北京	1605
中鑫融资租赁有限公司	2012	北京	1000
北京开元融资租赁有限公司	2012	北京	1577
北京美科动力融资租赁有限公司	2012	北京	1009
康正（北京）融资租赁有限责任公司	2012	北京	16800
梅赛德斯—奔驰租赁有限公司	2012	北京	4766
腾飞国际融资租赁有限公司	2012	北京	1000
北京中创融资租赁有限公司	2012	北京	1605
北京中汇丰源融资租赁有限公司	2012	北京	1000
海科融资租赁（北京）有限公司	2012	北京	4900
富道（中国）融资租赁有限公司	2012	深圳	3210

续表

企业	注册时间	注册地	注册资金
佳泰融资租赁有限公司	2012	深圳	2000
深圳诺德融资租赁有限公司	2012	深圳	1605
深圳翔龙融资租赁有限公司	2012	深圳	1200
赢时通融资租赁有限公司	2012	深圳	1123
深圳市宇商融资租赁有限责任公司	2012	深圳	1000
富银融资租赁（深圳）有限公司	2012	深圳	1605
泛华融资租赁（深圳）有限公司	2012	深圳	1000
康正（深圳）融资租赁有限责任公司	2012	深圳	1000
宝利天泽（深圳）融资租赁有限公司	2012	深圳	1600
华南国际租赁有限公司	2012	深圳	2000
广东民盈融资租赁有限公司	2012	广州	1120
广东合生创富融资租赁有限公司	2012	广州	1605
广东谷丰融资租赁有限公司	2012	广州	1605
广东嘉银融资租赁有限公司	2012	广州	1000
广东汇银华浦融资租赁有限公司	2012	广州	1605
广东资银达融资租赁有限公司	2012	广州	1605
广东明阳融资租赁有限公司	2012	广州	15873
广州市康信融资租赁有限公司	2012	广州	4000
力中国际融资租赁有限公司	2012	广州	4812
诚联融资租赁有限责任公司	2012	青岛	4815
云峰融资租赁（山东）有限公司	2012	泰安	1000
南光南琴国际融资租赁有限公司	2012	珠海	1680
国领融资租赁（珠海）有限公司	2012	珠海	3000
广泰空港国际租赁有限公司	2012	威海	1000
国旺国际融资租赁有限公司	2012	南京	2000
兆邦融资租赁（江苏）有限公司	2012	南京	1042
悦达融资租赁有限公司	2012	盐城	4972

续表

企业	注册时间	注册地	注册资金
浙江国金融资租赁股份有限公司	2012	杭州	2500
浙江建设融资租赁有限公司	2012	杭州	1500
浙江海洋租赁股份有限公司	2012	舟山	3000
安科融资租赁有限公司	2012	宁波	4000
中创国际融资租赁有限公司	2012	宁波	10000
宁波汇金租赁有限公司	2012	宁波	1000
宁波金通融资租赁有限公司	2012	宁波	3000
宁波东海融资租赁有限公司	2012	宁波	5000
浙江通商融资租赁有限公司	2012	宁波	5000
浙江中新力合融资租赁有限公司	2012	宁波	1605
湖南伯旺融资租赁有限公司	2012	长沙	1605
两江融资租赁有限公司	2012	重庆	1605
安徽钰诚融资租赁有限公司	2012	蚌埠	3000
信隆融资租赁有限公司	2012	蚌埠	2000
顺泰融资租赁（常州）有限公司	2012	常州	1000
苏州苏信融资租赁有限公司	2012	苏州	1043
江苏东吴融资租赁有限公司	2012	苏州	7000
苏州福冠融资租赁有限公司	2012	苏州	1000
苏州江融融资租赁有限公司	2012	苏州	1600
嘉银融资租赁（江苏）有限公司	2012	泰州	3000
云南万裕融资租赁有限公司	2012	昆明	1000
云南源通融资租赁有限公司	2012	昆明	1000
云南金韵融资租赁有限公司	2012	昆明	2000
和中融资租赁有限公司	2012	昆明	4969
福能（平潭）融资租赁有限公司	2012	福州	4815
海科融资租赁（福建）有限公司	2012	福州	4900
福建万信达融资租赁有限公司	2012	福州	1000

续表

企业	注册时间	注册地	注册资金
福建运通星融资租赁有限公司	2012	福州	1000
厦门市鼎丰融资租赁有限公司	2012	厦门	2440
本益（厦门）融资租赁有限公司	2012	厦门	1500
润土（厦门）融资租赁有限公司	2012	厦门	1000
中海油融资租赁（厦门）有限公司	2012	厦门	1000
东方国银（厦门）融资租赁有限公司	2012	厦门	1605

资料来源：中国租赁联盟。

注：

1. 名录上的企业系指截至2012年在册运营中的企业；
2. 注册资金单位为万美元；
3. 注册时间指企业正式获得批准设立的时间；
4. 注册地指企业本部注册地址；
5. 由于资料不全，约30家新组建的外资租赁企业未能列入此表。

编后语

《中国融资租赁业年鉴（2013 年卷）》，是《中国融资租赁业年鉴》的第二部。年鉴编写工作得到全国人大、商务部、银监会、国家税务总局、最高法院、中国社会科学院、天津滨海新区综合发展研究院、南开大学、天津商业大学等许多业内专家的指导和帮助，金融租赁专业委员会、外商租赁专业委员会、中国国际商会租赁委员会和北京、上海、天津、浙江、云南等地方租赁行业协会以及众多租赁企业提供了大量宝贵资料，编辑部的工作人员付出了大量艰辛的劳动，中国社会科学出版社在短时间内做了精心编排，使得这本书能够与国内外更多的朋友进行交流。本报告得以顺利编写和出版发行，没有他们的指导、帮助和卓有成效的工作是不可能的。在此，编委会特向他们表示诚挚的感谢。

需要指出的是，本报告的数据来源于多个方面，引用时请注明出处并注意核对原始资料。

《中国融资租赁业年鉴》的编写和发布，是一项崭新的工作，我们将力求将这一工作做好，但由于缺乏经验，问题和错误肯定存在，衷心希望业内有关专家和广大读者提出宝贵意见。

编委会

2013 年 3 月于北京